本书获得 2019 年度教育部人文社会科学研究青年基金项目资助，项目名称："南北朝菩萨造像的象征意义及其本土化研究"，项目批准号：19YJC760062

南北朝菩萨造像的象征意义及其本土化研究

刘明虎　著

文物出版社

图书在版编目（CIP）数据

南北朝菩萨造像的象征意义及其本土化研究/刘明
虎著. -- 北京：文物出版社，2024.6. -- ISBN 978-7-
5010-8459-3

Ⅰ. K879.34

中国国家版本馆 CIP 数据核字第 20248KN828 号

南北朝菩萨造像的象征意义及其本土化研究

著　　者：刘明虎

责任编辑：窦旭耀
封面设计：王文娴
责任印制：张　丽

出版发行：文物出版社
社　　址：北京市东城区东直门内北小街 2 号楼
邮政编码：100007
网　　址：http://www.wenwu.com
经　　销：新华书店
印　　刷：宝蕾元仁浩（天津）印刷有限公司
开　　本：710mm×1000mm　1/32
字　　数：230 千字
印　　张：9.25
版　　次：2024 年 6 月第 1 版
印　　次：2024 年 6 月第 1 次印刷
书　　号：ISBN 978-7-5010-8459-3
定　　价：80.00 元

序

罗宏才

　　癸卯年末尾的时候，刘明虎送来即将由文物出版社出版的他的
《南北朝菩萨造像的象征意义及其本土化研究》著作样本，问序于
我。阅读过程中，十余年前上海大学泮池南岸我与他的一段深谈又
浮现在眼前，他当时坚定地表达了愿随我攻读佛教造像方向的艺术
史博士学位的心愿。看到眼前的这本书稿，不禁心生感慨。出于专
业和志趣的关系，更多的则是基于师生之间的因缘，我都不能推脱
这样一个滋养人生的美好的"问序"，开篇说话，一切都在情理之
中了。

　　海通以来，学术日新。见之于佛教造像艺术史研究，则莫过于
西方图像学（Iconology）方法、理念的不断冲击与连续影响。有意
味的是，两种维度适时碰撞聚合，几乎都涉及菩萨（Bodhisattva）造
像这一学术主题。当然，这种涉及固然多出于菩萨承担佛陀的慈悲
精神和实践任务，在佛教造像系统空间、结构、形象、位序与体质、
色相方面须"庄严自身，令极殊绝"（《菩萨本经》），弥散生意、
凝定、安详、智慧胸襟气度，呈现靓丽、"殊妙"视觉效果等目的。
但遵循经典、规律、意象、秩序及时代要求，着力将"内在神性"
（喜龙仁语）随性注入世俗生活，演绎更广阔的信仰历史与空间状
态，却未尝不具备强力吸引人们追求吉祥、同善正觉的意趣与基调。
像信仰时空它所产生的摄人觉悟力量，美术馆、博物馆等公共展览
空间中它所拥有的入口尊贵位置与醒目动线标识效应，都无时无刻
不在形象地阐释以喻证悟的义理和质性。纳尔逊—阿特金斯艺术博

物馆（Nelson-Atkins Museum of Art）、克利夫兰艺术博物馆（Cleveland Museum of Art）等公共展览空间营造的炫目的中国菩萨的魅力氛围，可说是淋漓尽致的生动依据。

　　不同的是，中国学者更看重东西交融进程中菩萨造像的鲜明的象征意义及浓郁的本土化特征，更乐意阐释中国传统文化范畴内菩萨所具有的自信仪态和利他境界，而3—6世纪菩萨造像的象征深度与其在中华文化土壤中的融汇轨迹，以及由它标示的组织程序与演变规律，尤其引动众多学者的探讨兴趣。因此，这自然成为刘明虎进入上海大学美术学院后我们之间多次交流互动的共同命题。论文开题时，他所提交的开题报告《南北朝菩萨造像的象征意义及其本土化特征研究》得到评判专家的一致认同与大力支持，尽管大家担心将研究主题集聚在南北朝时段可能会增加写作难度，同时疑虑，以挑战姿态对应高难选题，年轻的作者是否能够顺利借助田野调查所获得的一手资料完整建构属于自己的理论体系。

　　意想不到的是，刘明虎以惊人的毅力走向田野，完成了大量基础资料的搜集整理，其中来自考古一线的很多资料，不啻具有首次刊布的价值与意义。在这些一手资料的有效支持下，他所提出的样式交融、空间特征、演变规律，以及法华思想主导下菩萨造像组织程序和秩序转向与景明模式确立等学术观点的连续逻辑性铺陈与学理化建构，更新颖别致，开拓出新的学术深度，构建了相对完整的理论体系。

　　在他看来，探讨菩萨造像，必须准确把握其在佛教文化体系内的核心定义与独特价值，详细阐明其与佛像之间在位序、比例、配置、布局以及透视等关系处理上的巧妙匠心。菩萨行一乘方便之道，承自觉复能觉他之使命，其形象透过莲花、光明、七宝等象征意向的融汇与宝冠、项圈、璎珞、帔帛、环钏等精致装束的庄严，展示了超然的圣洁光辉和关怀世俗的慈悲智慧。故此，南北朝菩萨造像的艺术表现和深邃象征，方可视为研究中国佛教本土化进程中不可忽视的关键要素。

身履追求上述学术目标和履行其研究职责的过程，刘明虎还认真剖析 5—6 世纪跨古印度、中亚与中国之间菩萨造像艺术的深度交流与互动，通过对造像身姿、体量、装束及布局等多个维度的综合分析，勾勒出佛教艺术在多元文化交汇中不断演进的复杂轨迹。相关章节着重于弥勒题材造像的深入解读，也准确地识别了弥勒信仰在中国早期佛教体系中的重要地位以及相关时期菩萨造像研究的主要线索。值得肯定的是，本书的探讨范围并未局限于菩萨造像象征意义的传统分析路径，而是能够更进一步地延伸到对佛教石窟中菩萨造像空间属性及其寓意的分析。

众所周知，北朝禅风兴盛，石窟的开凿不仅满足着信众礼拜供养与积累功德等宗教需求，也为僧众提供了理想的禅修空间。譬如克孜尔石窟、敦煌莫高窟与云冈石窟等地的早期实例中，壁面装饰的构成、布局与组织都明显受到禅修思想的影响，构建了一整套服务于僧众谛观造像与思惟冥想的视觉叙事体系。于是通过窟室与人体比例的比较，考察可达视角与视线追踪，刘明虎着力将石窟复原为一个历史上真实可用的禅观场所，并结合经典深入探究其中的造像如何在视觉和心理层面为修行者提供丰富的宗教体验。类似方法的运用，能够更准确地理解菩萨造像在传递佛教教义与引导宗教实践中的核心角色，进而深化了对佛教文化传承与石窟艺术价值的认识。

鉴于空间范式对其研究思路的影响，论文得以更敏锐地识别菩萨造像象征内涵的微妙变化与本土化过程。举例而言，通过对克孜尔、敦煌、麦积山、云冈石窟中早期交脚与半跏思惟菩萨造像的组合、排列与布局进行比较分析，阐释了小乘与大乘不同思想体系如何塑造弥勒菩萨形象的多样表现；细致观察缯带、璎珞等装束元素，揭示云冈第 7、8 窟中交脚菩萨造像在不同墙面展现的内涵差异，并发现相关石窟空间设计的层次与叙事逻辑的复杂面貌；通过比较古阳洞、宾阳中洞等处的菩萨造像，考察其装束的繁简程度及其在石窟主次壁面的分布关系，进一步揭示了北魏景明年间菩萨造像组织秩序的转向与新模式的确立，并发现皇权在石窟装饰设计中影响力的显著增强，为探究石窟营建背后的社会构建问题提供了新的参考。

不仅如此，论者既强调佛教造像在传递宗教信仰与支撑宗教活动方面的重要性，又详尽分析了营造群体如何借助佛教造像精妙捕捉并传达佛教教义和社会思想。通过这种方式，能够细致考察菩萨造像作为宗教崇拜、文化传承与艺术革新的交汇点如何深刻映射宗教信仰和社会架构，揭示佛教造像与南北朝宗教、社会和文化之间的紧密关联。

显然，此书在深化我们对南北朝佛教造像艺术理解、研究方面，无疑可以发挥一定的参考作用，因此有理由相信它的出版能够激发更多研究者对佛教艺术的探索热情，为学术研究提供新的启迪与思考。

罢笔之际，颇想以东晋僧肇《物不迁论》中"道通百劫而弥固"一句箴言寄语明虎。著书立言，得自易哉。于庆贺同时，更祈祝他能借此立志起步，去追寻新的足迹。愿新时代精神赋予的菩萨组群里，再传递美妙秩序世界另一种清丽别样的人文感动。

甲辰岁初上元节日于上海大学

目　录

绪　论

一 相关概念与问题的说明

（一）菩萨的内涵、意象与象征

"菩萨"是梵文 Bodhisattva 音译，有菩提萨埵、菩提索埵、摩诃菩提质帝萨埵等诸种译名。随佛教文化的演进，"菩萨"概念的内涵有不同侧重。

在原始佛教时期是否存在"菩萨"这一词汇，学术界尚有争议，但《阿含经》等早期经文中已经出现了类似概念，用来描述未成佛的释迦或弥勒。部派佛教时期，"菩萨"相关词语多出现在本生经典或各部派论书中。《阿毗达磨发智论》卷18载："齐何名菩萨？答：齐能造作增长相异熟业。得何名菩萨？答：得相异熟业。"[1]《舍利弗阿毗昙论》："若人有三十二相成就，不从他闻，不受他教，自思自觉自观，于一切法无碍。当得自力自在，豪尊胜贵自在，当得知见无上正觉，当成就如来十力、四无所畏，成就大慈转于法轮，是名菩萨。"[2]《阿毗达磨大毗婆沙论》卷177："此萨埵未得阿耨多罗三藐三菩提时，以增上意乐恒随顺菩提，趣向菩提……求证欲证不懈不息，于菩提中心无暂舍，是故名为菩提萨埵……复次萨埵是勇猛者义，未得阿耨多罗三藐三菩提时，恒于菩提精进勇猛，求欲

---

[1] 〔唐〕玄奘译：《阿毗达磨发智论》，〔日〕大正一切经刊行会：《大正新修大藏经》第26册，1934年，第1018页。以下引用《大正新修大藏经》，均简称《大正藏》，只注明所在册数和页码。

[2] 〔后秦〕昙摩耶舍、昙摩崛多等译：《舍利弗阿毗昙论》，《大正藏》第28册，第585页。

速证，是故名为菩提萨埵。"〔1〕其中，异熟、无上正觉、阿褥多罗三藐三菩提均表明菩萨是尚未成就正觉但即将成就正觉的存在，即"正觉前，未成正觉，为菩萨时"〔2〕的相似含义。

随着大乘佛教的兴盛，菩萨的概念得到了进一步的丰富。大乘思想倡导菩萨"利他"属性，将其视为"普度众生"的象征。《大智度论》卷 4 载："心自利利他故，度一切众生故，知一切法实性故，行阿褥多罗三藐三菩提道故，为一切贤圣之所称赞故，是名菩提萨埵。"概括而言，大乘思想中菩萨的理念集中于"自觉复能觉他"。菩萨发心普度众生，"为一切众生脱生、老、死，故索佛道"〔3〕，因兼具自觉、觉他双重使命，其功德智慧超越自利自为的声闻、缘觉二乘。《妙法莲华经》以"火宅""三车"，譬喻菩萨一乘度化众生的方便，进一步凸显其重要地位。

菩萨作为仅次于佛的成就者，具备"三十二相"，并以炽盛、分明、圆满、得处四事胜〔4〕。综观诸经文、传说及艺术作品，其"三十二相"集合了"莲花""圆""十""光明""七宝"等众多元素，"庄严自身，令极殊绝"〔5〕。其中，"莲花""光明"与"七宝"尤其适合以视觉艺术形式呈现。

"诸华之中，莲华最胜"〔6〕。在佛教中，莲花被奉为佛花，象征着佛、菩萨从生死烦恼中脱离出来的圣洁。《大乘密严经》载："如莲出淤泥，见之生爱敬。如是佛菩萨，出于生死泥，成佛体清净，诸天所欣仰。"〔7〕《大宝积经论》卷 3 又言："卑湿淤泥，乃生

---

〔1〕〔唐〕玄奘译：《阿毗达磨大毗婆沙论》，《大正藏》第 27 册，第 887 页。

〔2〕慧岳法师译：《汉译南传大藏经·相应部二》，高雄：元亨寺妙林出版社，1993 年，第 10 页。

〔3〕〔后秦〕鸠摩罗什译：《大智度论》，《大正藏》第 25 册，第 86 页。

〔4〕〔唐〕道世：《法苑珠林》，《大正藏》第 53 册，第 349 页。

〔5〕〔唐〕释道世著，周叔迦、苏晋仁校注：《法苑珠林校注》第 1 册，北京：中华书局，2003 年，第 288 页。

〔6〕〔后秦〕僧叡：《妙法莲华经后序》，《大正藏》第 9 册，第 62 页。

〔7〕〔唐〕不空译：《大乘密严经》，《大正藏》第 16 册，第 775 页。

莲花。菩萨亦尔，于生死泥邪，定众生中，乃生佛法。"〔1〕

佛教以"无明"为丑，赞"光明"之美。"光明"庄严着佛、菩萨和净土诸种妙相。《无量寿经》载："又众宝莲华周满世界，一一宝华百千亿叶，其华光明，无量种色。青色青光，白色白光，玄黄朱紫光色赫然，炜烨焕烂，明曜日月。一一华中出三十六百千亿光，一一光中出三十六百千亿佛，身色紫金，相好殊特；一一诸佛又放百千光明，普为十方说微妙法。"〔2〕

佛教经典中，"七宝"的概念被频繁提及，如《法华经》以"金、银、琉璃、车璩（砗磲）、马脑（玛瑙）、真珠、玫瑰"〔3〕为七宝，而《无量寿经》以"金、银、琉璃、珊瑚、琥珀、车璩（砗磲）、玛瑙"〔4〕为七宝。不同经典描述的七宝各有其独特之处，但都共享着稀有华贵、光明通透的特征，被世人珍爱，象征光明、永恒、智慧和圆满。因此，七宝常庄严楼阁、宫殿、讲堂、精舍、佛塔、幡盖、水池、树、花、法器及佛土，塑造"周满众宝莲华，微妙香洁；七宝泉池，星罗棋布"〔5〕的精妙景象。

在佛教造像艺术中，菩萨的装束，如宝冠、项圈、璎珞等诸宝佩饰，正是集聚了"莲花""光明"与"七宝"等重要元素，成为其特殊成就的象征。佛像的装束设计通常只采用一身佛衣，弱化了对世俗物质元素的强调，反映了一种理想化的美学追求。相较之下，菩萨造像的装束多来源于世俗生活中的王者与贵族形象，并更加夸张与华丽。其装束的华丽服装与众宝饰品，不仅展现了自身的崇高地位，也体现了对世俗审美的认可。这种在佛像与菩萨像之间的不同装束设计策略，恰当地展现了佛教文化在追求超越世俗之美的同

〔1〕〔北魏〕菩提流支译：《大宝积经论》，《大正藏》第 26 册，第 219 页。

〔2〕〔曹魏〕康僧铠译：《无量寿经》，《大正藏》第 12 册，第 272 页。

〔3〕〔后秦〕鸠摩罗什译：《妙法莲华经》，《大正藏》第 9 册，第 32 页。

〔4〕〔曹魏〕康僧铠译：《佛说无量寿经》，《大正藏》第 12 册，第 270 页。

〔5〕释大安：《净土宗教程》（修订本），北京：宗教文化出版社，2006 年，第 261 页。

时，又对世俗美学有着深刻的关注。

菩萨的装束，汇聚了"莲花""光明"与"七宝"等美学元素，不仅美观华丽，更是通过其特殊的内涵和意义，有效地体现了菩萨"自觉复能觉他"的精神理念。《放光般若波罗蜜经·摩诃般若波罗蜜学五眼品》中指出，天上世间人所喜爱的装饰品，菩萨身上也皆有，这是因为菩萨在实践六波罗蜜（六度）之中，通过调伏众生，使之实现般若波罗蜜。

菩萨的装束不但集聚"莲花""光明"与"七宝"等美学元素，更能通过自身特殊的内涵和意义，有效地诠释菩萨"自觉复能觉他"的精神理念。《放光般若波罗蜜经·摩诃般若波罗蜜学五眼品》曾记："天上世间人所娱乐便身之具，以菩萨故皆悉有是。所以者何？行菩萨之事，住于六波罗蜜中调伏众生，使布施乃成般若波罗蜜。"[1]故菩萨"放诸璎珞净光明，诸妙璎珞以为帐，散诸璎珞遍十方，供养一切诸如来"[2]，并"着宝璎珞，当愿众生"[3]，实现其宗教使命。

佛教被誉为象教，重视以形象传达教义，通过使用泥、石、玉、木、金属等多种材质制作菩萨造像，丰富地展现了菩萨的相貌、姿态、装束与内涵。这些造像是世人易于理解的艺术表现形式，是传播佛教信仰的重要手段。

在菩萨造像艺术的发展过程中，其设计不仅积极地吸收并融合了世俗佩饰的图样和文化内涵，如佛教文化传播沿线各民族的头冠、项圈、璎珞、环钏等元素，体现着文化传播与交流的魅力，这些造像的设计也必须符合当时流行的宗教思想和审美观念，遵循造像艺术的整体表现目的，包括观看仪轨、相色材质、量度比例等多重因素。由于菩萨在佛教文化体系中占据重要的作用与地位，相关题材

---

〔1〕〔西晋〕无罗叉译：《放光般若经》，《大正藏》第8册，第10页。

〔2〕〔东晋〕佛驮跋陀罗译：《大方广佛华严经》，《大正藏》第9册，第436页。

〔3〕同上，第430页。

的造像在塑造和平衡造像整体空间秩序方面发挥着独特且关键的作用。本书力图分析的，正是南北朝菩萨造像在其本土化的进程中，如何传达具有时代与民族特色的精神与文化内容，从而进一步了解这一时期佛教艺术的特点和影响。

（二）研究范畴的界定

本书以"南北朝菩萨造像"为观察对象，力图通过梳理其多样且复杂的造像风格，解读相关图像及其象征意义的形成与转变，阐释造像风格演进的深层文化含义，以更准确地理解其本土化特征。主要涉及的资料，涵盖南北朝（420—589 年）时空范畴限定下相关时期、地域的菩萨造像，重点观察其身姿、装束及其在空间组织秩序方面的演变与发展。

南北朝时期始于 420 年刘裕篡位东晋建立南朝宋，终于 589 年隋朝灭南朝陈，历时共 169 年，是中国古代历史上的一个多元并存、政治分裂的时代。

南朝（420—589 年），历经刘宋（420—479 年）、萧齐（479—502 年）、萧梁（502—557 年）和南陈（557—589 年）四个王朝。北朝（439—589 年）则最初由北魏（386—534 年）统一北方，但在 534 年后分裂为东魏（534—550 年）和西魏（535—556 年），随后又分别被北齐（550—577 年）和北周（557—581 年）取代。各朝政权的更迭和地域分割对当时的社会、文化产生了重要影响。

南北朝是中国古代历史上的一段分裂和动乱时期，同时也是本土佛教造像艺术发展的首次高潮。这一时期的佛教造像艺术经历了由萌芽阶段向成熟阶段的关键转变。来自古代印度、中亚等地区的佛教艺术风格与汉地的传统文化相互融合，共同塑造了独特的艺术表现形式。由于南北朝复杂多变的政治和文化格局，佛教造像艺术还展现出鲜明时代风格和丰富地域特色的并存。而聚焦该时期的菩萨造像，其样式、组合和功能的演变深刻反映了佛教文化在中国古代社会中的本土化进程。

本书的主要资料来源涵盖了南北朝时期多个著名石窟和寺庙的造像，包括炳灵寺石窟、云冈石窟、敦煌莫高窟、龙门石窟、巩县石窟、响堂山石窟、麦积山石窟、水浴寺石窟、小南海石窟、山东青州龙兴寺、河北曲阳修德寺等地的造像。为了更全面地讨论和勾勒相关线索，还涉及了古印度、中亚等地区的造像资料。这些资料的综合分析不仅能够深化对南北朝佛教造像艺术风格的理解，还揭示了这一时期佛教文化在不同地区的表现和影响，为研究中国古代佛教造像艺术提供了丰富的视角。

二　国内外研究现状述评

依据现有资料追溯我国古物研究，菩萨造像因其在佛教文化中的显著地位与独特的艺术价值，至晚在宋代赵明诚、李清照所撰《金石录》中已有关注。《金石录》卷7载"第一千三百十二 唐四禅寺万菩萨像记，赵子余撰，林混元八分书。天宝十一载（752年）"[1]，又有卷9记"第一千六百五十三 唐重修金铜普贤菩萨像记，韦皋撰并行书。贞元十七年（801年）十一月"[2]等。通过这些文字，可以窥见古代学者对于菩萨造像题记的辑录、考释，是对于菩萨造像的早期的朴素的关注。

明末清初，金石学的发展推动学者不再局限于资料辑录、考释，更加重视亲自寻访各地碑刻与古迹，在游历记述与评论中对佛和菩萨造像的考据更为丰富与细致。顾炎武《龙门山造像记跋》云："后魏胡太后崇信浮屠，凿崖为窟，中刻佛像。大者丈余，凡十余处……谓镌佛之功，可得福报，而其出于女子者尤多。武平六年

---

〔1〕〔宋〕赵明诚、李清照撰：《金石录》，济南：齐鲁书社，2009年，第61页。

〔2〕同上，第79页。

（575 年）者书法差可，画方格如棋局……乃知魏、齐、唐三代之时，无非女主为之，崇饰耳。"[1]虽然顾炎武的主要关注点是北朝的书法艺术，但体会跋中"崇饰"二字，已在相对模糊的论述中，透露出对石窟装饰整体艺术风格与宗教消费中女性群体的关注。这种对佛教艺术女性赞助人的强调，可能源于顾炎武对菩萨造像华丽装束及其对周围环境影响的观察。对于"尝过而览之"[2]的顾炎武而言，类似的造像艺术语言在视觉体验上留下了深刻印象。

随清乾嘉时期金石考据学的兴盛，与菩萨造像有关的形式、沿革、体例、作风等考释进一步扩展。王昶《北朝造像诸碑总论》言："按造像立碑，始于北魏，迄于唐之中叶。大抵所造者释迦、弥陀、弥勒及观音、势至为多。或刻山崖，或刻碑石，或造石窟，或造佛堪（或作龛，或作磉），或造浮图。其初不过刻石，其后或施以金，涂彩绘。其形体之大小广狭，制作之精细不等。"[3]叶昌炽《语石》卷 5 则评："所刻之象，以释迦、弥勒为最多，其次则定光、药师、无量寿佛、地藏菩萨、琉璃光、卢舍那、优填王、观世音。"[4]并"尝见一石，（供养人）均侧立形，衣冠奇古，尚有孝堂山武梁祠遗意"[5]。这些评论虽然主要围绕佛教造像的整体特征展开，但细致分析其中的"施以金""涂彩绘""制作之精细不等""衣冠奇古"等表述，可以清晰发现对菩萨造像装束、贴金、装彩的关注。

应当注意到，延续金石考据之风，直至清末国人对于佛教造像的认知仍不断丰富，尤其是对于菩萨造像独特风格的关注。然而，

---

[1] 〔清〕顾炎武：《龙门山造像记跋》，收录于《续修四库全书》编纂委员会编：《续修四库全书·史部·金石类》，上海：上海古籍出版社，1996 年，第 424 页。

[2] 同上。

[3] 〔清〕王昶：《北朝造像诸碑总论》，转引自〔清〕叶昌炽：《语石》，上海：上海书店出版社，1986 年，第 89 页。

[4] 〔清〕叶昌炽：《语石》，上海：上海书店出版社，1986 年，第 87 页。

[5] 同上，第 88 页。

这种认知的演进缓慢且含蓄，相关表述模糊且隐性。

19世纪末20世纪初，随着西方考古学的传入和影响，现代意义的中国佛教美术研究兴起。这一时期，视角和方法的转变极大推进了研究进程，如装束风格、布局特征、组织规律、演变脉络、发展趋势及其宗教功能等相关命题被先后提出。

1907年3月，英籍考古学家斯坦因（Marc Aurel Stein）首次访问敦煌千佛洞时，关注了菩萨造像的布局特征与组织规律，曾描述"菩萨有多有少，各窟数量不同，但都左右对称"[1]。这一观察突出了菩萨造像在配置数量方面的多样性和空间布局方面的对称性。斯坦因还指出了"从中亚传来的印度式的典型风格，以及希腊佛教美术里所具有的神圣气氛。绘画、技巧及上色方法却很自然地含着中国手法，如菩萨、佛、尊者的面部、鼻部以及衣褶等部位……"[2]。类似分析，是通过观察佛、菩萨与尊者造像的身姿和装束特征来探索造像的源流，为阐释佛教造像艺术的演变提供了基础路径。

法国探险家伯希和（Paul Pelliot）在其探索中注意到了菩萨造像及其装束的独特价值。在1907年对爱克吐尔遗址的考察中，他曾简要记述："至少有一尊菩萨像，佩戴数量多而较大的首饰。"[3]伯希和在同年5月2日写给塞纳尔（E. Sénart）的书信中，提及"如果说我们搜集到的大头佛像的风格已纯粹是某种学派的作品了，那么在次要人物的身上，却呈现更多的新奇特征……一个祭坛的角落中，发现了一个几乎是全裸的青年美男子彩塑。其半身已残损，很优雅地倚在右胯之上，浸透着一种希腊文化的特征……黄金大量地闪烁，人们到处都使用了黄金，如在壁画上、彩塑上、铜器和木器上，等

---

〔1〕［英］斯坦因：《斯坦因西域盗宝记》，北京：西苑出版社，2009年，第162页。

〔2〕 同上，第163页。

〔3〕 转引自耿昇：《中法文化交流史》，昆明：云南人民出版社，2013年，第583页。

等。即那些经过巧妙设计、精心雕刻和令人赏心悦目的木雕像,也身穿这种令人炫目的外衣……"[1]书信所提及的"青年美男子彩塑""优雅地倚在右胯之上",或许是一尊半跏思惟菩萨像。伯希和对其展现出的新奇特征、希腊文化特征与贴金工艺感兴趣,进一步展现出西方探险者对菩萨题材造像艺术的关注。

早期的西方研究者在对菩萨造像的观察中,关注了数量、布局、装束和材质等内容。这种关注反映了西方考古和艺术研究领域对类型学和样式学方法的重视。类似方法的应用不仅能够深化对佛教造像艺术细节的观察,也有助于对其历史和文化价值的认识。受早期国外探险家、研究者的影响,中国学者进一步认识到佛教造像艺术的重要性,并开始积极投入到相关的科学调查和学术研究中。

在 1930 至 1933 年间,西北科学考察团对新疆等地区的石窟进行了系统性的调查,为国内学者在石窟造像领域的研究开启了新纪元。随后,北平研究院、中国营造学社等学术机构,以及梁思成、林徽因、刘敦桢、向达等众多学者纷纷投身于石窟造像的调查与研究。在这一背景下,学者们对佛、菩萨造像的服饰进行了深入探究,并利用服样变化来分析造像的源流与断代。相关的研究成果,主要以佛像的装束风格为核心,对于菩萨造像的服样关注相对较少。

随着研究资料的日益丰富和明晰,针对中国佛教造像艺术的学术研究开始侧重特定时期和区域的深入挖掘。在 20 世纪 50 年代之后,以纽约大学美术研究所苏泊教授为代表的西方学者,将研究重心聚焦在南北朝时期的佛教造像上,并取得了显著成就。苏泊在其学术探索中特别重视印度佛教传入中国后与中国本土文化的融合过程,尤其关注南北朝佛教艺术的错综复杂样态。在其著作《中国早期佛教艺术的文献证据》[2]中,苏泊不仅节译了日本学者大村西崖

---

〔1〕 转引自耿昇:《中法文化交流史》,昆明:云南人民出版社,2013 年,第 583 页。

〔2〕 Alexander C. Soper, *Literary Evidence for Early Buddhist Art in China*, Artibus Asiae, 1959, Supplementum 19, pp. Ⅲ-296.

的《中国美术史雕塑篇》的部分内容，还结合史书、僧传、经典及实物资料，对中国早期佛教艺术的图像来源、发展及其特征进行了探讨。苏泊的研究涉及北凉与北魏之间的佛教艺术联系、北朝皇室对佛教的赞助行为以及北朝石窟之间的关系[1]等多个方面。这些讨论丰富了佛教艺术研究的内容和视角。

以此为基础，国外学者对中国佛教艺术的关注逐渐转向更多元化的研究方法，以深入和细致地探讨各种问题。例如，玛丽艾（Marilyn M. Rhie）专注于隋唐时期佛教艺术的整体时代特征[2]，霍华德（Angela F. Howard）则着重于佛教艺术的区域特色[3]，阿部贤次更专注于石窟的整体设计及其宗教功能的关系[4]，等等。聚焦南北朝菩萨造像研究领域，学者们通常选择特定区域的具体服饰类型作为研究对象，强调在进行实地考察并获取一手资料的基础上，运用类型学方法进行分期和分类研究，旨在确定某一时期的流行图像特征并追溯其来源。

20 世纪中期以来，日本学者开始逐渐聚焦于南北朝菩萨造像胸

---

〔1〕 Alexander C. Soper, *Imperial Cave-Chapels of the Northern Dynasties: Donors, Beneficiaries, Dates*, Artibus Asiae, 1966, 28 (4), pp. 241-270.

〔2〕 Marilyn M. Rhie, *The Sculpture of T'ien Lung Shan: Reconstruction and Dating*, Artibus Asiae, 1965, 27 (3), pp. 189-237; *Aspects of Sui K'ai-Huang and T'ang T'ien-Pao Buddhist Images*, East and West, 1967, 17 (1/2), pp. 96-114; *A T'ang Period Stele Inscription and Cave XXI at T'ien-Lung Shan*, Archives of Asian Art, 1974, 28, pp. 6-33; *Late Sui Buddhist Sculpture: A Chronology and Regional Analysis*, Archives of Asian Art, 1982, 35, pp. 27-54.

〔3〕 Angela F. Howard, *Royal patronage of Buddhist Art in Tenth Century Wu Yueh*, The Bulletin of the Museum of Far Eastern Antiquities, 1985, 57, pp. 1-60; *Tang Buddhist Sculpture of Sichuan: Unknown and Forgotten*, The Bulletin of the Museum of Far Eastern Antiquities, 1988, 60, pp. 1-164; *Buddhist Sculpture of Pujiang, Sichuan: A Mirror of the Direct Link Between Southwest China and India in High Tang*. Archives of Asian Art, 1989, 42, pp. 49-61.

〔4〕 Stanley K. Abe, *Art and Practice in a Fifth-Century Chinese Buddhist Cave Temple*, Ars Orientalis, 1990, 20, pp. 1-31.

饰的讨论。诸如，日本学者田中政江[1]、松原三郎、邓礼京、松田诚一郎[2]、八木春生[3]、村松哲文[4]等，主要关注桃形项圈、"X"形飘带（帔帛）与璎珞等元素。概括其研究成果，广泛涵盖胸饰的类型、结构与艺术表现，并能够结合不同时期和地域背景下分析菩萨造像胸饰的特点，同时探讨胸饰样式与古代印度、中亚、中国等地文化的关联和互动。这些研究的主题集中在胸饰的形式与样式、时代与地域特征、文化影响与交流等领域。其研究目的已从相对散乱的状态转变为系统性的学术探究，能通过胸饰的讨论加深对佛教艺术整体发展和美术史的理解，突出了中国与其他文明在艺术交流中的互动。在研究方法上，相关学者综合运用了实地考察与田野研究、文献综合分析、类型学与图像学分析、跨文化比较研究等多种方法，为理解不同文化间的艺术交流提供了独特的视角和深刻的见解。

近年来，国内学者白化文[5]、许星[6]、张茵[7]、李敏[8]、

[1]　[日] 田中政江：「菩薩像のX字状天衣とその中心飾としての環について」，早稲田大学美術史学会編：『美術史研究』(7)，東京：早稲田大学美術史学会，1969 年，27-44 頁。

[2]　[日] 松田誠一郎：「8 世紀の胸飾における伝統の形成と新樣の受容について--彫塑附属の胸飾を中心として-上/下」，東京国立博物館編：『Museum』(422/423)，東京：東京国立博物館，1986 年 5 月，4-19 頁／6 月，27-34 頁。

[3]　[日] 八木春生：「X字状天衣についての一考察」，『上原和博士古稀記念美術史論集』，東京：上原和博士古稀記念美術史論集刊行会，1995 年，323-347 頁。

[4]　[日] 村松哲文：《中国南北朝时期菩萨像胸饰之研究》，《敦煌学辑刊》2006 年第 4 期，第 131—142 页。

[5]　白化文：《汉化佛教法器服饰略说》，北京：商务印书馆，1998 年；白化文：《璎珞、华鬘与数珠》，《紫禁城》1999 年第 1 期，第 30—34 页。

[6]　许星：《佛教造像服饰探析》，《装饰》2003 年第 8 期，第 31、32 页。

[7]　张茵：《璎珞小考》，《装饰》2005 年第 8 期，第 38、39 页。

[8]　李敏：《敦煌莫高窟唐代前期菩萨璎珞》，《敦煌研究》2006 年第 1 期，第 54—61 页。

徐胭胭[1]等,对菩萨造像中璎珞、华鬘等装饰元素同样进行了深入的考察与分析。其中,白化文、许星和张茵等人专注于探讨璎珞的历史源流、种类多样性、应用范围及其在佛教艺术中的表现形式。李敏和徐胭胭等则将研究聚焦于特定时期(如唐代前期)和特定地点(如敦煌莫高窟)的胸饰特征。相关研究者同样强调多元视角和方法的应用,通过分析胸饰的演变揭示古代中国与其他文化在佛教艺术方面的相互影响和融合,并力图从单一元素的详细考察拓展到更广阔的系统性的研究领域。

相似趋势也出现在菩萨头饰的研究领域,国内以李敏[2]、王恒[3]、赵声良[4]、魏文斌[5]等学者为代表。相关研究探讨了敦煌莫高窟、云冈石窟、龙门石窟等地区菩萨头饰的种类和演变,并特别重视古代印度、中亚、波斯等外域文化对头饰风格的影响,强调头饰在佛教象征和世俗装饰中的双重意义。例如,赵声良在《敦煌石窟北朝菩萨的头冠》一文中,重点分析了日月冠饰与波斯萨珊王冠之间的联系,探讨了其在佛教艺术中的传播与演变。

实际上,中外学者普遍关注菩萨装束在宗教象征意义和世俗装饰意义方面的双重性及其相互联系,从而凸显菩萨造像的独特文化属性。例如,日本学者村松哲文在其《中国南北朝时期菩萨像胸饰之研究》一文中,是在指出南北朝世俗人物不佩戴胸饰的社会习俗后,进而探讨了北齐菩萨造像受南朝风格影响的可能性,以及与南

---

[1] 徐胭胭:《璎珞——以北朝至唐前期莫高窟菩萨璎珞为中心》,北京服装学院硕士学位论文,2012年。

[2] 李敏:《莫高窟唐代前期艺术中的菩萨头冠》,《敦煌研究》2004年第6期,第42—50页。

[3] 王恒:《云冈石窟菩萨像的宝冠和服饰佩饰》,《文物世界》2004年第4期,第13—16页。

[4] 赵声良:《敦煌石窟北朝菩萨的头冠》,《敦煌研究》2005年第3期,第8—17页。

[5] 魏文斌:《也谈仰月、日月菩萨冠饰——以麦积山石窟为例展开》,《敦煌学辑刊》2007年第4期,第230—250页。

海诸国间的潜在联系。李敏在《莫高窟唐代前期艺术中的菩萨头冠》一文中，通过分析珠宝冠、日月冠、化佛冠、花冠、云纹冠、叶冠等多样头饰，揭示了它们在宗教和世俗层面上的象征意义。徐茵茵在《图像的"翻译"：中古时期莫高窟菩萨璎珞的流变》中，尝试建立璎珞图像的合理阐释方法，并强调了图式习惯的重要性。她指出，当"muktā-hāra"被译为中文"璎珞"时，图像的翻译受限于汉地工匠对外域（古代印度）服饰的不熟悉，从而引发了图像在传播过程中的多次转变，最终形成了与印度传统不同的面貌。类似研究思路均强调了菩萨图像中宗教与世俗层面的双重含义。

中外学者对装束的深入研究，不断拓展对南北朝菩萨造像的象征意义及其本土化过程的认识。通过探索菩萨装束的宗教象征和世俗装饰意义，逐步揭示了早期菩萨造像在中国化过程中的独特风格和文化特性。松田诚一郎在《关于八世纪胸饰的传统形成和新样影响》中提出，对菩萨像胸饰进行历史和系统的分类研究，有助于理解美术作品的民族性格。王恒在《云冈石窟菩萨像的宝冠和服饰佩饰》中，通过分析三珠冠向花鬘冠的演变，证实的是云冈石窟在北朝佛教艺术本土化中的关键作用。

立足于当代学者的丰硕成果，回望百年前金石学者和西方探险家对菩萨造像的最初关注，时见其朴素及深刻。顾炎武曾提及的"崇饰"之情或斯坦因对"左右对称"的描述，映射了那个时代学者们对于菩萨造像的初步理解。如今的研究已经远超这种基础层面，涵盖了菩萨造像的样式源流、类型比较、象征意义、文化属性和本土化过程等多个维度，但仍然存在着一些需要进一步探讨的可能。例如，当前研究者对相关头饰、胸饰的观察存在孤立性，多数研究局限于敦煌莫高窟、云冈石窟等单一区域，而对菩萨造像所处空间的整体属性和环境进行的观察还不充分。此外，关于中国早期菩萨造像本土化的时间和地点的判断，在学术界也存在着分歧。

值得注意的是，在南北朝菩萨造像研究领域，相关图像往往难以与文本（佛经）形成直接、有效的联系，为探索工作带来了更多的挑战。南北朝菩萨造像的研究不仅需要考虑宗教文本，而且需要更加注重图像本身的视觉语言和艺术传统。研究应跨越单纯的文献研究，融入更多的视觉分析与跨文化比较的视角。

相关思路中，日本学者宫治昭的工作尤为值得关注。在其著作《涅槃和弥勒的图像学》[1]中，选取涅槃与弥勒两种图像作为研究对象，围绕两者在"生与死"主题上的象征表现，探讨了佛教美术在其发展与传播过程中，不同民族文化性格如何影响图像的表现方式，为理解南北朝佛教艺术的多样性和复杂性提供了有益的参考，特别是关于图像的象征意义及其在不同文化交汇点上的演变方面。巫鸿的《空间的敦煌——走近莫高窟》[2]一书也为相关研究领域贡献了独特且宝贵的视角。通过将"空间"作为分析的核心概念，巫鸿重新审视了敦煌莫高窟，将其视为一个可以实际进入的历史空间。这种分析方式突破了以往思路的限制，立足原境的分析更接近于建造和使用莫高窟的历代人们的实际经验，还强调了观众在体验艺术时的主观感受和认知过程。其研究思路在探索南北朝菩萨造像时同样适用，特别是在考察造像的空间布局、观众与造像的互动关系，以及造像在特定文化和宗教背景下的象征意义方面。

综上所述，近年来的学术研究从多元化的视角出发，深入探讨了南北朝时期菩萨造像的多样性和复杂性。这些研究不仅涵盖了传统的文献分析，还扩展到了视觉艺术和文化背景的更广泛考量，特别强调了在体验艺术时观众的主观感受和认知过程的重要性。这种方法为解读和理解南北朝时期的菩萨造像提供了全新的视角。本书将借鉴前人研究的洞察力和认知深度，梳理南北朝菩萨造像本土化过程的清晰脉络，期望为理解这一时期佛教艺术在中国文化脉络中的独特地位提供学术见解。

---

〔1〕［日］宫治昭：《涅槃和弥勒的图像学——从印度到中亚》，北京：文物出版社，2009年。

〔2〕［美］巫鸿：《空间的敦煌——走近莫高窟》，北京：生活·读书·新知三联书店，2022年。

三　研究目的与研究方法

（一）研究目的

本研究旨在深入探究南北朝菩萨造像的象征意义及其本土化进程，期待实现以下五个主要目标：

（1）建立有效的图像分析方法。基于南北朝佛教造像艺术的历史背景、文化融合过程以及在当时社会政治环境中的作用，制定一套有效的方法来解读菩萨造像的象征含义。

（2）历史梳理与图像史的建立。通过梳理南北朝菩萨造像的风格演进脉络，构建一个清晰的图像史概览，涵盖5—6世纪古印度、中亚至中国的佛教造像艺术，并重点关注南北朝菩萨形象的发展及其文化演变轨迹。

（3）图像变迁的文化意义解释。将深入探讨图像的变化及其所反映的文化意义，以更深入地理解南北朝时期菩萨造像的本土化历程。这包括对造像题材、身姿、装束与组织秩序等象征意义的分析，探究其在文化交汇点上的演变，并特别关注禅观与皇权如何影响造像的组织秩序。在此基础上，判别南北朝菩萨造像本土化的时间、地点与特征。

（4）图像的多元化应用及其内涵转变。探索不同佛教教派对同一主题菩萨造像的多样化应用与解释，特别是中国早期石窟中弥勒菩萨图像的发展情况。

（5）典型装束的本土化分析。讨论典型装束元素的样式及其内涵如何在中国传统文化和时代审美的背景下发生演变的，包括分析这些元素的演变如何与菩萨造像组织秩序的发展相协调。

（二）研究方法

（1）田野调查。前往南北朝菩萨造像的关键遗址，如云冈石窟、龙门石窟、麦积山石窟、敦煌莫高窟等，进行细致的田野调查。采用文字记录、绘图、摄影等多种方法，收集关于菩萨造像的详尽信息，如造像的布局、尺寸、形态、服饰、装彩和贴金，方便更准确地分析造像的空间配置、雕刻手法和艺术风格。此外，通过亲身体验这些遗址的空间环境和宗教氛围，为合理还原造像的原始情境提供基础。

（2）文献分析。研究将强调对佛教经典、历史文献和学术研究的广泛研读和分析。借助文献确定造像的历史定位，探索其在南北朝社会和宗教生活中的功能和意义。此外，文献分析还将支撑对菩萨造像的深入解读，如主题判断、身姿内涵、服饰寓意与组合意义等。

（3）跨文化比较。研究将采用跨文化比较方法，对比分析南北朝时期菩萨造像与相近时期其他地区（如古印度、中亚）的佛教艺术，旨在掌握不同地域背景下佛教艺术的相互影响和文化交流，揭示在各地区中菩萨造像风格的差异和共性，以及不同文化传统如何共同塑造了佛教造像艺术的发展。

（4）空间分析。研究将运用空间分析方法，深入考察菩萨造像所处空间的文化和历史背景。在此基础上，分析菩萨造像的物理布局、尺寸、组合以及与环境的相互作用，还原观众对造像的原始体验和理解。具体内容，强调探讨造像在其原始空间中的象征意义，分析其如何与空间中其他装饰元素共同构成有意义的文化和宗教叙事。

（5）类型学分析。识别南北朝菩萨造像的不同类型和特征。通过比较不同地区和时期的造像，追踪佛教艺术中的风格演变和类型发展，揭示佛教造像艺术在融合本土和外来元素过程中的动态特点。

（6）图像学分析。用于探索菩萨造像中的象征意义和宗教主题，包括对造像的视觉元素、叙事内容和象征手段的解读，以理解其在传达宗教信息、反映社会价值观和历史背景方面的作用。特别关注的是菩萨造像如何通过视觉语言表达禅观思想，以及如何在皇权与佛教之间建立联系。

第一章 5—6世纪古印度、中亚与中国菩萨造像的艺术交流

南北朝时期，佛教艺术经历了从域外胡样到本土风貌的转变。中国传统文化在对相关艺术形式的认知、理解、接受、改造与融合的过程中，对外来菩萨造像的身姿、体量、装束与布局进行了彻底改变，呈现出复杂的历史轨迹与文化融合的脉络。本章旨在描绘古印度、中亚至中国佛教造像艺术中菩萨形象的发展与文化演变轨迹，展现南北朝菩萨造像在样式交融和风格转变方面的基本面貌。

佛教造像艺术自古印度地区兴起，随着宗教信仰的传播，不断地借鉴、吸纳、融合沿线文明的图像元素及其意蕴，影响造像的体量、形象、身姿、服饰等内容的发展，形成了众多新的样式。

东晋十六国开始，中国南、北不同地区的佛教造像艺术发展已呈现不同特征，并大致在5世纪中叶形成明显的风格差异。北方地区，陆上丝路沿线诸文明所蕴含的外域样式，自西向东有序递传、丰富、转变并融汇，最终于北魏平城地区集聚凝结。而至晚在东晋，南方地区佛教造像艺术已力图摆脱外来胡样，呈现"秀骨清像""褒衣博带"的本土化特征，并为南朝佛样所继承、发展。北魏孝文帝太和年间（477—499年）的南朝化改革，则影响至平城、洛阳等区域佛教造像艺术的发展，促成南、北佛样相互融合，并逐渐形成统一的样式风尚。至北魏分裂成东、西两魏，继而北齐、北周又相继代东、西两魏立国开祚，期间尚有南亚、东南亚等外来新样的浸润影响，虽种类繁多，分布面广，但基本仍延续北魏时期佛教造像艺术的基本特征。

菩萨造像的演变基本遵循着这一基本演变轨迹，但在具体元素的发展上略有个性。本节将重点梳理在东、西和南、北两种空间关系上图像的生成、传递、转变与融合关系。

第一节　古印度、中亚佛教造像艺术中菩萨的形象发展与文化演变

一　犍陀罗与秣菟罗：古印度佛教造像艺术中菩萨形象的演变

中国古代佛教造像艺术的发展，与古印度地区存在密切关联。古印度佛教造像经过孔雀、贵霜、笈多三次高峰，从无佛像发展成完整图像体系。其中，贵霜、笈多王朝时期，菩萨造像体系已形成清晰结构。

古印度西北部犍陀罗与中部秣菟罗地区，是贵霜王朝两大造像中心。1世纪前后秣菟罗地区营造的大王迦腻色迦二年（80年）[1]造像、迦腻色迦三年（81年）巴拉奉献立佛、迦腻色迦二十三年（101年）坐像等（图1-1），在造像躯体、台座或华盖等处刻有"菩萨"铭文，表明其身份。但此类"菩萨"造像并未采用头冠、项圈、璎珞等装束，更接近于一般佛陀的形象。与之相反，瓦苏提婆二十八年（128年）"世尊"铭坐像的颈部佩戴项链。以上1世纪前后的"世尊""菩萨"铭造像雕刻技艺与手法均已较为成熟，但关于佛陀、菩萨的形象尚未严格区分。瓦苏提婆二十八年（128年）"世尊"坐像应反映的是悉达多王子（即释迦）菩萨形象，采用贵族装束，不着僧衣、袒上身、庄严繁杂佩饰已经出现。该像虽因头

---

〔1〕　迦腻色迦即位年代，主要有公元78年、128或129年之说，本书沿用公元78年说。相关观点详见赵玲：《印度秣菟罗早期佛教造像研究》，上海大学博士学位论文，2012年，第33页。

部损毁无法辨认冠式，但秣菟罗地区出土的2世纪菩萨头像采用了敷巾冠饰（图1-2），能较好地补充信息。这种冠饰以布巾包裹头发，呈宽大圆盘状，再系上豪华的装饰发带，部分发尾束于盘状头巾正面呈扇形或圆形自然下垂，与印度至今仍有佩戴的"Turban""Patka"等头巾样式相似。

「菩萨」铭造像　大王迦腻色迦2年菩萨立像，阿拉哈巴德博物馆藏　　迦腻色迦3年巴拉奉献立佛，鹿野苑博物馆藏　　迦腻色迦23年菩萨坐像，秣菟罗政府博物馆藏　　「世尊」铭造像　瓦苏提婆28年"世尊"坐像，桑奇考古博物馆藏

图1-1　1世纪前后秣菟罗"菩萨"与"世尊"铭文造像样式对比
采自《印度秣菟罗早期佛教造像研究》，第39、46、48页

图1-2　菩萨头像，2世纪，秣菟罗出土
采自《世界佛教美术图说大辞典·雕塑3》，第1074页

秣菟罗早期菩萨造像应受到印度土著雕刻艺术体系的影响。在佛教流行之前，秣菟罗地区的土著宗教供奉、崇拜药叉（Yaksha）、

药叉女（Yakshi）、那迦（Naga）、那迦尼（Nagini）等神灵。观察公元前 3 至公元 1 世纪的迪达干吉、巴尔胡特佛塔栏楣、桑奇大塔等处药叉和药叉女雕像（图 1-3），多上身不着衣，身披繁杂佩饰。此种印度土著古老形象，应被初创时期的佛教艺术所借鉴。古印度菩萨造像应最初于 1 世纪末期在秣菟罗地区率先形成，再影响相关区域造像艺术发展。与秣菟罗风格相比，犍陀罗佛教艺术更多地展示出希腊式特征，表现为造像脸型椭圆、深目高鼻、浓发翻卷、身材粗壮、姿态有力等。又因犍陀罗气候相对寒冷，造像多流行披挂厚重长袍。

图 1-3 迪达干吉女药叉像，前 3 世纪，巴特拉博物馆藏 采自《印度艺术》，第 29 页

日本学者宫治昭统计 42 例犍陀罗地区的一佛二菩萨三尊像，指出其胁侍菩萨按头发、冠饰及手持物特征，可分为束发型菩萨像（A 型）与敷巾冠饰菩萨像（B 型）两种（图 1-4）[1]，并象征着不同尊格。B 型菩萨装饰的敷巾冠饰，其特征与前例大致相似；A 型菩萨头发束扎方式较为特别，亦有两种（图 1-5）。第一种将头发分作两股，一股呈环状，另一股自然下垂；或两股均为环状，呈"∞"形。第二种束发与肉髻相似，波状头发。但两种均以连珠发带扎隆头发，不带其他头饰。

其中，A 型应为弥勒菩萨的象征。犍陀罗束发菩萨多"左手持水瓶，右手作掌心向内印（或者结施无畏印和与愿印）"[2]。仅一例左手思惟状、右手持梵夹。宫治昭通过对犍陀罗浮雕中七身、六身、

---

〔1〕[日]宫治昭：《涅槃和弥勒的图像学——从印度到中亚》，北京：文物出版社，2009 年，第 204、205 页。

〔2〕同上，第 206、207 页。

A 型菩萨像　　　　　　　　　　B 型菩萨像

| 2—3 世纪 | 2 世纪，
沙弗利巴洛尔出土，
帕夏瓦博物馆藏 | 3—5 世纪，
帕夏瓦出土，
巴基斯坦博物馆藏 | 1—3 世纪，
巴基斯坦出土，
集美博物馆藏 |

图 1-4　犍陀罗菩萨造像样式类型对比图

采自林保尧：《佛教美术全集·佛像大观》，第 45、41、43、39 页

A 型　　　　　　　　　　　　　　B 型

环形束发　　　　　　肉髻式束发　　　　　敷巾冠饰

图 1-5　犍陀罗菩萨造像头饰样式对比图

四身佛陀像与一身菩萨像并列等案例进行分析，确定"以束发、绾髻的头发和手持水瓶为特征"是在表现弥勒菩萨[1]。

B 型胁侍菩萨，按持物、印相特征又有"（a）右手施无畏印、

---

　　[1]　[日]宫治昭：《涅槃和弥勒的图像学——从印度到中亚》，北京：文物出版社，2009 年，第 206、208 页。

左手叉腰，（b）右手或左手，或者两手握着华鬘、莲花（未开或开敷），以上两种。"[1]在成道、树下观耕、宫廷生活、决意出家、逾城等题材的佛传浮雕中，悉达多王子常用敷巾冠饰装饰（图1-6）。帕夏瓦博物馆藏佛发供养中，华盖下所供养的发髻正是敷巾冠饰。在帕夏瓦博物馆藏国王得神谕祥梦造像，国王亦佩戴此种冠饰，说明敷巾冠饰实际上是刹帝利群体的常见装束。右手施无畏印、左手叉腰，是悉达多王子除树下观耕、逾城场景之外常见姿态。因此，敷巾冠饰，右手施无畏印、左手叉腰或无手持物应是悉达多王子菩萨的固定图像程式。

"树下观耕"浮雕，
帕夏瓦博物馆藏

"决意出家"浮雕（局部），
帕夏瓦博物馆藏

"国王得神谕祥梦"浮雕
（局部），帕夏瓦博物馆藏

"深夜离宫"浮雕，
斯瓦特博物馆藏

"佛发供养"浮雕，
帕夏瓦博物馆藏

图1-6　2—5世纪犍陀罗造像中敷巾冠饰题材对比图
采自《涅槃和弥勒的图像学——从印度到中亚》，第240、212页

---

[1] [日]宫治昭：《涅槃和弥勒的图像学——从印度到中亚》，北京：文物出版社，2009年，第210页。

另外，在笈多王朝时期的犍陀罗单体菩萨立像中，敷巾冠饰上庄严化佛，左手握花鬘的尊像，均被认定为观音菩萨像，如帕夏瓦博物馆藏戴化佛冠的菩萨立像。

概言之，犍陀罗尊像系列中，菩萨造像的身姿、装束与身份之间存在固定程式，并大致如下：

第一，悉达多王子菩萨像，敷巾冠饰，右手施无畏印、左手叉腰或无手持物。

第二，观音菩萨像，敷巾冠饰，右手或左手，或者两手握着华鬘、莲花。

第三，弥勒菩萨像，束发，左手持水瓶，右手作掌心向内印或者结施无畏印和与愿印。

束发、持水瓶的弥勒菩萨不求繁饰，继承了古印度婆罗门教世界之主梵天的性格，象征求道者和解脱世界的理想者，手持蕴含智慧内涵的水瓶。悉达多出身刹帝利，是迦毗罗卫国净饭王的太子，敷巾冠饰是帝王标志，象征着尊贵。敷巾冠饰、手持花鬘、莲花的观音菩萨造像，象征丰饶、力量与救济众生的慈悲精神。三者作为佛陀常见的胁侍，能以自身求证菩提并发愿救济众生的菩萨精神衬托佛陀的伟大。

类似菩萨造像对中国佛教早期造像具有影响。现藏于日本藤井有邻馆，传陕西三原县出土的十六国时期金铜菩萨立像，保留有浓厚的弥勒菩萨束发、持水瓶等原始特征。而北魏时期大量铭记为"观世音"或"光世音"的金铜造像，右手多持有未开的莲花花蕾，亦是一种固定程式。

二　以中亚地区为中心的交脚弥勒菩萨像演变：从犍陀罗到中国的文化吸纳与帝王威严的象征

随佛教信仰传播，沿线诸种文明不断接受、吸收、筛选、提炼并丰富佛教造像艺术表现形式与内涵。犍陀罗尊像系列中，弥勒菩萨流行立姿、束发、提净瓶。在中亚地区,交脚坐姿由世俗帝王坐式逐渐转变成弥勒菩萨的特定身姿。克孜尔等西域地区及北朝造像中,弥勒菩萨常取交脚坐姿,仅少量的交脚像象征悉达多或君王。

交脚坐姿在印度贵霜王朝、波斯萨珊王朝等文明中,是世俗帝王、贵族的常见坐姿之一,旨在象征身份与地位的尊贵。如贵霜王朝胡韦色迦(155—187 年)统治时期,发行的三枚铜币正面均为国王交脚坐姿,背面则分别为太阳神米罗立像(MIIPO)、风神奥多疾行像(OAAO)、月神玛奥(MAO)。而将交脚坐姿与弥勒菩萨身份相对位,形成交脚弥勒菩萨图像程式,或许受到了古代中亚地区密特拉崇拜(Mithraism)的影响。

季羡林《弥勒信仰在新疆的传布》详细梳理"弥勒"的诸种原文与概念形成,指出"弥勒"所具备"'未来佛'的思想则出现比较晚,释迦牟尼时代是不可能有的",而是"大乘流行时代,西方(印度西方)的救世主思想,弥赛亚(Messia)思想又传进了印度,弥勒的未来佛地位和救世主地位融合了起来……Messia 思想产生于欧洲人所谓的古代东方,传到了波斯,形成了所谓 Mithraism(Mithra 信仰)……由波斯传入邻邦印度,与弥勒未来佛融合在一起,推动了后者的发展"[1]。受中亚密特拉崇拜影响,弥勒菩萨的身份与内涵产生了变化,由犍陀罗早期求道者、行者身份转向未来佛、救世主,并最终形成弥勒上生信仰与弥勒下生信仰。在此过程中,未来世的救世主弥勒又与转轮圣王的意义产生了关联。

"佛经里提出来,太平盛世,全世界唯一的太平帝王,就叫转轮圣王。"[2]《佛说观弥勒菩萨下生经》《弥勒大成佛经》《弥勒下生成佛经》均有记载,未来弥勒下生人间前,先有转轮圣王现身并统治太平盛世,再有弥勒出家、龙华树下成佛并受圣王供养。但随着

---

〔1〕 季羡林:《弥勒信仰在新疆的传布》,《文史哲》2001 年第 1 期,第 14、15 页。

〔2〕 南怀瑾:《金刚经说什么》,上海:复旦大学出版社,2006 年,第 396 页。

佛教思想发展，出现了弥勒与转轮圣王身份混同的现象。《贤愚经》《中阿含经》《古来世时经》等经所记阿夷哆并非弥勒。如《中阿含经》载阿夷哆发愿："我于未来久远人寿八万岁时，可得作王，号名曰螺，为转轮王。"弥勒发愿："我于未来久远人寿八万岁时，可得成佛，名弥勒如来。"〔1〕两者为不同人物。《观弥勒菩萨上生兜率天经》则载，阿夷哆"从今十二年后命终，必得往生兜率陀天上"〔2〕，化生弥勒菩萨，出现了两者身份的混淆。这种现象可能导致转轮圣王的神格与形象注入弥勒菩萨中。

宫治昭在研究古代中亚地区石窟时指出："弥勒菩萨的尊格从犍陀罗追求菩提的行者形象，历史性地转变为与理想世界的统治者转轮圣王神格混淆了的王者形象。"〔3〕此种内涵转变，塑造了交脚弥勒菩萨图像的传统。如巴米扬石窟内（图1-7），流行戴宝冠，有仰月冠饰，项圈、璎珞、环钏庄严的交脚弥勒菩萨像。

犍陀罗弥勒菩萨立像向中亚交脚弥勒菩萨像的转变，吸收并融合了复杂元素。仰月冠饰来源于波斯萨珊王朝王冠；周身庄严璎珞与臂钏来源于古印度刹帝利群体；下着羊肠大裙则表现出西域游牧民族特征；交脚是印度、中亚帝王常见坐姿；甚至其身下流行的狮子座，亦象征王权。诸

图1-7 巴米扬K窟（第330窟）
顶部弥勒菩萨线描图
采自《涅槃和弥勒的图像学——
从印度到中亚》，第498页

---

〔1〕〔东晋〕瞿昙僧伽提婆译：《中阿含经》，《大正藏》第1册，第510页。

〔2〕〔南朝宋〕沮渠京声译：《佛说观弥勒菩萨上生兜率天经》，《大正藏》第14册，第418页。

〔3〕〔日〕宫治昭：《涅槃和弥勒的图像学——从印度到中亚》，北京：文物出版社，2009年，第499页。

元素虽源流复杂，但无不以帝王形象象征尊贵。帝王形象的弥勒菩萨像被中国文化传统所接受，并在北魏时期盛行一时。粗略统计，云冈石窟第9—19窟有小型交脚弥勒菩萨造像至少70余尊[1]。龙门石窟495—528年雕凿的70例主像中，28尊为交脚弥勒像[2]。敦煌莫高窟第275窟主像为交脚弥勒菩萨像，左右两壁另设4身交脚弥勒菩萨。

云冈石窟昙曜五窟清晰展现了交脚弥勒菩萨像、圣王与帝王之间的密切联系，弘扬北魏统治者的"帝王即佛"之观念。《魏书·释老志》载452年北魏文成帝"诏有司为石像，令如帝身。既成，颜上足下，各有黑石，冥同帝体上下黑子"，并于"兴光元年（454年）秋，敕有司于五级大寺内，为太祖以下五帝，铸释迦立像五"。以上造像无从考证，但其后和平初（460—465年）营建的昙曜五窟继承了相似意图。

《魏书·释老志》记："和平初（460—465年）……昙曜白帝，于京城西武州塞凿山石壁，开窟五所，镌建佛像各一，高者七尺，次者六十尺，雕饰奇伟，冠于一世。"[3]云冈第17窟正是五所之一，其主尊为高达1550厘米的交脚弥勒菩萨像（图1-8）。该像虽风化严重但能识别大致样貌。菩萨面相方圆，戴高宝冠，宝

图1-8 云冈第17窟北壁交脚弥勒像，北魏（386—534年）
采自《中国大同雕塑全集·云冈石窟雕刻卷》（上），第89页

---

〔1〕 林伟：《从交脚弥勒菩萨造像的流行看中国传统文化对佛教的影响》，《江苏社会科学》2009年第1期，第112页。

〔2〕 详见宫大中"龙门石窟主要纪年造像分期编年图表"，收录于《龙门石窟艺术》，北京：人民美术出版社，2002年，第81—88页。

〔3〕 〔北齐〕魏收：《魏书》，北京：中华书局，2017年，第3036、3037页。

冠纹饰漫漶不清；秀发搭肩，胸佩蛇饰及短璎珞，斜披络腋；臂佩环钏，手臂肘部以下部分均残；下着羊肠长裙，与克孜尔、巴米扬等地样式相似。第 17 窟内，巨大的主像与狭小室内空间相互衬托，能够突出主尊威严与神圣，并彰显对于帝王的崇拜。不难发现，中国传统文化重视礼仪、等级的特色，与统治者弘扬帝王威严的政治意图相结合，对外来佛样是存在着有意甄选与吸收。交脚弥勒菩萨造像复合了继承者、救世主、圣王、帝王等多重形象与内涵，能够服务于帝王对自身权威的宣扬，能够被积极吸纳并流行。

第二节　南朝主导的佛教造像艺术本土化进程：从外域传入到"褒衣博带"风貌的形成

佛教信仰自西向东传播，在不同地域形成了丰富的区域特征。西域、凉州、长安递次传播，并在北魏平城地区展现出样式的集聚与融合。南朝地区则在接触外域佛教造像艺术之始，便展露出更为积极、彻底的汉化态度。

观察国内 4 世纪前具备佛教特征的实物，如 1947 年乐山柿子湾 I 区 1 号墓门额处发现佛像[1]、1953 年在山东省沂南发掘的东汉晚期画像石墓内"童子像"[2]、1942 年四川彭山东汉晚期崖墓内出土的泥质灰陶钱树座[3]等，造像出现头光、无畏印等佛像特征的同时，还混杂着三山冠、长须、宽袍与踞坐等汉地传统神像的特征。

---

〔1〕 李复华、曹丹：《东山汉代崖墓石刻》，《文物参考资料》1956 年第 5 期，第 61—63 页。

〔2〕 王趁意：《沂南汉画像石墓"童子佛像"辨》，《大众考古》2014 年第 8 期，第 44—46 页。

〔3〕 南京博物院编：《四川彭山汉代崖墓》，北京：文物出版社，1991 年。

类似的资料，广泛分布于四川、湖北、江西、江苏、浙江、安徽、山东、河北、陕西及内蒙古等区域，以墓室石刻、墓室壁画、摩崖线刻、钱树、佛像铜镜、佛饰魂瓶等形式出现，发挥着装饰或辟邪作用，应属于佛、神混同式样，而非严格意义的佛像。

实际上，至晚在三国时期（220—280 年），江南地区已出现了"设像行道"行为。"天竺沙门十二人送像至郡下……听留吴郡"〔1〕，康僧会则"以赤乌十年（247 年）初达建业，营立茅茨，设像行道"〔2〕。但外域造像的胡相多不能被汉地世俗接受，不利于传播。"佛像本胡夷，朴陋，人不生敬"〔3〕，故大致在晋宋之际，南方书画家、工匠便开始按照本土审美眼光改造佛教造像艺术语言，造像向"褒衣博带""秀骨清像"为特征的汉风转变。

据文献推测，以戴逵父子为代表的南朝书画家，以南方地区浓厚的汉文化传统为基础，对佛像的像样、尊容进行一系列的改造以迎合时人审美。《宋书·戴颙传》载："自汉世始有佛像，形制未工，逵特善其事，颙亦参焉。"〔4〕《历代名画记》载："后晋明帝、卫协皆善画像，未尽其妙，洎戴氏父子皆善丹青，又崇释氏，范金赋采，动有楷模。"〔5〕虽无法见到戴氏父子的相关作品，但梳理文献仍能体会其大致面貌。《历代名画记》载戴逵作无量寿佛与胁侍菩萨时，"以古制朴拙，至于开敬不足动心，乃潜坐帷中，密听众论，所听褒贬，辄加详研，积思三年，刻像乃成，迎至山阴灵宝寺"〔6〕。"潜坐帷中"客观听取时人"褒贬"，作品必然会对外域古法（胡样）进行本土化改造。当时，世人崇尚门阀士族的风姿特秀、爽朗清举

〔1〕 〔唐〕道宣撰：《集神州三宝感通录》，《大正藏》第 52 册，第 414 页。

〔2〕 〔明〕朱棣：《神僧传》，江苏广陵古籍刻印社，1993 年，第 9 页。

〔3〕 〔唐〕李绰：《尚书故实》，北京：中华书局，1985 年，第 4 页。

〔4〕 〔南朝梁〕沈约：《宋书》第 8 册，北京：中华书局，1974 年，第 2277 页。

〔5〕 〔唐〕张彦远：《历代名画记》，俞剑华注释，上海：上海人民美术出版社，1964 年，第 125 页。

〔6〕 同上，第 123 页。

之风，基本特征为瘦削身躯、自然神情与潇洒风度，为后世所谓"褒衣博带""秀骨清像"。正是东晋时期世俗风尚的影响，佛、菩萨等像样具备了汉地时人的面相、身貌、服样等方面特征。佛像服饰出现宽袍、大袖、阔带等特征的对襟式佛衣，菩萨原本裸露的上身，亦参照世俗妇女服样进行改造，以宽大帔帛搭肩。

"帔帛"一词，或称披帛、披子、帔、帛等，通常指覆于肩背处的衣饰，着装形式多样且式样丰富，男女、僧道皆能穿戴，属披挂、包缠型服饰。《释名·释衣服》："帔，披也，披之肩背，不及下也。"[1]《说文解字》："帔，弘农谓裙帔也，从巾，皮声。"[2]借敦煌文书，唐代出现了"帔子""被子""披子"等词，并"音同义通"[3]。

关于帔帛的来源与流行，文献记载并不统一。南宋末年陈元靓的《事林广记》载："三代无帔。秦时有帔帛，以缣帛为之，汉即以罗，晋永嘉中制绛晕帔子。开元中令三妃以下通服之。"[4]认为缣帛材质的帔帛出现在秦代，唐代开元年间成为"三妃"之下世俗女性的常用服饰。实际上，"秦有说"缺乏文献与实物证据支撑，可能仅为南宋文人个人见解。《中华古今注》"女人披帛"条载："古无其制，开元中，诏令二十七世妇及宝林御女良人等，寻常宴参侍令，披画披帛，至今然矣。"[5]说明帔帛在隋唐时期已趋于流行，但"古无其制"。又查《旧唐书·波斯传》有："（波斯）丈夫……衣不开襟，并有巾帔。多用苏方青白色为之，两边缘以织成锦。妇人亦巾帔裙衫，辫发垂后"[6]，亦说明帔帛并不属于秦汉服饰系统，应为域外传入。国内外学者的研究多将帔帛源流指向西亚或中亚地区，

---

〔1〕〔清〕毕沅疏：《释名疏证》，北京：中华书局，1985年，第157页。

〔2〕〔汉〕许慎：《说文解字》，天津：天津古籍出版社，1991年，第158页。

〔3〕详见张蓓蓓：《帔帛源流考——兼论宗教艺术中的帔帛及其世俗化》，《民族艺术》2015年第3期，第135页。

〔4〕转引自黄辉：《中国古代人物服式与画法》，上海：上海人民美术出版社，1987年，第44页。

〔5〕〔五代〕马缟：《中华古今注》，北京：中华书局，1985年，第21页。

〔6〕〔后晋〕刘昫等撰：《旧唐书》，北京：中华书局，1999年，第3614页。

如孙机、段文杰、黄能馥、陈娟娟、赵超、牛怡晨、Alexander C. Soper 、张蓓蓓等。

帔帛源流应在西亚或中亚等地，南北朝时期已在汉地流行应大致无误。山西大同沙岭北魏太延元年（435年）M7壁画中的侍女装束，已有帔帛绕肩的情况出现。另外，敦煌莫高窟288窟、285窟等北魏、西魏石窟中，女性供养人亦流行穿戴帔帛，均能反映南北朝时期帔帛的流行。而菩萨造像所涉及的帔帛，式样与着装方式虽来源于外域，在进入汉地之后迅速向"褒衣博带"式样转变，宽大的"X"形结构类似宽襦大裳，并成为南北朝菩萨造像服饰本土化的重要标志。

河南邓州市南朝墓室妇人出游画像砖中（图1-9），贵族女性与侍女均身着宽大衣裳，衣巾自两肩下垂于腹部束腰打结，飘逸自然，应能够代表当时世俗女性的常服样态。将其与犍陀罗、秣菟罗等区域公元前2世纪药叉女像，或1世纪以后出现的菩萨像所穿戴帔帛相对比，可以发现流行于南亚、中亚、西亚等区域内的帔帛，多单肩搭挂并条纹细密，肉体大量裸露。汉地服饰及菩萨造像"X"形帔帛，则主要是以宽大帛巾搭覆双肩，在腹前交叉或相互叠压，遮

图1-9　妇人出游画像砖（局部）
采自《中国美术全集·雕塑编·魏晋南北朝雕塑》，第71页

蔽上身，体现了传统儒、道思想影响下的宽大遮体、飘逸自然风尚。

相比北方重禅修、多山石而形成的数量丰富的石窟造像、单体石造像等，南朝佛教造像以金铜、木制、夹纻等材质为主，由于法难、化铜铸钱、材质腐坏等因素造成的破坏，留存甚少。但仅存的少量遗物中，仍能彰显南朝造像在本土化进程中的引领作用。南朝地区展现出"褒衣博带""秀骨清像"风貌的早期菩萨像，有四川茂汶南齐永明元年（483年）释玄嵩造无量寿佛造像碑。碑侧菩萨像面方圆，戴宝冠、缯带下垂，佩项圈，"X"形帔帛在身前交叉，帔帛下垂呈外展式。成都西安路出土的南齐永明八年（490年）比丘释法海造弥勒佛像（图1-10），主佛着对襟式佛衣，是典型的汉化特征。其胁侍菩萨像则戴花鬘冠，宽大的"X"形帔帛在腹前交叉，衣角外展。栖霞山南齐菩萨造像中，除具备相似的帔帛与衣角，出现了与"X"形璎珞组合的样式。由于栖霞山早期菩萨造像表面多已剥离，细部漫漶不清难以识别，仅能从相对较晚的二期下019窟菩萨像考察。栖霞山下019窟两身菩萨立像，出现"X"形帔帛与"X"形穗状璎珞，并于腹前交叉穿璧。可见，戴花鬘冠、着宽大"X"形帔帛等菩萨装束式样，在永明年间（483—493年）的建康、四

图1-10　南齐永明八年（490年）比丘释法海造弥勒佛像
采自《四川佛教造像的辨识》

川、成都等南朝属地均已广泛流行。

第三节　南北地区菩萨造像艺术的样式交融与风格演变

南朝造像展现的"褒衣博带""秀骨清像"风格，反映的是汉文化传统对外域像样的积极改造。西晋永嘉之乱后，中原汉晋文化一部西迁，形成以凉州为中心的河西文化，又因北魏灭凉输入魏都平城。而汉晋文化之主流，则随晋室南迁，使建康成为当时中国经济、文化中心，深刻影响南北朝的文化格局。

南朝礼服典章，多承两晋并可上溯于汉，亦为北魏孝文帝及其后代极力推崇。太和年间（477—499 年），北魏政权开始一系列汉化改革，积极仿照南朝礼乐典章、衣冠之制，如太和十年（486 年）"八月乙亥给尚书五等品爵已上朱衣玉佩大小组绶"[1]。类似举措，应影响了平城地区佛像装束的风格转变，并辐射北朝广泛区域。

另外，佛教东传所依托的丝路古道，在北魏文成帝（452—465 年）后受阻，可能间接促进了南、北佛教文化与造像样式的交流。约 460 年前后嚈哒国（白匈奴）灭大月氏并占领犍陀罗地区，其势力波及康居、安息、于阗、沙勒等三十余国。因嚈哒国信奉印度教，以上区域内佛教废除，佛教造像活动停滞。唐代玄奘路过此地，对其佛教废毁多有记述。此外，盘踞高昌一带的沮渠政权残部与柔然等西域势力，与北魏政权敌对。

观察云冈石窟 486 年前后的菩萨造像，其冠饰、胸饰等装束特征多凸显南朝风格的影响。如前述，北魏统治阶级为弘扬帝王尊严，对外域佛样进行甄选与融合，具有圣王图像特征的交脚弥勒菩萨像

---

〔1〕〔北齐〕魏收：《魏书》，北京：中华书局，2017 年，第 161 页。

大为流行。以交脚弥勒菩萨像为中心，诸种菩萨像的装束特征仍以胡样为主。敦煌莫高窟、云冈石窟、麦积山石窟、炳灵寺石窟等北朝石窟中，虽在各自区域因素影响下样式转变历程有所不同，但大致在太和十年（486年）之前均展现出大量外域样式特征。聚焦菩萨造像胸前装束样态，是袒露上身或斜披络腋，戴项圈、璎珞等繁杂佩饰。

大致在太和十年（486年）前后营建的云冈第5、6窟，菩萨像的主流装束已发生转变。项圈、璎珞等元素开始消失，宽大的"X"形帔帛遮盖了裸露的上身，展示出"褒衣博带"的服样特征。与南齐永明元年（483年）释玄嵩造无量寿佛造像碑、永明八年（490年）比丘释法海造弥勒佛像等采用相似装束的案例相比较，虽较难明确南北之间样式转变的先后与影响关系，但裸露向遮蔽的转变趋势应由汉文化底蕴更为深厚的南朝地区率先完成，并影响北朝地区。

与胸前装束"褒衣博带"化同步的，是珠冠向花鬘冠系列的转变。国内外学者在相关主题研究中，结合自身研究目的，以样式学、图像学、类型学多元方法对菩萨造像宝冠划分类型、确定名称。如李敏在《莫高窟唐代前期艺术中的菩萨头冠》[1]一文中，将莫高窟唐代前期菩萨宝冠分为珠宝冠、日月冠、化佛冠、花冠、云纹冠、叶冠六种；王恒《云冈石窟菩萨像的宝冠和服饰佩饰》[2]则有对化佛宝冠、右旋轮盘宝冠、莲花宝冠、三角饰冠四类宝冠；赵声良《敦煌石窟北朝菩萨的头冠》[3]，对敦煌北朝诸窟菩萨头冠划分为束发型、三面冠型、花鬘冠型、三角形（山形）冠型等。以上研究，基本囊括了相关菩萨造像的宝冠类型。但因研究目的与视角的差异，

〔1〕 李敏：《莫高窟唐代前期艺术中的菩萨头冠》，《敦煌研究》2004年第6期，第42—50页。

〔2〕 王恒：《云冈石窟菩萨像的宝冠和服饰佩饰》，《文物世界》2004年第4期，第13—16页。

〔3〕 赵声良：《敦煌石窟北朝菩萨的头冠》，《敦煌研究》2005年第3期，第8—17页。

相关类型的层级、主次仍需进一步明确。特别是束发型、三面冠型、花蔓冠型、三角形（山形）冠型，又或珠宝冠、日月冠、化佛冠、花冠、云纹冠、叶冠等，对于冠形的细致描述、名称确定、类型划分，会使得分析以上冠形演变与发展脉络时略显琐碎、繁杂。以菩萨造像装束汉民族化、本土化、世俗化的线索梳理，南北朝菩萨造像流行宝冠[1]主要可纳入"珠冠"和"花鬘冠"两个系列，诸如单珠冠、三珠冠、兽面冠、化佛冠、仰月冠、花篮冠、三角形（山形）冠等诸种，均可视为"珠冠"与"花鬘冠"的亚型。以"珠冠"与"花鬘冠"系列为线索，梳理两者样式源流和演变如下。

珠冠，主要有单珠冠、三珠冠两种，指发髻正面或正、左、右三面各装饰一盘状宝珠，宝珠表面有纹饰，两侧常以忍冬装饰。北朝早期石窟菩萨造像大量流行三珠冠。单珠冠或三珠冠之称谓并非源于经典，而是近年来国内外学者为方便讨论所采用的名称。日本学者林良一、桑山正进较早提及两种冠名，并为李敏、魏文斌、郭芳、孙斐等国内学者所沿用，但亦有学者从盘形冠珠物理形态角度，采用单面冠、三面冠之称谓[2]。

梳理珠冠之概念，其所镶宝珠应象征着摩尼宝珠。"摩尼"为梵语"maṇi"音译，有"离垢"之意，又作如意宝、如意珠、末尼宝、无价宝珠、如意摩尼。宝珠光净不为尘垢侵染，"投之浊水，水即为清"[3]，《大智度论》载"戴宝珠能除四百四病"[4]。因"摩尼"宝珠拥有无限光明与智慧，能除去病苦，令人皆得如意，故常用来供养与庄严佛、菩萨等。《华严经》记："佛子，菩萨摩诃萨以受灌

---

〔1〕 束发为发饰，不属于宝冠系统。

〔2〕 "单面冠""三面冠"等称谓，可见赵声良：《敦煌石窟北朝菩萨的头冠》，《敦煌研究》2005 年第 3 期，第 9、10 页。

〔3〕 〔北凉〕昙无谶译：《涅槃经》第 1 卷，北京：宗教文化出版社，2001 年，第 171 页。

〔4〕 〔后秦〕鸠摩罗什译：《大智度论》，《大正藏》第 25 册，第 478 页。

顶自在王位摩尼宝冠，及髻中珠，普施众生，心无吝惜。"[1]《法华经》又记："净如宝珠，以求佛道"，更将宝珠作为求取佛道的智慧象征。细分南北朝流行的三珠冠，有三珠素面冠、三珠化佛冠、三珠流苏冠与三珠花冠4种常见面貌（图1-11）。

三珠素面冠　　　　　三珠化佛冠　　　　　三珠流苏冠　　　　　三珠花冠

图1-11　三珠冠4种亚型对比图

花鬘冠与三珠冠结构相似，是在发髻正、左、右三面装饰莲瓣，花瓣间常有忍冬装饰（图1-12）。花鬘亦称华鬘，梵文 Kusu-ma-mālā 的意译，梵文中"Mālā""Mālya""Dāman""Dāma""Sraj"[2]皆有花鬘之义。花鬘冠应源自古印度世俗的花环头饰或身饰。《一切经音义》卷1记："按西国结鬘师多用苏摩那花行列结之，以为条贯，无问男女贵贱，皆此庄严。或首或身，以为饰好。""五天俗法，取草木时花晕淡成彩，以线贯穿，结为花鬘，不问贵贱，庄严身首，以为饰好。"[3]花鬘与璎珞稍有区别。鬘字有"秀美的头发"之义，《集韵·桓韵》载："鬘，发美貌"[4]，又有《大唐西域记·印度总述》曾记古印度男女"首冠花鬘，身佩璎珞"，国王、大臣"花鬘、宝冠以为首饰，环钏璎珞而作身佩"[5]。分析文

〔1〕〔唐〕实叉难陀译：《大方广佛华严经》，《大正藏》第10册，第143页。

〔2〕［日］平川彰：『佛教漢梵大辞典』，東京：靈友会，1997年，1008页。

〔3〕〔唐〕慧琳撰：《一切经音义》，《大正藏》第54册，第317页。

〔4〕张联荣：《古汉语词义论》，北京：北京大学出版社，2000年，第55页。

〔5〕〔唐〕玄奘撰、章巽点校：《大唐西域记》，上海：上海人民出版社，1977年，第35页。

图 1-12　典型花鬘冠图例，巩县石窟寺

献，花鬘较璎珞更侧重于庄严头部。

受世俗影响，花鬘亦用来供养与庄严佛、菩萨等众。《酉阳杂俎·贝编》记："天女九退相……璎珞花鬘皆重。"[1]《十诵律》卷39曾记："有人施僧华鬘，诸比丘不受，不知用华鬘作何物。是事白佛，佛言：'听受，应以针钉著壁上，房舍得香，施者得福。'"[2]《毗尼母经》卷5载："花鬘璎珞自不得著，亦不得作华鬘璎珞与俗人著。比丘若为佛供养，若为佛塔、声闻塔供养故，作伎不犯。"[3]由以上佛教经典可知，比丘不得装饰花鬘，但可悬挂室内、佛殿、佛堂等处，以花、香气供养佛陀。大致而言，南北朝流行的花篮冠、山形冠、城壁形冠、圭形冠等可纳入花鬘冠的系统（图1-13）。

---

〔1〕〔唐〕段成式撰、方南生点校：《酉阳杂俎》，北京：中华书局，1981年，第32页。

〔2〕〔后秦〕弗若多罗、鸠摩罗什等译：《十诵律》，《大正藏》第23册，第280页。

〔3〕《毗尼母经》，《大正藏》第24册，第828页。

花篮冠 山形冠 城壁形冠 圭形冠

图 1-13 花鬘冠 4 种主要亚型对比图

以云冈石窟、敦煌莫高窟、麦积山石窟等为例，珠冠广泛出现在北魏早期石窟造像中，花鬘冠应较早在南朝地区流行。梳理云冈石窟的造像发展，能发现从珠冠向花鬘冠转变的完整轨迹与线索。

选择秣菟罗、犍陀罗、克孜尔与平城地区数例菩萨造像，可以发现珠冠、敷巾冠饰之间密切联系与演变线索。秣菟罗地区出土的 2 世纪菩萨头像（图 1-14），敷巾冠饰纹理细密、排列有序，具备编织物的视觉特征。另外，如球状敷巾下部结构、束发条带等部分，均边缘过渡柔和、线条厚重，重视织物特征表现。束发末端分为两股，发股条理清晰，应是对世俗头饰的客观模仿。

图 1-14 秣菟罗、犍陀罗、克孜尔地区敷巾冠饰与云冈石窟三珠冠对比图

随着菩萨造像语言发展，敷巾冠饰开始展露更多珠冠特征。犍陀罗菩萨造像头饰，顶部球状结构开始缩小，底部包头巾的线条刻画更加硬朗并有金属质感。相比之前，顶、底之间质感区别更为明显，展示出冠珠与冠架的组合样态。特别是以底部结构为基础，在球状冠顶左、右两侧装饰的花纹，更可说明冠饰底部正由普通包头巾向冠架转变。秣菟罗出土的一例龙王头像中，虽顶部结构体积明

显增大，但已经完全没有编织物的视觉痕迹。顶部圆盘棱角处理分明、线条生硬，表面又刻花冠图案，类似金属材质。圆盘正面束发，亦分成三股并形似流苏。底部结构窄细硬朗，中间镶嵌宝珠并向上生出四股草鬘形结构，托住顶部圆盘，冠基特征更为明显。

克孜尔石窟第77窟中，天人头像基本继承了犍陀罗、秣菟罗地区敷巾冠饰头饰与其发展趋势。天人的敷巾冠饰，顶部盘珠缩小并刻有金属质花纹图像；盘珠正面束发分成三股；底部结构特征虽较为柔和、厚重，但表面大量花纹刻线较深，具有金属质感。观察同窟壁画中的菩萨、金刚、伎乐头冠，能够发现更为明显的样式特征转变。如第77窟金刚神像中（图1-15），头冠已明显分为冠基与单珠冠饰两部分，底部冠基为双股联珠纹，中心串方形宝石，上生双翼冠饰与冠柱，托起单珠盘。珠盘边缘作花瓣状，内饰类鸟头形物，并垂下一股流苏。

类似冠样在克孜尔石窟内大量流行，并逐渐在原有单珠结构基础上，于左、右两侧出现两个盘珠，成为三珠冠的早期样貌。相似特

图1-15　克孜尔石窟第77窟金刚神（局部）
采自《中国新疆壁画全集1·克孜尔》，图版18

征，直至北魏敦煌石窟壁画作品上仍较为流行。而现存库车、图木舒克等地菩萨造像或壁画菩萨像中有极少数二珠冠样，以上区域应承担着敷巾冠饰向三珠冠的转变。

北魏云冈石窟、敦煌莫高窟、麦积山石窟中，三珠冠的流行已非常明确。昙曜五窟中，菩萨或伎乐天的头部多佩戴三珠冠。昙曜五窟内三珠冠的装饰较前案例稍显简约。如正面冠珠，除有庄严化佛图案的类型外，其他种类表面无明显的前伸束发或流苏图案；三面冠珠的边缘处理，多仅仅以弧线表现，不再以花边美化。此种面貌除可能是由于风化造成的表面漫漶，也可能反映云冈石窟在融合凉州、长安地区早期佛教造像的过程中，重结构而忽视细节的表现。稍后营建的云冈石窟第7、8窟与第9、10窟中，菩萨三珠冠细节趋于丰富，其边缘处理为花瓣形，中心珠盘圆心处出现了流苏纹，本书以三珠花冠代称。

昙曜五窟至第9、10窟中菩萨造像珠冠的发展，存在着珠盘结构弱化并向花朵样转变的趋势，而珠盘结构间的忍冬结构逐渐增大。至第5、6窟中，花朵饰结构底部直接出现了三角形冠架，整体形似花篮（图1-16）。同时，也存在忍冬向莲瓣结构的转变过程，并最终成为正、左、右三面各一莲瓣结构的标准花鬘冠样貌。云冈第5、6窟装饰风格整体受南朝风尚影响，花鬘冠于两窟流行应属于南朝化的表现。

三珠冠 ⟶ 花鬘冠

图1-16 三珠冠向花鬘冠式样转变示意图

犍陀罗、秣菟罗地区菩萨造像的束发或敷巾冠饰，均是织物为主要材质的头饰，在传播途中逐步强化冠的特征，最终形成三珠冠，再转变成为花鬘冠。那么，此种特征的逐渐强化应源于何种影响呢？梳理外域相近时期的流行冠饰，虽有波斯萨珊王朝的城壁形冠与花鬘冠结构相近，但第5、6窟等云冈二期石窟中的菩萨造像冠饰，实则在"逐渐放弃萨珊式的装饰，而采用新型的形式"〔1〕。花鬘冠可能参考了汉地传统图像系统中东王公的三山冠。

在中国传统神仙图像体系中，有西王母佩玉胜、东王公戴三山冠的固定程式。观察东汉永元三年（91年）铭东王公西王母画像镜（图1-17），东王公所戴三山冠与花鬘冠基础结构相似，均在头顶正、左、右三面各置一类三角形结构。两者区别，主要是花鬘冠具备明显莲瓣结构特征。但如果三山冠确实影响了花鬘冠的流行，那么菩萨头冠在具备圣王、帝王、贵族等象征意义的基础上，还融入了中国原始的神王内涵。南齐永明八年（490年）比丘释法海造弥勒佛像等南朝造像中，菩萨所戴花鬘冠仅有莲瓣结构，未出现云冈石窟第5、6窟中顶部花朵冠饰，形制更为原始简单并接近于三山冠。

图1-17　东汉永元三年（91年）铭东王公西王母画像镜（局部）

采自《古镜今照：中国铜镜研究会成员藏镜精粹》（上册），第287页

---

〔1〕　赵声良：《敦煌石窟北朝菩萨的头冠》，《敦煌研究》2005年第3期，第16页。

因此，花鬘冠的基础形制或许受到三山冠影响，并在南朝等汉文化积淀丰厚的区域率先形成，再影响北朝石窟造像。

小　结

本章旨在探索5至6世纪期间古印度、中亚与中国在佛教菩萨造像艺术领域的交流与融合，揭示佛教艺术在此时期的发展趋势和文化交融的深层含义，展现佛教造像艺术在不同文化背景下的演变和发展轨迹。

古印度佛教造像艺术在孔雀、贵霜、笈多王朝时期经历了显著发展，特别是在犍陀罗和秣菟罗地区，形成了两大造像中心，标志着从无佛像到完善图像体系的重要转变。犍陀罗地区的造像艺术深受希腊风格的影响，体现在椭圆的脸型、深陷的眼睛、高挺的鼻梁及浓密的头发等特点上。相较而言，秣菟罗地区的早期菩萨造像则显示了印度本土雕刻艺术的影响，如药叉和药叉女等神秘形象。这一时期，菩萨造像不仅形成了清晰的图像体系和风格特征，而且在造像的身份、姿态和装饰上形成了一套固定的程式，包括悉达多王子菩萨、观音菩萨和弥勒菩萨等各具特色的造型与装束。束发、持水瓶、无华丽装饰的弥勒菩萨，继承了婆罗门教梵天的形象特性，象征求道者、行者的身份。悉达多出身刹帝利，以敷巾冠饰表现了帝王的尊贵。敷巾冠饰、手持花鬘和莲花的观音菩萨形象，象征着丰饶、力量以及对众生的救济与慈悲。三者常作为佛陀的胁侍，通过其求证菩提、救济众生的精神，衬托了佛陀的伟大。

随着佛教信仰在中亚地区的传播，交脚坐姿由世俗帝王的坐姿逐渐转变为弥勒菩萨的特定身姿。这一图像程式的形成受到了中亚密特拉崇拜的影响，并随着佛教的传播在不同地区流行。在弥勒菩萨形象发生变化的过程中，其意义从犍陀罗的求道者、行者身份转变为未来佛、救世主，契合弥勒上生与弥勒下生信仰的发展。交脚弥勒菩萨造像在中国文化语境中被积极吸纳，尤其是在北魏时期，相关造像继承了救世主和圣王的内涵，也与中国传统文化重视的礼仪、等级和帝王威严的政治意图相契合，服务于统治者对自身权威的宣扬。例如，在云冈石窟中，巨大的交脚弥勒菩萨常被描绘为戴宝冠、项圈和环钏，展现出帝王的尊贵形象。

佛教信仰东传的过程中，沿线各地造像艺术逐渐形成了独具特色的区域特征。南朝地区，展现了对佛教造像艺术一种更为积极的汉化态度。由于外域造像"胡相"在汉地难以被普遍接受，南方的书画家与工匠们依据本土的审美观念着手改造佛样，使之转向"褒衣博带""秀骨清像"等汉风特征。其中，帔帛的引入和流行成为佛教造像服饰汉化的显著标志。帔帛，最初源于西亚或中亚的传统服饰，进入汉地演变为宽大而飘逸的"褒衣博带"式样，并成为南北朝菩萨造像本土化的重要特征之一。尽管由于历史原因造成现存实物资料相对匮乏，但通过有限的遗留作品依然可以窥见南朝造像在本土化进程中所扮演的引领角色。如永明年间（483—493 年）建康、四川、成都等地的菩萨造像中，都能看到戴花鬘冠、着宽大"X"形帔帛等汉化特征的流行，显示了南朝佛教造像艺术本土化的成功。南朝地区的"褒衣博带""秀骨清像"造像风格反映了汉文化对外域造像样式的改造，并影响了北朝造像的发展。特别是，北魏孝文帝及其继任者对南朝礼服典章等文化元素的推崇和模仿，成为了北朝造像风格转型的一个显著标志。在北朝石窟中，菩萨造像从传统的珠冠逐渐转向花鬘冠，同时遮体的宽大帔帛也开始流行，标志着南北朝之间文化交流的深度，也展示了中国佛教艺术在此时期的风格演进和文化融合。

总体来看，南北朝菩萨造像在本土化、样式交融和风格演变等方面的重要发展，不仅是物质文化的传递，更是深层的文化交流和融合，为理解相关时代的文化交流提供了宝贵的视角。在佛教艺术的传播与发展过程中，不同文化之间的相互接触和影响是动态和多维的，对于深入理解佛教艺术的传播路径和文化融合具有重要意义。

第二章　菩萨造像的空间特征与内涵

　　黑格尔认为宗教常常借助艺术，"来使我们更好地感到宗教真理，或是用图像说明宗教真理以便想象，在这种情形之下，艺术确是在为和它不同的一个部门服务"〔1〕。佛教造像不应仅被看作视觉艺术作品，其显然是作为宗教文化与思想的传达媒介被雕造或绘制，并与石窟、寺院等建筑艺术相结合，共同构建出宗教空间的神圣体验。为了更准确地考察南北朝菩萨造像的象征意义及其本土化历程，不仅需要关注外部形象特征如面相、身姿与装束的变化，更需要考虑营建相近时期信徒在这些造像前的精神诉求和心理体验。后者体现在菩萨造像于石窟、寺院等建筑空间内的布局与组合关系中，需要通过还原相关空间内信徒可能遵循的观像轨迹予以去蔽。巫鸿在《空间的敦煌——走近莫高窟》中，提出"以'空间'的概念为切入点把莫高窟当作可以实际走近和进入、可以用目光触摸的历史地点和场所"，重新研究和理解"敦煌美术"的内涵与研究对象，并强调："这种理解方式强调同时性而非回顾性，原境分析而非线性进化，它更接近于历史主体——即建造和使用莫高窟的历代人们——的实际经验。"〔2〕而在讨论某个具体的空间内造像的内容构成与组织关系时，尝试还原相关空间内信徒可能遵循的观像法度或仪轨，能够更接近其原始的设计意图。

　　在之后的第三至五章内容中，将尝试通过还原诸具体空间内可能的观像轨迹来阐述菩萨造像的意义转变与发展问题。在此之前，本章讨论相关造像空间的组织理念、权力转变，以及菩萨造像的形

---

　　〔1〕［德］黑格尔：《美学》第 1 卷，朱光潜译，北京：商务印书馆，1979 年，第 130 页。

　　〔2〕［美］巫鸿：《空间的敦煌——走近莫高窟》，北京：生活·读书·新知三联书店，2022 年，第 282 页。

象定位与空间属性等基础问题。

第一节　禅意与皇权——造像空间组织理念与秩序权力的互动

一　佛教"众生世界"在艺术中的视觉呈现

佛教蕴含着以"时"与"空"的概念诠释"众生世界"的深刻思想。《楞严经》载："何名为众生世界？世为迁流，界为方位……东、西、南、北、东南、西南、东北、西北、上、下为界，过去、未来、现在为世。"[1]在这样的思想背景下，石窟、寺院中的造像——不论是佛、菩萨、弟子、天王、力士或是伎乐，都在某个特定的"空间"占据着明确的方位，并以其身量、相貌、姿态或装束等，在"相""好"所蕴含的累世修行、精进不懈、供养布施等精神的度量下，展示其在"众生世界"中的成就与职责。过去、现在、未来三世佛题材，能展现"世"（即时间）之流转；十方佛题材则能够表达"界"（即空间）的方位与平等；十方佛之外，东方净琉璃世界药师佛、中央娑婆世界释迦佛、西方极乐世界阿弥陀佛亦能呈现"界"之多元。在以诸佛题材为核心构建的图像世界中，菩萨、弟子、天王、金刚、力士、伎乐诸题材又能够以明确的空间属性丰富"世"与"界"的层次与细节。

佛教造像是信众坐禅修行与礼拜供养的对象，安置造像的石窟、寺院等空间则是信众从事坐禅修行、礼拜供养等活动的场所。历代工匠按照佛教思想，借助金、石、泥、木等材料将佛国妙相影像化，

---

〔1〕〔唐〕般剌蜜帝译：《大佛顶如来密因修证了义诸菩萨万行首楞严经》，《大正藏》第19册，第122页。

构建出一个个信徒期许获得神圣体验的沉浸式空间，力图满足"人天交接，两得相见"[1]的宗教诉求。《洛阳伽蓝记》载北魏太傅清河文献王元怿所立的景乐寺，"至於大斋，常设女乐，歌声绕梁，舞袖徐转，丝管寥亮，谐妙入神"，以至"得往观者，以为至天堂"[2]。要实现类似的宗教体验，除了要营造出极致的视听环境之外，更需要严格遵循禅观思想所规定的仪轨观像思惟。由于早期城邑寺院、私人佛堂等造像空间均已损毁，下文将围绕石窟艺术说明禅观思想的影响。

二　禅观思想的流行及其对造像艺术的影响

禅观概念，有"在坐禅过程中观察某种对象的修行法"[3]，"坐禅而观念真理"[4]等现代阐释。尽管类似概念阐释有差异，但均强调"坐禅"及对"某种对象""真理"的观照。"坐禅"代表进入禅定的状态。作为六度之一的禅定是佛教僧侣的重要修行方式，源于古代印度佛教的修行传统，强调通过冥想和内省来实现心念的平静和集中，获得更深层次的洞察和觉醒。

《大智度论》说："若求世间近事，不能专心，则事业不成，何况甚深佛道而不用禅定？禅定名摄诸乱心。乱心轻飘，甚于鸿毛，驰散不停，驶过疾风，不可制止，剧于猕猴，暂现转灭，甚于掣电。心相如是，不可禁止，若欲制之，非禅不定。"[5]禅定含有两个重要方面：一方面要求禅僧坐禅时要断绝尘世的杂念，通过冥想佛的

---

〔1〕"七宝台观，充满其中。诸天宫殿，近处虚空。人天交接，两得相见。"见〔后秦〕鸠摩罗什译：《妙法莲华经》，《大正藏》第9册，第27页。

〔2〕〔北魏〕杨衒之：《洛阳伽蓝记》，《大正藏》第51册，第1003页。

〔3〕〔日〕山部能宜：《禅观与石窟》，《中国人民大学第四届中日佛学会议论文集》，2010年，第94页。

〔4〕丁福保：《佛学大辞典》，北京：文物出版社，1984年，第1394页。

〔5〕〔后秦〕鸠摩罗什译：《大智度论》，《大正藏》第25册，第180页。

完美形象，以期进入虚幻的佛国境界，是为观佛；另一方面，修行者要自省、思惟俗世与自己的诸种不足，乞求佛祖的拯救，为不净观。然而，禅定者的修行往往会出现偏差，甚至有走火入魔的可能。据《法显传》记载，摩揭陀国"出旧城北，东下三里，有调达石窟。离此五十岁，有大方黑石。昔有比丘在上经行，思惟是身无常、苦、空，得不净观，厌患是身，即捉刀欲自杀。复念世尊制戒，不得自杀。又念虽尔，我今但欲杀三毒贼，便以刀自刎"〔1〕。《大唐西域记》卷九对此事亦有记载："昔有比丘，勤励心身，屏居修定，岁月逾远，不证圣果。"〔2〕以上内容清楚地显示了禅定修行是一项极具挑战性的精神修行方式。因此，历史上出现了《治禅病秘要法》此类专门治疗禅病的佛经。而禅观，通过观察和反思"某种对象"的形象或"真理"的象征，能方便禅定修行。实际上，禅观和禅定构成了更广泛的禅修概念的核心组成部分。

自佛教初传汉地，禅观思想便备受重视，成为僧人了解禅修的重要方法。东汉建和元年（147年）到达洛阳的安世高，"自汉末讫西晋，其学当甚昌明"〔3〕，"其所宣敷，专务禅观，醇玄道数，深矣远矣"〔4〕，翻译的《十二门》《修行道地》《明度五十计较》等均为禅经。三国时期，康僧会以撰述继承并发扬安世高小乘禅学，并突出其"引发神通作为追求的境界"〔5〕之功能。东晋时期，佛图澄等僧人借神异法术教化统治阶级、传播佛法，将禅定作为神通修习的重要手段，进一步增强了禅观思想在动荡乱世中的独特魅力。道安则并论："于斯晋土，禅观弛废，学徒虽兴，蔑有尽漏。何者？

〔1〕 章巽：《〈法显传〉校注　我国古代的海上交通》，上海：复旦大学出版社，2015年，第102页。

〔2〕 〔唐〕玄奘撰、章巽点校：《大唐西域记》，上海：上海人民出版社，1977年，第211页。

〔3〕 汤用彤：《魏晋南北朝佛教史》，北京：昆仑出版社，2006年，第58页。

〔4〕 〔南朝梁〕僧祐：《出三藏记集》，《大正藏》第55册，第44页。

〔5〕 史文：《禅观影像论》，复旦大学博士学位论文，2006年，第12页。

禅思守玄，练微入寂，在取何道，犹倪于掌；堕替斯要，而怵见证，不亦难乎？"〔1〕感慨当时禅观废弛，研习佛法学徒虽多，但成正果者甚微，故而强调禅观是希求证道的方便法门。并向往修行禅观引发神通境界，认为"诸佛嘉叹，记其成号。深不可测，独见晓焉；神不可量，独能精焉。凌云轻举，净光烛幽，移海飞岳，风出电入。浅者如是，况成佛乎？"〔2〕至南北朝时期，僧人禅修更盛。如北魏受后秦、北凉影响，禅僧备受社会敬仰。相关的开窟、造像、观像、礼佛和供养等事业，多受禅观思想的影响。

尽管安世高等人早期翻译的禅经大多已经失传，仅能在《大正藏》中发现《佛说大安般守意经》《阴持入经》《佛说禅行三十七品经》《禅行法想经》《道地经》〔3〕等与禅观思想相关的内容，然而，梳理 5 世纪初陆续译成的禅观经典，至少存有《观普贤菩萨行法经》《观无量寿经》《观虚空藏菩萨经》《观弥勒菩萨上生兜率天经》《禅秘要法经》《坐禅三昧经》《观佛三昧海经》等 12 种可供参考（表2-1）。借助以上经典，我们可以初步了解禅观思想是如何指导僧人通过观像来方便禅修的。

表2-1　5世纪前半期翻译的禅观经典〔4〕

序号	名称	汉译地	译年	译者
1	观普贤菩萨行法经	刘宋·建康	424—441 年	昙摩密多
2	观无量寿经	刘宋·建康	424—442 年	畺良耶舍
3	观虚空藏菩萨经	刘宋·建康	424—441 年	昙摩密多

〔1〕〔南朝梁〕僧祐：《出三藏记集》，《大正藏》第 55 册，第 45 页。

〔2〕同上，第 46 页。

〔3〕史文：《禅观影像论》，复旦大学博士学位论文，2006 年，第 20 页。

〔4〕〔日〕山田明尔：《观佛三昧和三十二相——大乘实践道成立的四周》，《佛教学研究》1967 年第 24 号，第 38 页，注 14。本书引自〔日〕久野美树：《中国初期石窟及观佛三昧——以麦积山石窟为中心》，官秀芳译，《敦煌学辑刊》2006 年第 1期，第 148—161 页。

序号	名称	汉译地	译年	译者
4	观弥勒菩萨上生兜率天经	刘宋·建康	454 年（?）	沮渠京声
5	禅秘要法经	姚秦·长安	402—409 年	鸠摩罗什（?）
6	坐禅三昧经	姚秦·长安	402—407 年	鸠摩罗什
7	禅法要解	姚秦·长安	407 年	鸠摩罗什
8	思惟略要法	姚秦·长安	402—409 年	鸠摩罗什（?）
9	五门禅经要用法	刘宋·建康	424—441 年	昙摩密多
10	治禅病秘要法	刘宋·建康	424—442 年	沮渠京声
11	观佛三昧海经	东晋·建康	411—421 年	佛陀跋陀罗
12	观药王药上二菩萨经	刘宋·建康	424—442 年	畺良耶舍

　　《坐禅三昧经》言："若初习行人，将至佛像所，或教令自往，谛观佛像相好。"〔1〕《五门禅经要用法》亦载："若行人有善心已来，未念佛三昧者，教令一心观佛。"〔2〕进一步扩展经典，可清晰梳理观像的因缘、方法、步骤与功德。《法苑珠林》引《迦叶经》记："有一菩萨，名大精进……有一比丘，于白上，画佛形像，持与精进。精进见像心大欢喜，作如是言：'如来形像妙好乃尔，况复佛身？愿我未来亦得成就如是妙身。'……既得出家，持像入山，取草为座，在画像前结跏趺坐，一心谛观此画像不异如来。……经于日夜成就五通，具足无量得无碍辩，得普光三昧具大光明……满足七月，以智为食，一切诸天散华供养……佛告迦叶：'昔大精进今我身是，由此观像今得成佛。若有人能学如此观，未来必当成无上道。'"〔3〕

　　精进王子为释迦牟尼佛前世，通过"见像""出家""入山""画像前结跏趺坐""谛观"等步骤，观像、思惟、成就佛道。其中"一心谛观此画像不异如来"，更说明观像如同见真佛。《思惟略要

---

〔1〕〔后秦〕鸠摩罗什译：《坐禅三昧经》，《大正藏》第 15 册，第 176 页。

〔2〕〔南朝宋〕昙摩蜜多：《五门禅经要用法》，《大正藏》第 15 册，第 325 页。

〔3〕〔唐〕道世撰：《法苑珠林》，《大正藏》第 53 册，第 382 页、383 页。

法》亦载："人之自信无过于眼，当观好像便如真佛"〔1〕。《禅秘要法经》言，"佛灭度后，若比丘、比丘尼、优婆塞、优婆夷，欲忏悔者、欲灭罪者，佛虽不在，系念谛观形像者，诸恶罪业，速得清净"〔2〕，则更为直接阐明观像的目的。因此，东晋慧远《万佛影铭》赞曰"深怀冥托，霄想神游，毕命一对，长谢百忧"〔3〕；北魏高允《鹿苑赋》尚云"命匠选工，刊兹西岭，注诚端思，仰模神影"〔4〕，造佛以方便坐禅，观像以方便见佛、念佛、成佛，成为一种流行风尚。

聚焦禅观的场所，经典中有山中草座等处描述，更多的则以石窟为主。《观佛三昧海经》载："欲令大众见佛色身了了分明，佛即化精舍如白玉山。高妙大小犹如须弥，百千龛窟于众龛窟影现诸像与佛无异"〔5〕，亦有："观佛影者先观佛像作丈六想，结加趺坐敷草为座，请像令坐见坐了了，复当作想作一石窟高一丈八尺深二十四步清白石想，此想成已见坐佛像住虚空中足下雨花，复见行想入石窟中，入已复令石窟作七宝山想。"〔6〕"作此念时释迦文佛坐琉璃窟。身紫金色端严微妙。与诸比丘菩萨大众以为眷属"〔7〕；"一一窟中无数宝盖。一一盖中百亿光明。一一光中无数分身佛。结加趺坐放大光明"〔8〕；"时十方佛，各各悉坐金刚窟中，身量光明如善德佛及诸化佛……说观十方佛时，十方佛坐金刚山百宝窟中"〔9〕。

---

〔1〕〔后秦〕鸠摩罗什译：《思惟略要法》，《大正藏》第15册，第299页。

〔2〕〔后秦〕鸠摩罗什等译：《禅秘要法经》，《大正藏》第15册，第256页。

〔3〕〔东晋〕慧远著、张景岗点校：《庐山慧远大师文集》，北京：九州出版社，2014年，第39页。

〔4〕张焯：《云冈石窟编年史》，北京：文物出版社，2006年，第411页。

〔5〕〔东晋〕佛陀跋陀罗译：《佛说观佛三昧海经》，《大正藏》第15册，第662页。

〔6〕同上，第681页。

〔7〕同上，第692页。

〔8〕同上，第694页。

〔9〕同上，第681页。

《广弘明集》中收录的高允《鹿苑赋》有记载："凿仙窟以居禅，辟重阶以通术。"[1]开窟修禅，被视为通向天台的成佛途径。

禅观思想对中国早期石窟艺术的演进产生了深刻的影响，尤其体现在相关的建筑形制与造像构成方面。观察克孜尔石窟、云冈石窟、敦煌莫高窟早期的建筑形制及其造像的内容构成、空间布局、组织秩序，能发现其主要设计目标正是构建一个有利于禅观的宗教空间。

三　中国早期石窟艺术中禅观思想的作用、式微以及皇权影响的彰显

中国早期石窟的建筑形制，以及其造像的内容构成、空间布局和组织秩序，都深受禅观思想的影响。石窟源于古印度，主要有供僧人修行的毗诃罗窟（Vihara）和供信徒绕塔巡礼的支提窟（Caitya）。至南北朝时期，中国石窟艺术达到了高潮，形成了禅窟、中心塔柱窟、殿堂窟、涅槃窟、大佛窟、僧房窟等多种类型。其中，中心塔柱窟和殿堂窟最为流行。

石窟的选址多为自然环境优美的幽静之地，且往往伴随着一些神异传说，为其增添了神性的色彩。如，《李君莫高窟佛龛碑并序》载，"初秦建元二年（366年），有沙门乐僔……行至此山，忽见金光，状有千佛，遂架空凿岩，造窟一龛。次有法良禅师，从东届次，又于僔师窟侧，更即营造"[2]，描述了敦煌莫高窟的创立与"状有千佛"的金光传说。

石窟的神异传说反映了其设计定位与意图。石窟的建筑与装饰亦体现了当时信徒期盼获得神圣体验的宗教意图。通过塑像、壁画等形式，石窟营造了一个沉浸式的空间，刺激观者的视觉和心灵，

---

〔1〕〔唐〕道宣：《广弘明集》，《大正藏》第52册，第339页。

〔2〕郑炳林：《敦煌碑铭赞辑释》，兰州：甘肃教育出版社，1992年，第10页。

使其感受到与神的沟通。黄河涛指出："禅观空间，是一个适合于禅僧观像与修习的石窟空间。禅僧为了更好地进入禅定，得见佛陀，造像以希冀借助佛的法力……早期的石窟造像，主要是为禅僧迅速入定，获得观佛三昧的法门……所以，石窟造像题材首先取决于造就禅观空间的需要，取决于佛教的经典教义。形式、技巧，是为创造宗教空间服务的。绚丽多彩的石窟造像，是禅僧根据不同的佛教经典，修习不同的禅法，造就不同禅观空间的需要而雕造的。"[1]

北朝早期流行的中心塔柱窟，继承了古印度支提窟的基本形制与功能，中心设塔供信众绕塔礼拜。禅僧在石窟中绕塔观像有助于实现禅修的目的。借助还原可能的观像轨迹，能发现石窟壁面大量的本生、因缘、佛传故事图连续展现着释迦累世事迹，或宣扬皈依、供养的宗教精神，与各类禅观经典所描述的观想对象与精神诉求相一致。在早期的石窟中，观像行为本身也具备礼佛的属性，禅僧观像的对象一般也能认作礼拜供养的对象。刘慧达结合《观佛三昧海经》《法苑珠林》《禅法要解》指出，"在观像的仪式中也规定有礼佛的供养……（禅修）入定之前和出定之后也都要礼佛"[2]，并指出早期石窟礼拜供养的对象，大致也不出观像的范围。观察中心塔柱窟，窟正面空间较大，能方便信徒跪拜供养；其他三面空间较小，更强调信众与造像的亲近并为其谛观图像提供机会。其建筑布局与造像构成、组合，反映了禅观思想与宗教实践的独特融合。

而殿堂窟（或名佛殿窟、方形窟），因其主壁设像供信徒礼拜，功能与形制类似于寺院佛殿。窟内造像多依正、左、右三壁布局并强调主次秩序的构建，类似宫殿内帝王与众臣肃立的场景，在造像空间中映射着皇权的威严。北魏早期的石窟艺术，已体现出皇权的影响。《魏书·释老志》载僧法果言："太祖明睿好道，即是当今如

[1] 黄河涛:《禅与中国艺术精神》，北京：中国言实出版社，2006 年，第 116、117 页。

[2] 刘慧达:《北魏石窟与禅》，《考古学报》1978 年第 3 期，第 348 页。

来，沙门宜应尽礼，遂常致拜。谓人曰：'能鸿道者人主也，我非拜天子，乃是礼佛耳'。"[1]为北魏佛教石窟空间表现方式奠定了基础。452 年，"诏有司为石像，令如帝身。既成，颜上足下，各有黑石，冥同帝体上下黑子"。454 年又"敕有司于缎大寺内，为太祖已下五帝，铸释迦立像五，各长一丈六尺，都用赤金二十五万斤"[2]。五级大寺现已不存，但通过与之相似的昙曜五窟等大佛窟，能一窥佛身与皇帝身姿的结合。而继昙曜五窟后，云冈石窟等地流行的双窟或二佛并坐等形式，可与北魏皇室多太后掌权之历史背景相关联，体现了"二圣"或"二皇"的设计精神，反映了北魏皇权对外来佛教艺术的影响。

观察中心塔柱窟、殿堂窟两类窟形的流行趋势，中心塔柱窟虽在印度、龟兹、河西乃至中原等广泛区域内均有分布，但主要流行于北朝及更早时期，北朝之后逐渐减少，被殿堂窟取代。此种趋势，展现了中国石窟艺术空间内，更多糅合本土帝王皇权基因来塑造神、人空间等级秩序，是佛教艺术中国化、世俗化的象征。

中国早期石窟造像的空间属性与组织秩序，体现了禅观的空间理念与帝王的权力秩序两者影响的交替与融合，是宗教信仰与世俗权力相互依存与碰撞的过程。禅观对克孜尔石窟、云冈石窟、敦煌莫高窟早期工程营建的主题、结构和布局等方面多具备指导性意义，皇权则在稍晚的龙门石窟古阳洞、宾阳中洞等工程中凸显了影响作用。以菩萨造像为研究对象，禅观如何建构石窟造像的空间布局和艺术表现，将作为贯穿"第三章 早期弥勒菩萨图像发展的两条线索"和"第四章 法华思想主导下菩萨造像的组织秩序"的论述主线，而皇权的推动与影响将在"第五章 秩序的转向与'景明模式'的确立"中详细讨论。

---

〔1〕〔北齐〕魏收：《魏书》，北京：中华书局，2017 年，第 3031 页。

〔2〕同上，第 3036 页。

第二节　空间与装束——菩萨造像的形象定位与视觉心理策略分析

受禅观思想的影响，中国早期佛教石窟的建筑形制与装饰构成多被赋予了特定的功能诉求——期望观者能够沉浸在神圣的空间情境中，借由特殊的感知逐渐融入宗教的意境，以更好地理解并领悟深邃的佛教教义。这种功能诉求，会反映在佛、菩萨造像的题材、内容、布局（组合关系）与装束等方面。为了更深入地探究菩萨造像是如何实现这一设计诉求的，本节将梳理佛教经典中关于菩萨的身相、身量描述，确定展现菩萨形象的视觉要素，并阐述菩萨造像的空间属性、装束特征如何影响观者的视觉心理。

一　佛、菩萨身相与身量的经典述说

佛教文化中，有用"相""好"范式度量对象成就与职责的传统。通过梳理佛教经典可以发现，菩萨由于其宗教内涵、特质、身份和地位，具备与佛最为接近的"三十二相"，并且在身量方面仅次于佛。

《观无量寿佛经》详细描述了无量寿佛、观世音菩萨和大势至菩萨的身相与身量：无量寿佛"身如百千万亿夜摩天阎浮檀金色，佛身高六十万亿那由他恒河沙由旬"。观世音菩萨"身长八十亿那由他恒河沙由旬，身紫金色，顶有肉髻，项有圆光，面各百千由旬"。大势至菩萨"此菩萨身量大小，亦如观世音，圆光面各百二十五由旬，照二百五十由旬。举身光明，照十方国，作紫金色"[1]。《观虚空

---

〔1〕〔南朝宋〕畺良耶舍译：《观无量寿佛经》，《大正藏》第12册，第343、344页。

藏菩萨经》则记虚空藏菩萨"若现大身与观世音等"[1]。

这些描述包含多个特殊的计量单位和数量词。其中,"由旬"为梵文"Yojana"的音译,亦译为俞旬、揄旬、由延、逾阇、逾缮那等,源自古印度的计量体系,代表帝王一日行军的路程。《大唐西域记》卷2载:"逾缮那者,自古圣王一日军行也。旧传一逾缮那四十里矣,印度国俗乃三十里。"[2]"那由他"则是梵文"Nayuta"音译,也有其他译名如那庚多、那由多、那术、那述等,"数目名,当于此方之亿。亿有十万,百万,千万三等"[3]。至于"恒河沙",它描述了一个无法精确计量的极其庞大数量。

借助以上描述还可以发现,虽然关于观世音、大势至和虚空藏菩萨的身量描述极为夸张和庞大,但仍位于可计量的范围内。然而,佛的身量被描述成无法计量的情况,凸显其身形超越了世俗的想象。抛开这些夸张的量度描述,经典中关于佛与菩萨的身相、身量信息至少有以下四点值得注意:

第一,无论经典涉及的菩萨是观世音、大势至或虚空藏菩萨,其身量信息大致相近,并均为"举身光明,照十方国,作紫金色"。

第二,关于佛的身相描述,相较于观世音、大势至和虚空藏菩萨等,更为完美。佛的身现为"百千万亿夜摩天阎浮檀金色",相对于菩萨的"紫金色"来说更加瑰丽。

第三,佛的身量描述远超过菩萨,其身高"六十万亿那由他恒河沙由旬",这一无法估量的标准再次彰显了佛陀在时空中的中心位置和至尊地位。

第四,尽管菩萨在身相和身量上无法与佛相提并论,但他们在佛教中的地位仍然高于其他神祇,其身相和身量在众神祇中仍更为杰出,具备仅次于佛的妙相。

---

〔1〕〔南朝宋〕昙摩蜜多译:《观虚空藏菩萨经》,《大正藏》第13册,第677页。

〔2〕〔唐〕玄奘撰、章巽点校:《大唐西域记》,上海:上海人民出版社,1977年,第32页。

〔3〕丁福保:《佛学大辞典》,北京:文物出版社,1984年,第610页。

经典中对佛与菩萨的身相和身量的描述反映了一种虔诚的宗教态度。那些超乎人们想象的巨大数值实际上是对佛的无上功德与菩萨的特殊成就的隐喻。类似的描述，更为佛教造像艺术提供了丰富的灵感来源与想象依据。对于当时的信徒而言，这些描述能够成为他们观像、礼拜、念诵中所寄托的形象，也是在悟道和求法过程中所依赖的支点。

二　影现菩萨身份的形象要素

在相关经典的描述中，虽然观世音、大势至和虚空藏菩萨的身相与身量信息相似，但仍能有意借助发髻或冠饰来展现其身份的差异。《观无量寿佛经》提到："若有欲观观世音菩萨者，先观顶上肉髻，次观天冠，其余众相，亦次第观之，悉令明了，如观掌中。作是观者，名为正观；若他观者，名为邪观。"[1]观世音菩萨"其余身相，众好具足，如佛无异。唯顶上肉髻，及无见顶相，不及世尊"[2]；"此菩萨（大势至）天冠，有五百宝华。一一宝华，有五百宝台。一一台中，十方诸佛净妙国土，广长之相，皆于中现。顶上肉髻，如钵头摩花。于肉髻上，有一宝瓶，盛诸光明，普现佛事。余诸身相，如观世音，等无有异"[3]。《观虚空藏菩萨经》："虚空藏菩萨顶上有如意珠，其如意珠作紫金色。若见如意珠即见天冠，此天冠中有三十五佛像现，如意珠中十方佛像现。"[4]

为了使神祇的形象更容易被世俗理解和亲近，佛教经典中描述了佛、菩萨可以自在变化自身身量。《观普贤菩萨行法经》有："普贤菩萨身量无边，音声无边，色像无边，欲来此国，入自在神通，

---

〔1〕〔南朝宋〕畺良耶舍译：《观无量寿佛经》，《大正藏》第12册，第344页。

〔2〕同上。

〔3〕同上。

〔4〕〔南朝宋〕昙摩蜜多译：《观虚空藏菩萨经》，《大正藏》第13册，第677页。

促身令小，阎浮提人三障重故。"〔1〕描述普贤菩萨拥有无量的身量、音声、色相，亦能通过神通缩小身体以适应人间的环境。但是，无论菩萨如何变换其身形，其发髻或冠饰始终被作为身份的核心标识。《观无量寿佛经》载："阿弥陀佛，神通如意，于十方国，变现自在。或现大身，满虚空中；或现小身，丈六八尺；所现之形，皆真金色。圆光化佛，及宝莲花，如上所说。观世音菩萨，及大势至，于一切处，身同众生。但观首相，知是观世音，知是大势至，此二菩萨助阿弥陀佛普化一切。"〔2〕阿弥陀佛以神通在各种空间现身，不论大小，金色身相不变。相比之下，观世音、大势至菩萨影现与众生相似的身相，以便拉近与世俗的心理距离，但他们头顶的"肉髻宝瓶""如意珠"等"首相"始终是明确的身份标识。

这些细节为佛教造像艺术提供了塑造形象的基础，帮助信徒更直观和感性地识别和崇拜这些菩萨。阿弥陀佛的金色身体凸显了其至高无上的地位，而观世音、大势至等菩萨虽然以更接近众生的形态拉近了与信徒之间的心理距离，但他们头顶的宝冠始终是标识身份和神性的重要元素。

三 桥梁与连接——菩萨造像在石窟空间设计中的视觉心理作用

视觉心理范围的设计策略在石窟、寺院等宗教场所的建构中扮演着重要角色。通过巧妙地调整仰视角度、视觉距离以及造像的位置和布局，这些场所能够引导信徒产生不同的宗教情感和心理体验，从而实现神性与人性之间的复杂联络。

傅天仇指出："（造像艺术）作品立面是给人留下第一印象的关

---

〔1〕〔南朝宋〕昙无蜜多译：《佛说观普贤菩萨行法经》，《大正藏》第9册，第389页。

〔2〕〔南朝宋〕畺良耶舍译：《观无量寿佛经》，《大正藏》第12册，第344页。

键，欣赏作品仰视点的高低、视域的大小，又会使观者的情绪产生感应。如果观者仰视角超过 45°时，被视物就会使观者感到崇高。无论横看或竖看，被视的目标超过 60°就会使观者感到雄伟，古代艺术家就利用这种心理感应，作用于石窟造像。古人利用 15°—30°仰视之最佳角度，处理观者人眼和彩塑（佛）脸部之间的仰视度，还可以超过 30°—70°的角度观看佛脸，使之产生神秘与伟大感，以突出立面布局中彩塑作为石窟主人的位置。"[1]

巫鸿在讨论莫高窟的内部空间时，指出石窟"构成此世界与彼世界的交界和入口，跨过门槛便进入一个未知领域。来访者对这个领域的认知首先是通过自己的身体——这是他用以衡量洞窟空间的一个基本手段。实际上每个来访者都在不知不觉中使用自己的身体度量洞窟的维度和塑像的大小：这是个仅可容身的小窟还是个数倍于体高的巨构？塑像是与自身等大还是凌驾于视野之外，从而造成或亲和或威慑的效果？"而"第二个认知洞窟的手段同样来自观者自身——这次是通过他的运动，而导引运动的则是洞窟的空间结构。这个结构是把他径直带到所入洞窟的主尊之前？是引导他围绕中心柱在室中环行？抑或是通过限制身体的移动以激发出思维的穿越？"[2]巫鸿深刻地指出，石窟的内部空间不仅仅是静态的艺术展示场所，更是一种引导观众深入思考和感受的认知空间。他关注于两个关键要素——观众的身体和运动。观众通过自身的身体和运动参与到洞窟的体验之中，这对于理解和感知石窟艺术的独特性和精神深度至关重要。在具体的讨论中，巫鸿还原了观者对敦煌主要的洞窟类型——殿堂窟、中心柱窟和禅窟的空间感知和意念，并强调了洞窟内的光线、阴幕、烛光和香烟等因素对观者感知的影响。

实际上，中国早期石窟艺术中，建筑形制、内容构成以及组织

---

〔1〕 傅天仇：《敦煌彩塑与环境艺术》，《1987 年敦煌石窟研究国际讨论论文集·石窟艺术编》，沈阳：辽宁美术出版社，1990 年，第 348 页。

〔2〕 ［美］巫鸿：《空间的敦煌——走近莫高窟》，北京：生活·读书·新知三联书店，第 103 页。

方式相互融合，以独特的方式经营视觉距离，增强了宗教情感的深度。石窟设计者通过视觉距离的调整，在塑造严肃与和蔼、敬畏与亲近、神秘与真实等空间感知方面开展了细致探索。在部分洞窟的内部，设计者采用了大视角和小视域的方式，有意地拉开了信徒与神祇之间的视觉距离，形塑出一种崇高和威严的氛围。例如，云冈石窟昙曜五窟的主尊佛像巨大且占据整个窟室，与其狭窄的内部空间形成鲜明对比，使信徒在平视时只能看到佛的足部，无法完整地观察佛的全身。同样，龙门石窟古阳洞的佛坛高度达到 522 厘米[1]，将主尊高置，与信徒产生明显的视觉距离感。南北响堂山石窟中，广泛采用的佛坛设计也增加了信徒与佛像之间的视觉距离。

这种独特的空间布局和设计通过巨大主尊佛像与信徒的仰视角度，传达了佛的神圣与伟岸。通过制造视觉上的压迫感，信徒更深刻地体验到自己的渺小，自然地流露出敬畏和崇拜之情。这一崇高的宗教力量使信徒经历复杂的情感，包括震撼、畏惧和惊奇，从而加深了洞窟内部的神性氛围。然而，过于强调这种视觉距离感也可能导致信徒感到崇拜对象过于遥远，产生陌生感和恐惧等情感，从而妨碍了他们的宗教体验。因此，在石窟的设计中，也需要谨慎设置内容，拉近视觉心理距离，促进人、神情感的沟通。

为了实现这一目标，石窟设计者会巧妙地利用空间结构影响观众的视觉感知。如中心塔柱窟的设计，它通过塔柱象征连接天与地的纽带，仿佛是须弥山的映射，满足信徒对天国的向往。塔柱四周的雕刻内容，如苦修、禅定、降魔和说法等，呈现了通过不懈努力寻求真理（正果）的过程，鼓励信徒效仿。

同样，石窟造像的设计也考虑了如何平衡神性与人性之间的关系。佛像位于各壁面空间单元的中心，象征着理想与崇高，与世俗的忧虑形成了最遥远的心理距离。与主尊相伴的菩萨和弟子等题材

---

〔1〕 刘景龙：《古阳洞：龙门石窟第 1443 窟》，北京：科学出版社，2001 年，第 13 页。

的造像，以其自然的身姿、世俗的装束，拉近了人与神之间的心理距离。尤其是菩萨造像在这一方面发挥了重要的平衡作用。

聚焦石窟菩萨造像的设计语言，凸显了身量、姿态、布局、装束等多方面的巧思，使其更具人性的亲近感。首先，就身量而言，菩萨题材的造像通常比主尊佛像小，这使观众能够更容易地仰视其完整的身形。此外，菩萨的姿态更为自然和灵动。例如，在麦积山石窟中，胁侍菩萨像的身姿常表现为前倾，肩部和腰部微微扭曲，与主尊佛像的庄严和端庄的坐姿或站姿形成鲜明对比。在空间布局上，菩萨通常被置于主尊佛像的两侧，位置更接近观众。

菩萨的服装和饰品明显受到当时世俗文化的影响，与佛陀的朴素和理想化形象形成明显对比，进一步强调了菩萨与世俗生活的密切联系。这应视为造像设计的重要策略，因为当信众在石窟内仰望主尊佛像并产生敬畏之情后，他们的视线自然而然地会转向菩萨，拉近了原本的视觉和心理距离，建立起更亲近的信仰联系。这种设计显然深化了信徒对佛教的信仰与感情，同时也赋予了石窟丰富的宗教认知氛围。

在洞窟此类大型造像空间单元中，我们可以观察到通过大身量和高视线来强调神性的策略。而在造像龛等小型造像空间尺度内，由于主尊佛像往往不足 50 厘米高，菩萨造像的装束设计则成为强调神性的关键因素。这些装饰虽然源于世俗，但不仅仅是装饰，还具有赋予尊严、庄重和神圣的功能。这些佩饰往往来自丝路沿线不同的文明，最初主要源于古印度的世俗生活，并随着佛教的传播被不同文化接受和改良并形成复杂符号系统，象征着高贵的权力和身份，通常只有帝王和贵族才有资格佩戴。如《大唐西域记》卷 2 言："国王、大臣服玩良异，花鬘宝冠，以为首饰，环钏璎珞，而作身佩。其有富商大贾，唯钏而已。"[1]

---

〔1〕〔唐〕玄奘撰、章巽点校：《大唐西域记》，上海：上海人民出版社，1977年，第 35 页。

随着造像空间的缩小，菩萨造像装束的象征进一步超越了原本的世俗意义，转向了神圣身份与尊严的强调。通过对佩饰进行艺术性的夸张，能有效地拉开神与人之间的心理距离。诸如宝冠、胸饰和璎珞等装饰是珍贵器物，是普通信众无法拥有或佩戴的。特别是初入汉地的菩萨造像，其佩饰元素往往与汉地的传统不同。观察汉代画像石或南北朝墓室壁画中的妇女形象不难发现，胸饰在当时并不流行，晚至唐代的图像中才出现胸前佩饰的流行。而宝冠和璎珞等珍贵的佩饰，只有尊贵的帝王和贵族才有权力和资格佩戴，非世俗男女所能拥有。因此，菩萨造像的装束在小型艺术空间中能够强调其尊贵身份、等级和神性，并以此为整个空间创造了一种崇高的氛围。

总的来说，石窟艺术的设计策略是通过深刻理解人类的心理和视觉认知，将视觉和空间元素精巧地融合在一起，以强调佛教信仰的核心信息。通过巨大的主尊佛像传达了神圣的崇高感，而菩萨造像则建立了与神更亲近的联系。在小型空间中，菩萨装饰的设计成为强调神性的重要手段，为整个空间营造了崇高的氛围。这些设计策略显然是基于对人类心理和视觉认知的深刻理解，旨在强化信徒对佛教的虔诚信仰。

小　结

中国早期佛教石窟中的造像不仅作为宗教崇拜的对象，更承担着文化与信仰传递的关键角色。这些造像精妙地展现了佛教教义与信徒精神世界的相互作用，充分体现了宗教艺术与信仰内涵的融合。在艺术表现风格与空间布局方式上，石窟造像展示了独特的视觉心理策略，既体现了佛教神性的庄严，又巧妙地表达了人性的温馨。它们在视觉冲击与心灵共鸣之间寻求平衡，从而深化信众对佛教深邃教义的理解与体验。

禅观思想对中国早期佛教石窟艺术的影响不容忽视。禅观主张通过坐禅与观想实现心念的平静与集中，这一理念深刻地影响了石窟空间设计的哲学内涵，使石窟不仅成为展示佛教艺术的场所，更成为促进冥想与修行的空间。特别在北朝石窟艺术的发展过程中，禅观思想的融入、衰微以及皇权的影响交织显现。在这一时期，石窟造像的表现形式与空间布局深受禅宗（僧权）与皇权双重影响，从而导致了石窟造像空间属性与组织秩序的复杂性。这一点在讨论北朝石窟中菩萨造像的发展时尤为明显，提供了一个理解和探讨相关造像属性的重要视角。

中国早期佛教石窟中的菩萨造像设计，严格遵循佛教经典对于佛、菩萨的身相与身量描述，以及佛教文化中度量对象成就的"相""好"范式。这些经典描述虽带有一定的夸张性，但为石窟造像艺术提供了灵感源泉和想象基础。特别是观世音菩萨、大势至菩萨的首相（头饰等），这些显著的形象要素在造像艺术中发挥了重要作用，增强了造像的辨识度，帮助信徒更加容易地识别和崇拜这些神祇。这种设计在艺术与宗教信仰之间建立了一座桥梁，深化了信徒对佛教教义的理解和体验。

石窟中菩萨造像的设计，在视觉心理上对信徒产生了深远的影响。这些造像通过调整仰视角度、视觉距离和造像布局，巧妙地影响着信徒的宗教情感和心理体验。在菩萨造像身量、姿态、布局和装饰方面的设计策略，都旨在缩短人与神之间的心理距离，建立更紧密的信仰联系。类似设计策略，不仅增强了信徒对佛教的虔诚信仰，还进一步增添了石窟空间的认知深度和氛围。在接下来的第四章和第五章中，将围绕案例详细探讨这些设计策略的具体应用与展现，揭示其背后的深刻意义和影响。

第三章　早期弥勒菩萨图像
发展的两条线索

　　弥勒信仰是南北朝佛教菩萨信仰体系中的关键组成部分，相关题材的造像更是研究中国早期菩萨造像本土化的重要切入点。一般认为，北朝石窟或其他场域中流行的交脚菩萨像、半跏思惟菩萨像或交脚佛、倚坐佛多为弥勒菩萨身或佛身的象征，反映了弥勒信仰的普遍流行以及信徒对弥勒净土世界的向往。弥勒题材造像在样貌与身姿上呈现出的多样性，更反映了不同地区人群对其内涵的丰富理解与形象的复杂想象。

　　如前文援引多位学者观点所指出的，弥勒菩萨的造像起源于古印度贵霜王朝时期的犍陀罗地区。在犍陀罗造像系列中，弥勒菩萨像通常为立姿、束发、提净瓶，其形象承袭了古印度婆罗门教中梵天的性格，象征求道者和解脱世界的理想者，手持蕴含智慧内涵的水瓶。佛教美术在中亚地区的发展中，源于世俗帝王坐式的交脚坐姿成为了弥勒菩萨的特定身姿，塑造了交脚弥勒菩萨这一图像传统，并深刻地影响了佛教文化东传沿线的造像表现。

　　就流行数量、布局位置与装束繁简而言，交脚菩萨造像是探讨中国早期菩萨造像体系的关键对象。在克孜尔石窟、敦煌莫高窟、麦积山石窟、云冈石窟、龙门石窟等地的早期窟室的壁面上，交脚菩萨像通常被设置在显要位置或作为某一像龛的主尊。就相关菩萨造像的样式演变而言，一直到北魏景明年间（500—504 年）之前，交脚弥勒菩萨造像的发展具有显著的主导性。其装束在各个时期、地区与体系中，都是最为繁杂的典型案例，发挥着等级标识与趋势引导的作用。

　　当然，弥勒信仰对于佛教造像的影响，不仅局限在交脚菩萨等造像形式的流行与样式，同时反映在这些造像形式的空间布局与组合关系之中。如交脚菩萨与半跏思惟菩萨的造像组合，在克孜尔石窟、敦煌莫高窟等处均有应用。比较两处的早期案例，其构成内容和装束样式近似，但在组合与布局方面的细微差异可能反映着完全不同的内涵。本章将聚焦克孜尔石窟、敦煌莫高窟早期半跏思惟菩萨像与交脚菩萨像的组合问题，借助两地案例比较讨论中国早期弥勒菩萨图像发展的两条线索。具体讨论，还会涉及对麦积山石窟、云冈石窟相似案例的阐述。

第一节　坐思与离俗——克孜尔第38窟半跏思惟菩萨像的图像阐释

在克孜尔第38窟的主室前壁上，两身半跏思惟菩萨像融合了"树下观耕""孔雀衔蛇"等图像元素，并被对称地布置在中心柱甬道口的相对位置，且其上方的半圆端面内绘有交脚菩萨兜率天说法图（图3-1）。这种图像构成与布局方式，能够展现克孜尔石窟半跏思惟菩萨题材图像对犍陀罗美术的继承与发展，其用意是以释迦"树下观耕"的事迹引导禅僧在石窟内绕塔、观像、禅定与冥想，并作为脱离俗世诸欲、通向觉悟世界的象征。此外，半跏思惟菩萨像与交脚菩萨像的布局与组合关系，还反映了克孜尔地区对弥勒的独特理解与崇拜方式。

图3-1　克孜尔第38窟主室前壁
采自《中国壁画全集8·克孜尔石窟1》，图48

一　克孜尔第 38 窟半跏思惟菩萨像的图像描述

半跏思惟菩萨像因半跏坐姿和思惟手势得名，起源于古印度贵霜王朝后期的犍陀罗地区，在十六国北朝时期成为汉地佛教美术的重要题材，影响远至朝鲜半岛及日本地区。半跏思惟菩萨像所表现的内容在各时期和不同地域有差异，以释迦菩萨思惟像、弥勒菩萨思惟像为主，但辨别存在一定的困难。探讨克孜尔第 38 窟的半跏思惟菩萨像，有助于厘清这一题材图像的发展脉络与意义演变，并为相关作品的身份辨别提供参考。

克孜尔第 38 窟现存两身半跏思惟菩萨像，对称地绘制在主室前壁叠涩层与窟门之间图层的两侧，同层其他壁画内容多已损毁。其上方的半圆端面内绘有交脚菩萨兜率天说法图。两像特征相近（图 3-2），均绘有圆形项光、身光。身姿方面，均上身稍前倾，垂首沉思，抬一手撑颊，半跏坐于束帛座上。装束方面，袒裸上身，下着长裙，戴宝冠，佩项圈、臂钏、腕钏，串珠状短璎珞于胸前交叉，帔帛自双肩飘向身后，脚穿绳系凉鞋。此外，两像身前各绘一孔雀衔蛇图，两侧设花树。以上特征显示的是克孜尔美术风格统一面貌，为说明第 38 窟半跏思惟菩萨像的特殊性，另需援引相关类型学研究成果[1]。

克孜尔石窟半跏思惟像有如下三型：

A 型，对称布局的半跏思惟菩萨像。除了第 38 窟外，另有两身位于第 123 窟主室正壁左右甬道口的上方（图 3-3）。该型身前均绘有孔雀衔蛇图，第 123 窟例蛇口另有蟾蜍。

B 型，身前描绘农夫、耕牛劳作场面的半跏思惟菩萨像。第 110 窟、第 227 窟的主室有相关案例分布，但此类的壁面布局位置并不固定（图 3-4）。

---

〔1〕　张保珍:《克孜尔石窟半跏思惟像探赜》,《中国美术研究》2020 年第 4 期,第 10、11 页。

图 3-2　克孜尔第 38 窟主室前壁的半跏思惟菩萨像

采自《中国壁画全集 8·克孜尔石窟 1》，图 51、52

图 3-3　克孜尔第 123 窟主室正壁的　　　图 3-4　克孜尔第 227 窟太子观耕图

　　　　半跏思惟菩萨像　　　　　　　采自《中国新疆壁画全集 3》，图 178

采自《中国新疆壁画全集 3》，图 39

　　C 型，诸本生、因缘故事画中半跏坐姿的国王形象。以第 38 窟主室券顶的一切施王本生（图 3-5）、第 83 窟主室正壁的优陀羡王本生为代表。

图 3-5　克孜尔第 38 窟一切施王本生
采自《中国壁画全集 8·克孜尔石窟 1》，图 81

　　C 型暂且不论，学界普遍依据《修行本起经》《佛本行集经》
《过去现在因果经》等，认为孔雀衔蛇或农夫、耕牛劳作等图像元素
来源于"树下观耕"的故事情节，并判定 A、B 型半跏思惟像描绘
的是悉达多太子，即释迦菩萨。《修行本起经》记："（释迦）太子
坐阎浮树下，见耕者垦壤出虫。天复化令牛领兴坏，虫下淋落，乌
随啄吞。又作虾蟆，追食曲蟮。蛇从穴出，吞食虾蟆。孔雀飞下啄
吞其蛇。有鹰飞来，搏取孔雀。雕鹫复来，搏撮食之。菩萨见此，
众生品类展转相吞，慈心愍伤。即于树下得第一禅。"[1]农夫、耕
牛、蟾蜍、蛇与孔雀等元素象征"众生品类展转相吞"之苦，是释
迦菩萨在"树下观耕"故事中谛观的重要对象。据此，A、B 型半跏

---

　　〔1〕〔东汉〕竺大力、康孟详译：《修行本起经》，《大正藏》第 3 册，第
467 页。

思惟像往往被视为"树下观耕"中的释迦。另外，耿剑还结合犍陀罗美术先例，提出观孔雀衔蛇的 A 型为"近观图"；观农夫与耕牛劳作的是"远观图"[1]的观点。

但在以往的观点中，尚存在三个值得探讨的问题：第一，观孔雀衔蛇的 A 型为何采用了对称性布局；第二，犍陀罗"树下观耕"图不涉及孔雀衔蛇这一场景，克孜尔的 A 型半跏像为何融入孔雀衔蛇图；第三，部分学者会将第 38 窟半跏思惟像视为其上方半圆端面内交脚菩萨兜率天说法图的胁侍，相关造像身份判定、组合逻辑及用意仍需解释。为更好解答这三个问题，有必要回溯这一题材在犍陀罗美术中的发展。

二 相关犍陀罗图像传统的回溯与意义阐释

半跏思惟像并非犍陀罗美术的主要题材，但其在佛传图、说法图、三尊像、单尊像四个系列中的运用能够体现出菩萨内涵的独特发展。

在犍陀罗佛传图系列中，部分"树下观耕""纳亲""决意出家"或"降魔成道"题材的作品，会采用半跏思惟的形象表现悉达多太子或魔王。如"树下观耕"浮雕，主要以禅定形象来象征悉达多太子，但亦有半跏思惟形象的运用。西克里出土、拉合尔博物馆藏"树下观耕"像，悉达多太子结跏趺坐、禅定印，面前有农夫耕作，未见虫、乌、鸟等元素，可称作"树下观耕禅定像"。在白沙瓦博物馆收藏的一件浮雕中，有半跏身姿表现的太子"树下观耕思惟像"。该例中半跏像面前有驭者牵爱马犍陟，背后为农夫、耕牛，将"树下观耕"和"与驭者、爱马作别"两个情节结合在一起。就"树下观耕"这一主题而言，禅定坐或半跏坐会呈现出不同的意蕴，

---

[1] 耿剑：《图像"树下观耕"思惟与禅定——犍陀罗与克孜尔相关图像比较》，《美术学研究》，南京：东南大学出版社，2015 年，第 21 页。

可以从《修行本起经》《佛本行集经》《过去现在因果经》等描述"树下观耕"情节的差异中发现。耿剑指出:"《修行本起经》'游观品第四'对所观内容的叙述比较详细;《佛本行集经》卷十二的叙述突出表现太子的慈悲心;《过去现在因果经》重点突出思惟悟道;《太子瑞应本起经》比较强调因果说。"〔1〕"树下观耕"图,半跏的形象较禅定坐更能凸显太子对俗世界众生苦难的观见与怜悯,并在表现其决心修行方面更具现实色彩。

借助半跏思惟像展现悉达多太子观见、怜悯俗世界众生苦难并决意修行的意蕴,同样可见于犍陀罗"纳亲""决意出家"主题的浮雕中。"纳亲"讲述净饭王希望借由悉达多太子成婚,以爱欲挽留太子于世俗生活的故事。拉合尔博物馆藏浮雕"悉达多太子的婚约",中央以高大的正面立像表现悉达多太子,其右侧以一男一女的形象象征婆罗门带来了太子妃。画面左下角有一身半跏思惟像,应"是动摇于俗世界与解脱世界之间太子思惟的象征"〔2〕。

犍陀罗"降魔成道"图以半跏思惟像表现魔王波旬,这与古印度其他地区常见的蹲地思考状魔王有很大区别。弗里尔美术馆藏"降魔成道"浮雕,中心菩提树下是跏趺坐的释迦佛,左下角半跏思惟像应判定为魔王。宫治昭认为犍陀罗美术中这样表现魔王,是以半跏思惟像象征世俗的欲望与心魔,并可视为"表现身在'俗'中却又预示即将成为'圣'的形象"〔3〕。

概言之,犍陀罗佛传浮雕中的半跏思惟像,侧重于展现悉达多太子对俗世界众生苦难的观见、怜悯以及决意修行,是对其即将由俗世王子转变为圣者之关键情境的构造,可视为其身份由俗转圣的象征。同样的意义也影响了魔王图像的发展。而在犍陀罗说法图、

---

〔1〕 耿剑:《图像"树下观耕"思惟与禅定——犍陀罗与克孜尔相关图像比较》,《美术学研究》,南京:东南大学出版社,2015年,第18页。

〔2〕 [日]宫治昭:《涅槃和弥勒的图像学——从印度到中亚》,北京:文物出版社,2009年,第274页。

〔3〕 同上,第276页。

尊像的系列中，半跏思惟形象凸显了菩萨怜悯众生的慈悲精神。

犍陀罗佛说法图系列中，主尊佛像四周配置了众多佛、菩萨、供养者的塑像，以各异身姿展现闻法的欢喜、惊异、思惟、赞叹之情。其中，主尊两侧有对称布置半跏思惟菩萨像或交脚菩萨像，亦有两者对称设置的情况。莫哈默德·那利出土浮雕，上段有对称布局的两身半跏思惟像，第三段有对称布置的两身交脚像。虽然这些造像的身份难以判定，但其均被安置于拱形宫殿建筑中以强调菩萨的神性。类似半跏与交脚像的组合形式，也普遍存在于犍陀罗说法图系列。少数犍陀罗三尊像以交脚菩萨像与半跏思惟菩萨像的组合作胁侍，极少数完全以半跏像为胁侍。罗里延·唐盖出土的一例佛三尊像，胁侍均为半跏思惟菩萨像。两身胁侍像身姿、装束特征一致，主要差异是右胁侍手握莲花、左胁侍手持梵夹。在后世图像学中，持莲花常作为观音菩萨的标志，梵夹则是文殊菩萨的象征，但无法确定类似判断是否适用于此例。犍陀罗三尊像一般采用菩萨立像为胁侍，并以束发、持水瓶或敷巾冠饰、持莲花为特征分别象征弥勒菩萨或观音菩萨，并以两者身份体现"释迦菩萨寻求菩提的形象和救济众生的形象，即'上求菩提'和'下化众生'这菩萨信仰根本性的两个侧面"[1]。基于这一背景，在犍陀罗说法图、三尊像系列中大量组合出现的交脚菩萨与半跏思惟像，或同样是弥勒菩萨与观音菩萨的象征，如宫治昭指出："菩萨所具备的两种基本功能，寻求悟道的上求菩提性格和发愿救济众生的下化众生性格，或者说智慧和慈悲的两种作用，不正是通过交脚菩萨和半跏思惟菩萨的形象来分别体现的吗？"[2]此外，"发愿救济众生的下化众生性格"的内涵应同样适用于犍陀罗单尊像系列的半跏思惟菩萨像，彰显菩萨的慈悲精神。

---

〔1〕 〔日〕宫治昭：《涅槃和弥勒的图像学——从印度到中亚》，北京：文物出版社，2009年，第229页。

〔2〕 同上，第284页。

半跏思惟像在犍陀罗佛传图中，可以通过对释迦事迹的表达强调其对俗世界众生苦难的观见、怜悯并预示他即将由俗世凡人（王子）成为圣者，而在尊像系列中或以观音的身份彰显菩萨怜悯众生的慈悲精神。不难发现，对于俗世界众生的关注与怜悯是犍陀罗半跏思惟像所折射出的一种普遍精神，也使其具备了某种俗世与圣境的关联意义，并能够发展成引导修行者悟道入圣的视觉符号。这种引导作用，或许是克孜尔石窟营造者所认可的。

三　禅观与妙成——半跏思惟菩萨像 在第 38 窟图像体系中的意义呈现

克孜尔第 38 窟、第 123 窟均有对称布局的半跏思惟菩萨像。两者图像构成与布局方式有高度的相似性，可以借助比较和互证来推断其设计意图。第 123 窟主室为方形平面、平顶，半跏思惟像位于主壁上层的左右两侧。其上沿是直连窟顶的叠涩层，下沿为甬道顶。依体量与位置判断，两身半跏像应该是主壁正龛内塑像的胁侍。但是，塑像并未保存下来且周围大面积壁画已脱落，增加了分析的难度。现可知信息，是正龛上方有两身婆罗门和八身伎乐天人，龛右绘龙王及眷属，龛左绘乾闼婆及眷属。鉴于克孜尔石窟的营建是以龟兹部派佛教说一切有部"唯礼释迦"思想[1]为核心，此处龙王、乾闼婆及眷属可能属于"释迦菩萨兜率天降下"图的构成内容。《佛本行集经》中记载，当传出护明菩萨（释迦最后身菩萨时）欲从兜率天下生人间的消息时，"乃至龙王、夜叉、乾闼婆、阿修罗、迦楼罗、紧陀罗、摩睺罗、伽鸠槃荼、罗刹等，地居诸天，属色欲界诸天摄者，皆悉飞腾，上兜率天，集聚一处。"[2]

----

〔1〕 霍旭初、王建林：《克孜尔石窟壁画艺术及分期概述》，《中国壁画全集 8・克孜尔 1》，天津人民美术出版社，1992 年，第 23 页。

〔2〕 〔隋〕阇那崛多译：《佛本行集经》，《大正藏》第 3 册，第 677 页。

结合前文对犍陀罗半跏思惟像的意义梳理，推测第 123 窟半跏像强调悉达多太子"树下观耕"思惟后将有由俗成圣的转变。此处存在一组内容的互照，护明菩萨自兜率天降下是神身（菩萨）转入俗胎（王子），悉达多太子树下思惟预示着俗身（王子）成就圣体（成佛）。半跏思惟像被布置在壁面上层更符合由俗成圣的含义。另外，第 123 窟门壁上层壁画是"鹿野苑初转法轮"，是描绘释迦悟道后初次说法的佛传故事图，同样具备由俗成圣的象征意义。两壁相向的画面内容，能够构成圣、俗世界的关联。而要弄清在窟室内塑造类似圣、俗世界关联的用意，还需要借助对第 38 窟相关内容的观察。

位于第 38 窟主室前壁的半跏思惟菩萨像，被部分学者视为其上方半圆端面交脚菩萨兜率天说法图的胁侍。实际上，两者之间有叠涩层相隔且周边大量壁画损坏，无法确定是主胁关系，但其组合关系确有必要探讨。结合对第 38 窟整体建筑与装饰构成的分析，能发现两者是指引信徒禅修的关键符号。

第 38 窟与第 39、40 窟紧邻（图 3-6），原共用一个前室，后前室倒塌改作前廊。三窟形制、功能相异却属一体，共同服务于信徒修行。苗利辉、谭林怀等指出："38 窟是中心柱窟，是礼拜活动场所。主室正壁有佛龛，龛内原有佛像……第 39 窟为方形窟，穹隆顶，窟内没有绘制壁画，可能是用于讲经的。40 窟为僧房窟，窟内有生活设施，如壁炉和床，壁炉用于取暖，床用于禅修和休息。"[1] 禅修以禅观为重要法门。禅修观像，简称禅观，有谛观、心眼观两个层次。前者强调肉眼的经验感知，后者强调思惟的归纳领悟。《坐禅三昧经》说："若初习行人，将至佛像所，或教令自往谛观佛像相好。相相明了，一心取持还至静处，心眼观佛像，令意不转系念在像不令他念，他念摄之令常在像。"并"是时便得心眼见

---

[1] 新疆龟兹研究院：《新疆拜城县克孜尔石窟第 38 至 40 窟调查简报》，《中国国家博物馆馆刊》2018 年第 5 期，第 26 页。

佛像相光明，如眼所见无有异也。"[1]

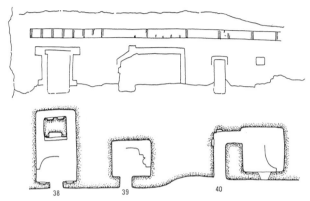

图3-6　克孜尔第38—40窟窟外崖面及石窟平面示意图
采自《中国壁画全集8·克孜尔石窟1》，第8页

第38窟的塑像、壁画除供人礼拜之外，也是禅观的对象。该窟作为中心柱窟，信徒能依甬道右旋绕柱巡礼，借谛观、冥想释迦事迹上求佛道。尝试还原修行者的真实观像体验，可以揭示主室、后室和甬道之间图像组合问题的重要性，相关内容前人多有探讨。杨淑红认为第38窟及第7、13、17、80窟后室与甬道所绘佛塔"与佛陀'涅槃'题材组合，是修行者和信徒在甬道中右旋巡礼时对佛陀达到的最高境界'涅槃'的沉思和怀念，达到了'诸行人皆见佛塔，思慕如来法王道化'的目的"[2]。杨效俊判定："第38窟的建筑与图像程序表现的是释迦牟尼从前世因缘累积到今世成佛的历程，最后涅槃显明佛性，荼毗后供养舍利塔礼敬佛陀。"[3]

第38窟主室券顶绘天相图，从里至外依次绘月天、立佛、风

〔1〕〔后秦〕鸠摩罗什译：《坐禅三昧经》，《大正藏》第15册，第276页。

〔2〕杨淑红：《克孜尔石窟壁画中的佛塔》，《新疆师范大学学报》（哲学社会科学版）2006年第2期，第35页。

〔3〕杨效俊：《试论克孜尔石窟第38窟的佛舍利崇拜主题》，《文博》2021年第4期，第103页。

神、金翅鸟、立佛与日天，是自然天空图景与佛教宇宙观念的组合与表现。左右侧券拱壁、侧壁图像整体上是对称的。券拱壁绘菱格，各3行，每行7—9幅不等，自上而下本生、因缘故事交替出现。杨波指出："主室券顶的本生故事等教导修行者要完善诸种美德、修六波罗蜜，因缘故事则倡导人们虔心供佛、种植善根，进而发菩提大愿。这是修行者追求成道的两种最为重要的事业，也是该窟主室券顶壁画被设计为一排本生、一排因缘交替的原因。"[1]两侧壁，上层绘天宫伎乐，下层为展现释迦成佛后传法、教化故事的大幅说法图。说法图每壁3幅未分栏，以佛周围闻法天人、比丘大致区分。其中，现可判辨的元素有伊罗钵龙王礼佛、弥勒受金衣、婆提唎迦继位、度庵摩罗女等，均是教谕修行者要弃绝欲望、寻求解脱的主题。

修行者进入第38窟主室，礼拜诸佛造像，自上而下谛观释迦累世因缘与今世成佛的历程，再入甬道绕中心柱观佛涅槃与舍利供养，借反复谛观影像摄念释迦，领会教谕。最后，立于甬道出口的修行者抬头所见恰恰是半跏思惟菩萨像（第123窟则位于观者头顶）。如此设置半跏思惟像，能提醒观像者模仿释迦"树下观耕"的情节，从谛观"像"转入思惟"相"，依经文禅法实现从眼观向心眼观的层次递进。从视觉心理的角度来看，半跏像的对称布局可能并非某种审美趣味或传统的延续，而是对眼观、心眼观层次转变的引导。对称的布局，能通过重复的图像元素引导观者将左、右不同空间所获得的视觉经验归纳并转变为思惟的对象，帮助修行者实现"相相明了，一心取持还至静处，心眼观佛像"[2]过程中的"一心取持"。

第38窟、第123窟半跏思惟菩萨像身前的孔雀衔蛇图案，不仅用孔雀食蛇象征众生的苦难，也可以借蛇形如环的拟态，告诫信徒礼拜、绕塔、观像、思惟等修行活动应反复进行，并暗示着修行者

---

〔1〕 杨波：《克孜尔石窟第38、100窟"誓愿"、"授记"题材探讨》，《敦煌学辑刊》2016年第3期，第163页。

〔2〕〔后秦〕鸠摩罗什译：《坐禅三昧经》，《大正藏》第15册，第276页。

的开悟与入圣。《杂阿含经》记："孔雀文绣身，处鞞提醯山，随时出妙声，觉乞食比丘。孔雀文绣身，处鞞提醯山，随时出妙声，觉粪扫衣者。孔雀文绣身，处鞞提醯山，随时出妙声，觉依树坐者。"〔1〕孔雀鸣叫能让乞食比丘、粪扫衣者、依树坐者觉悟。因此，作为引信徒禅修的重要符号，对称布局、观孔雀衔蛇的克孜尔A型半跏像被布置在甬道口附近的位置；而属于一般佛传图系列的B型，没有特殊的位置要求，所观内容是农夫与耕牛。

在第38窟中，象征修行者向往之圣境的正是门壁上方的交脚菩萨兜率天说法图。目前，学界对此例交脚像的身份判定仍有争议，主要有释迦、弥勒二说。笔者认同赖鹏举的相关判断，认为该图反映着弥勒图像的小乘化现象。赖鹏举指出："西北印的弥勒菩萨造像在进入新疆克孜尔石窟等地，与阿富汗石窟有着截然不同的走向，前者融入释迦一系的造像，成为其佛传的一个环节而走向小乘。"涉及第38窟的情况，"以全窟造像的视野来看待位居窟内造像起端的窟口上方，位居于此的弥勒菩萨是与释迦同时而现居兜率天宫等待下生成佛的补处菩萨"〔2〕。基于克孜尔石窟中"唯礼释迦"思想的主导性，此例交脚菩萨兜率天说法图反映的并非信徒对弥勒净土的崇拜，而是借弥勒菩萨待机的兜率天宫象征禅僧期许通过修行所能到达的圣境，修行者崇拜并摄念的核心仍是释迦。在克孜尔早期的窟室内，会在券顶附近布置禅定僧人图像象征圣境，其意义应更接近于此例兜率天说法图。那么，第38窟将半跏思惟菩萨像对称布置在交脚弥勒菩萨兜率宫说法图的下方，并以叠涩层相隔，是以高处的后者象征禅僧向往之圣境，又以低处的前者作为到达圣境的引导。半跏与交脚的组合，是自下而上的脱俗，由俗成圣的允诺。

依据经典记录，"树下观耕"图像自身就暗示着远离欲界（俗

---

〔1〕〔南朝宋〕求那跋陀罗译：《杂阿含经》，《大正藏》第2册，第371页。

〔2〕赖鹏举：《西北印弥勒菩萨在中亚石窟的大小乘异化及其对莫高窟的影响》，《敦煌研究》2008年第4期，第30页。

世），并与禅修有着紧密的联系。关于释迦"树下观耕"的结果，《修行本起经》有"于树下得第一禅"〔1〕，《普曜经》曰"在树荫凉下一坐，一心禅思三昧正定"〔2〕，《佛所行赞》为"自荫阎浮树，端坐正思惟……心定安不动，五欲廓云消。有觉亦有观，入初无漏禅"〔3〕，《佛本行经》述"谛察见一切，平等逮一禅……乃至第四禅，及无量清净"〔4〕，《过去现在因果经》说"阎浮树下……离欲界爱，如是乃至得四禅地"〔5〕，《佛本行集经》是"到树下已……加趺而坐，谛心思惟……彼时即便离于诸欲弃舍一切诸不善法，思惟境界，分别境界，欲界漏尽，即得初禅"〔6〕，《根本说一切有部毗奈耶破僧事》言"于赡部树间，入第一无漏相似三昧"〔7〕。因此，克孜尔对称布局的半跏思惟菩萨像融合了"树下观耕"的元素，强调观像修禅以离诸欲至觉悟的转变，类似过程正是为禅僧所积极倡导的。第 38 窟、第 123 窟半跏像身后树冠的圆团状花簇样貌，不同于犍陀罗"树下观耕"图中的菩提树，却近似克孜尔早期坐禅比丘图附近的树冠花簇。如第 118 窟主室券顶坐禅比丘、第 77 窟左甬道券顶的坐禅比丘，身后树冠顶有三朵圆花。而在第 92 窟主室券顶右侧的坐禅比丘图中，比丘身前绘有孔雀。以上线索，反映了克孜尔半跏思惟菩萨像的构成、布局与禅修之间的密切关系。

综上所述，第 38 窟半跏思惟菩萨像的构成与布局特征，是在当地禅修思想的影响下对犍陀罗传统的继承与发展，能够引导禅修者在窟室内绕塔、观像、禅定与冥想，并证明其开悟之后能脱离俗世到达圣境。

---

〔1〕〔东汉〕竺大力、康孟详译：《修行本起经》，《大正藏》第 3 册，第 467 页。

〔2〕〔西晋〕竺法护译：《普曜经》，《大正藏》第 3 册，第 499 页。

〔3〕〔北凉〕昙无谶译：《佛所行赞》，《大正藏》第 4 册，第 6 页。

〔4〕〔北凉〕昙无谶译：《佛本行经》，《大藏经》第 4 册，第 66 页。

〔5〕〔南朝宋〕求那跋陀罗译：《过去现在因果经》，《大藏经》第 3 册，第 629 页。

〔6〕〔隋〕阇那崛多译：《佛本行集经》，《大正藏》第 3 册，第 706 页。

〔7〕〔唐〕义净译：《根本说一切有部毗奈耶破僧事》，《大正藏》第 24 册，第 114 页。

第二节　净土与决疑——敦煌、麦积山、云冈早期石窟中的交脚、半跏菩萨像组合

借助石窟造像方便禅修的情况普遍存在于 5 世纪前后的中国北方地区，但其中交脚菩萨像、半跏思惟菩萨像的组合内涵与作用并不相同。观察敦煌莫高窟、麦积山石窟与云冈石窟的早期洞窟壁面，同样流行着交脚与半跏菩萨像的组合，但具体的布局方式有所区别。相关案例中，交脚菩萨像并非从属于佛传系列，半跏思惟菩萨像也没有"树下观耕"的痕迹。本节将重点讨论敦煌、麦积山早期石窟中交脚、半跏菩萨像的组合现象，分析其与弥勒决疑思想之间的密切联系。具体内容，还将初步阐述云冈石窟在相关图像发展过程中的影响。

一　敦煌"北凉三窟"中的交脚、半跏菩萨像组合

莫高窟现存最早洞窟是编号 267、268、269、270、271、272、275 的 7 个洞窟，为北凉统治敦煌时期建造的窟群。其中，编号 268、272、275 为主室，即"北凉三窟"（图 3-7）。与克孜尔第 38、39、40 窟的群组关系相似，"北凉三窟"以不同形制、规模与装饰内容构成了一处集讲经、礼拜与禅修于一体的活动空间。

通过北凉承平三年（445 年）的《沮渠安周造像碑》，能够清楚地发现北凉禅僧对石窟造像的重视，有："□□□□严土，三涂革为道场。断起灭以离尽，入定窟以澄神。深心幽扣，则仪形目前。乃诚孟浪，则永劫莫睹。"简要梳理其思想，欲入庄严净土以离三涂、生死之苦，须入定窟（即禅窟）令心念澄清，按净土禅法要领摄念、

修定，并在心中影现所观诸相。"北凉三窟"的建筑布局和装饰构成，都与上述碑文内容相吻合，便于禅僧讲法、观像、禅定，以"虚怀潜思，远惟冥救。构常住□□，□不二之韵，图法身之妙，证无生之玄"[1]。

图 3-7　莫高窟第 272 窟主壁造像
采自《世界佛教美术图说大辞典·石窟 4》，第 1212 页

　　《沮渠安周造像碑》强调以弥勒为摄念对象，"北凉三窟"的主像均可判定为弥勒。第 268 窟平面纵长方形，平顶，形似甬道。主壁（西壁）开圆拱龛内塑交脚坐佛为主像，两侧壁各开两个小禅室，即编号 267、269、270、271 窟。原窟仅正壁和窟顶有塑像或壁画，侧壁、小禅室初为素壁，仅供僧人坐禅使用。第 272 窟紧靠 268 窟北侧，平面大致为方形，覆斗顶，主壁（西壁）开圆拱龛内设倚坐佛为主像（图 3-7）。5 世纪前后的敦煌、麦积山与云冈石窟中，交脚坐佛或倚坐佛像可视为弥勒佛身的象征，反映了弥勒下生思想的流行。相关造像寄托了信徒对未来弥勒成佛时人间净土的向往。第 272 窟倚坐佛两侧分层描绘了大量伎乐飞天、供养菩萨，后者形似舞蹈的精美身姿折射着信徒对未来人间净土的美好想象和憧憬。

---

　　〔1〕《沮渠安周造像碑》，转引自杨荣春：《北凉五王探研》，兰州：甘肃文化出版社，2018 年，第 234 页。

第275窟平面长方形，盝顶，主壁（西壁）塑交脚弥勒菩萨为主像（图3-8），展现了弥勒上生信仰的盛行。该窟南北两侧壁面的上层各开两个阙形龛和一个双树龛。阙形龛内塑交脚弥勒菩萨像，双树龛内塑半跏思惟菩萨像。窟内以交脚、半跏菩萨像为中心构成的装饰内容，应该是根据沮渠京声所译《佛说观弥勒菩萨上生兜率天经》为蓝本描绘的弥勒菩萨兜率天净土[1]。与克孜尔前例相比，"北凉三窟"中的弥勒像成为了禅僧谛观的核心内容并反映了对弥勒净土的崇拜，半跏思惟菩萨像也脱离了"树下观耕"情境并与交脚菩萨像纳入同一壁层。

图3-8　莫高窟第275窟主壁造像

采自《世界佛教美术图说大辞典·石窟4》，第1216页

────────────

[1]　学界普遍认为莫高窟第275窟的半跏思惟菩萨、交脚菩萨像是弥勒菩萨的象征，参见樊锦诗、马世长、关友惠：《敦煌莫高窟北朝洞窟的分期》，《中国石窟·敦煌莫高窟（一）》，北京：文物出版社，1982年，第185—197页；殷光明：《从北凉石塔看莫高窟早期三窟的建造年代》，《2000年敦煌学国际学术讨论会文集·石窟考古卷》，兰州：甘肃民族出版社，2003年；刘永增：《莫高窟北朝期的石窟造像与外来影响（上）——以第275窟为中心》，《敦煌研究》2004年第3期，第83—92页；[日]东山健吾：《敦煌莫高窟北朝尊像图像学考察》，《敦煌研究》2015年第6期，第1—12页。等等。以上学者普遍强调阙形龛与兜率天宫之间、树形龛与龙华树下之间的象征关系，认为阙形龛中的交脚菩萨应是兜率天宫说法的弥勒，树形龛内半跏像是龙华树下修行的弥勒。

第275窟的半跏思惟菩萨像（图3-9）虽设置于侧壁，但与主、侧壁的交脚菩萨像统一规划并占据室内上层空间，可通过"高"占位来满足信徒对"天"的想象。相比之下，克孜尔第38窟的交脚与半跏像有着明确的上、下图层区分，并以由低向高的视线转移契合禅僧脱俗成道的心理诉求。此外，第275窟半跏像的双树龛楣不能看作是释迦"树下观耕"的具体表现，而应视为弥勒于龙华树下成佛的象征。据鸠摩罗什译《佛说弥勒下生成佛经》："弥勒菩萨观世五欲致患甚多，众生沉没在大生死，甚可怜愍。自以如是正念观故，不乐在家。时穰佉王共诸大臣，持此宝台，奉上弥勒。弥勒受已，施诸婆罗门。婆罗门受已，即便毁坏，各共分之。弥勒菩萨见此妙台须臾无常，知一切法亦皆磨灭。修无常想，出家学道，坐于龙华菩提树下。树茎枝叶高五十里，即以出家日得阿耨多罗三藐三菩提。"[1]双树龛内的半跏坐思惟菩萨像是对弥勒"修无常想"的写照。由于弥勒菩萨"观世五欲致患甚多""怜愍"等情节与释迦菩萨"树下观耕"情节的相似性，双树龛内的半跏思惟菩萨像应具备引导禅修者步入圣境的作用。但是，此处圣境已明确为弥勒菩萨的兜率天净土，且引导方式在弥勒决疑思想的影响下成为了一种居上待下式的接引。

弥勒决疑之说应在三国时已传入我国，孙吴支谦译《惟日杂难经》云："有菩萨，字恝须蜜，难一阿罗汉经，阿罗汉不而解。便一心生意，上问弥勒。已问，便报想恝蜜言：卿所问事次第为解之。恝须蜜觉知便诘阿罗汉：卿适一心上问弥勒耶？阿罗汉实然。一心上问有三因缘：一者意意相知。二者化身问。三者先世所行。闻即便解。"[2]东晋十六国时期，得力于释道安及其弟子的推动，弥勒决疑思想盛行。道安弟子僧睿的《毗摩罗诘堤经义疏序》有："先匠

---

〔1〕〔后秦〕鸠摩罗什译：《佛说弥勒下生成佛经》，《大正藏》第14册，第424页。

〔2〕〔东吴〕支谦译：《惟日杂难经》，《大正藏》第17册，第608、609页。

图 3-9　莫高窟第 275 窟侧壁半跏思惟菩萨像

采自《世界佛教美术图说大辞典·石窟 4》，第 1221 页

所以辍章遐慨，思决言于弥勒者，良在此也。"〔1〕所谓"思决言于弥勒者"，就是请弥勒决疑。《高僧传》记晋、宋间西行求法僧释智严，因"常疑不得戒"至天竺，"值罗汉比丘，具以事问。罗汉不敢判决，乃为严入定，往兜率宫咨弥勒，弥勒答云：'得戒。'严大喜，于是步归"〔2〕。基于这样的背景，敦煌第 275 窟中与交脚弥勒菩萨像同样占据上层壁面的半跏思惟菩萨像，可能象征着居兜率天为禅僧决疑的弥勒。因而，相关图像会脱离释迦"树下观耕"的情境，并融入弥勒"龙华树下成佛"的要素，具备了弥勒于兜率天净土接引信徒并为其决疑的意义。

　　当然，用双树龛内的半跏坐思惟菩萨像表达弥勒决疑和弥勒兜率天净土的接引这一观点，可能存在着一种时间先后逻辑上的倒置，

〔1〕〔南朝宋〕僧睿：《毗摩罗诘堤经义疏序》，《大正藏》第 55 册，第 59 页。

〔2〕〔南朝梁〕释慧皎：《高僧传》，北京：中华书局，1992 年，第 100 页。

即弥勒在龙华树下思惟的事迹，发生在弥勒于兜率天宫待机之后的下生时代。关于这一问题，笔者认为半跏思惟菩萨像与交脚菩萨像的组合在强调特定宗教精神与象征意义的作用时，可能会超越世俗对于时间关系的理解以便在特殊情境中建构宗教体验。服务于禅观的图像与图像组合，会具备着象征意义的多重阐释性。在下一章的法华思想主导的菩萨造像组合中，将具体展现某一具体图像或图像的组合在不同观想逻辑下的多重意义呈现。甚至于，法华经的内容本身也存在着跨越过去、现在、未来时间维度的互证。此外，克孜尔石窟半跏思惟菩萨像的内涵也可能影响了相关组合的流行与意义的建构，即类似于克孜尔石窟第38窟半跏思惟菩萨像所强调自下而上式的离俗精神，能够在流行弥勒信仰的敦煌等地转变成了自上而下式的净土接引（决疑）精神。当然，后种猜测仍需谨慎求证。

除了北凉时期的第275窟，莫高窟早期石窟中尚有北魏太和年间（477—499年）的第259、257和260窟，存在着半跏思惟菩萨与交脚菩萨的组合。其中，第259窟西壁（主壁）中部塔柱正面龛设释迦多宝二佛并坐，南、北壁（侧壁）上层各设四个阙形龛。北壁西起第一、二龛内各塑交脚菩萨一身，第三龛塑半跏思惟菩萨一身，第四龛塑像不存。南壁仅存三龛，西起第一、二龛内塑交脚菩萨，第三龛塑像毁。参考第275窟，第259窟南北壁面阙形龛内的造像内容与布局应采用了同样的对称形式。樊锦诗、马世长、关友惠等学者指出北魏第259窟中半跏思惟菩萨和交脚菩萨的组合，"有静虑思惟，请弥勒解决疑难，求生兜率的意义"[1]。显然，第259窟中半跏、交脚两者组合的意义同样延续了第275窟的同类组合。第259窟的主像采用了二佛并坐的主题，该现象应反映了法华经思想的影响。进一步的分析将在第四章中以云冈石窟为案例进行讨论。

第257窟和第260窟的半跏思惟菩萨、交脚菩萨像并非对称布局

---

[1] 樊锦诗、马世长、关友惠：《敦煌莫高窟北朝洞窟的分期》，《中国石窟·敦煌莫高窟（一）》，北京：文物出版社，1982年，第189页。

在侧壁的上层，而是成对配置在中心柱的南北两面。第 257 窟、第 260 窟中心柱东面开一龛，其他三面均为上、下分层开两龛。其中，第 257 窟中心塔柱东面圆券龛内塑倚坐佛像一身，南面上层阙形龛内塑半跏思惟菩萨像一身，北面上层阙形龛内塑交脚菩萨像一身。第 260 窟中心塔柱东面圆券龛内塑倚坐佛像一身，南面上层阙形龛内塑交脚菩萨像一身，北面上层阙形龛内塑半跏思惟菩萨像一身。另外，这两个窟的中心柱上还设置了大量禅定佛像、苦修像。若将倚坐佛视为弥勒佛身的象征，侧面上层的交脚菩萨像、半跏思惟菩萨像能够象征弥勒的决疑精神与净土所在。以上倚坐佛、交脚菩萨像、半跏思惟菩萨像的组合与布局，或强调信奉弥勒者通过苦行修持，能够获得弥勒的决疑和接引，以得开悟，死后往生弥勒所在兜率天净土，并在弥勒下生成佛时亦随下生闻法。

二 麦积山、云冈早期石窟中的交脚菩萨与半跏思惟菩萨组合

北魏早期至景明年间的麦积山石窟内，同样流行着半跏思惟菩萨与交脚菩萨像的组合。据魏文斌调查，麦积山"第 51、74、78 窟；第 100、128、144、148 窟；第 86、93、114、156、170、155 窟；第 19、159、163、218 窟"以及第 57 窟、第 93-3 龛等 19 个窟龛中存在这种组合。考虑到麦积山石窟曾遭到地震等灾害的严重破坏，这种组合的实际数量可能更多[1]。魏文斌对相关组合进行了分期研究，主要涉及以下三个阶段[2]：

第一阶段，交脚菩萨和半跏思惟菩萨像均对称地设置在正壁上方较高位置的两侧圆拱形龛内，右侧为交脚像，左侧为半跏像。其

---

〔1〕 魏文斌：《麦积山石窟初期洞窟调查与研究》，兰州：甘肃教育出版社，2016 年，第 383 页。

〔2〕 同上，第 394、395 页。

中，交脚菩萨做转法轮印。相关洞窟有第 74、78 窟。第 51、57 窟相关位置龛内塑像不存，但应与前例一致。第 74、78 窟交脚、半跏像除身姿以外，大小、装饰相近。其两侧的胁待菩萨也分别采用对称相同的形象，可能反映了以云冈第二期工程为代表的北魏双窟造像形式的影响。

第二阶段，出现了交脚菩萨+半跏思惟菩萨+二佛并坐+跏趺坐佛+千佛造像组合，具体案例如第 128、148、100、144 等窟。在第一阶段的交脚菩萨、半跏思惟菩萨像龛下方，会设置二佛并坐、跏趺坐佛的小龛，其周围壁面则设置了小型千佛龛。类似组合反映了法华经思想的影响，具体讨论见第四章。第一阶段、第二阶段的交脚菩萨、半跏菩萨像的装束风格相近，戴三珠冠、桃形项圈，上身袒露，戴臂钏、腕钏等。根据保存较好的第 148 窟交脚菩萨像推测，该阶段交脚、半跏思惟菩萨像胸前可能装扮着短璎珞。第一阶段、第二阶段的交脚菩萨像均做转法轮印。

第三阶段，交脚菩萨和半跏思惟菩萨像仍采用对称的布局，但壁面位置和造像形式更加丰富。如第 93、86 窟内，交脚、半跏像是降至壁面的第二层（自上而下）；在第 93、114、155、156、170 等窟内，交脚、半跏像是以影塑的形式贴附于小平台上的；在第 155、218、19、86、163 等窟，交脚、半跏像以影塑的形式布置在小龛内；在第 93-3 龛，则出现了交脚菩萨和思惟菩萨同塑于一龛内并排而坐的面貌。这一阶段交脚和半跏思惟菩萨像的服饰已转向身上斜披络腋，帔帛交叉于两腿间的汉化装饰。相关的交脚菩萨像也不再采用转法轮印，变为右手上举于胸前捏莲蕾的面貌。

就麦积山早期石窟的交脚菩萨、半跏思惟菩萨像的组合意义而言，位于高处且平行对称布局的两者，应同样反映了弥勒净土与弥勒决疑思想的影响。但是其组合的流行与发展，或许更多受到了外来因素的影响。魏文斌从造像定位、布局、装束、姿态等方面归纳麦积山石窟中的这一组合，其中包括 "①均是作为洞窟内的附属造像出现的，说明是主要造像的补充；②对称出现，平行分布，没有上下组合的形式；③都位于各窟正壁主尊两侧的上方小龛或泥塑小平台上……"[1]等特征。以上特征，多证明麦积山石窟中半跏思惟菩萨与交脚菩萨像的组合并非相关窟室内的主要造像题材，而是流行于壁面较高位置并能够象征弥勒净土的附属性装饰内容。作为附属性的装饰内容，可能更多反映着外来因素的作用。这股外来的力量，除了前节梳理的犍陀罗美术的传统，更可能来自于云冈石窟为代表的北魏平城佛教美术的发展。

交脚和半跏思惟菩萨像的组合同样流行于云冈石窟，并反映着弥勒决疑思想的影响。昙曜作为云冈石窟的开创者，原习禅于凉州并熟悉弥勒决疑思想。其与西域三藏吉迦夜共译的《付法藏因缘传》记：尊者僧伽难提向一罗汉提问，罗汉"深谛思惟不能解了，便以神力分身飞往兜率陀天至弥勒所，具宣上事请决所疑"[2]。受其影响，云冈石窟第二期的工程中存在反映弥勒决疑思想的装饰内容。采用双窟建筑形式的第7、8窟，主室正壁（后室北壁）各开两层大龛（第四章，图4-1）。其中，第7窟上层的盝顶龛内设交脚菩萨胁侍二倚坐佛二半跏思惟菩萨像，第8窟上层的盝顶龛设倚坐佛胁侍二交脚菩萨二半跏思惟菩萨像。在同为双窟形式的第9、10窟中，前室东、西相远的两个侧壁的上层均有一铺屋檐顶龛，内设交脚菩萨胁侍二半跏思惟菩萨像。类似案例均设置在壁面上层，所涉及的倚坐佛、交脚菩萨像可视为弥勒佛身或菩萨身的象征，且盝顶龛楣、屋檐顶龛楣一般是对兜率天宫的象征。此处，作为倚坐佛、交脚菩萨像胁侍的半跏思惟菩萨像，能满足禅僧飞往兜率天至弥勒所请决所疑的期许，并以"深谛思惟"形象为禅僧的行为提供示范。

魏文斌指出麦积山石窟中"这种对称布局的形式主要流行于北

---

〔1〕 魏文斌：《麦积山石窟初期洞窟调查与研究》，兰州：甘肃教育出版社，2016年，第396页。

〔2〕 〔北魏〕吉迦夜、昙曜译：《付法藏因缘传》，《大正藏》第50册，第320页。

魏初期洞窟，北魏晚期较少，之后即消失，即流行于 5 世纪中期至 6 世纪初期"〔1〕。这一时间跨度基本与北魏都平城时代云冈石窟的经营时间相一致。此外，交脚菩萨+半跏思惟菩萨+二佛并坐+跏趺坐佛的造像组合，在云冈石窟第二期的工程中是主要的造像题材且具备清晰的发展线索，下一章，将以"法华思想主导下菩萨造像的组织秩序"为主题，讨论这一组合主导下装饰构成的组织秩序，以便更为清晰地认识交脚菩萨、半跏思惟菩萨像组合的发展。

小　结

本章探讨了中国早期石窟艺术中半跏思惟菩萨造像的发展与演变，展现了这一题材图像在形象与意义上的多元特征，及其在不同地区和教派中所扮演的独特角色。

克孜尔第 38 窟半跏思惟菩萨像的图像构成与布局特征，是在禅修思想的影响下对犍陀罗美术传统的继承与发展。石窟的设计者巧妙地结合了建筑的结构特征和佛传故事的内在逻辑，规划并组织装饰内容，引导禅修者在石窟中绕塔、观像、禅定与冥想。其中，对称布局的半跏思惟菩萨像，融入了带有孔雀衔蛇场景的"树下观耕"图像，是以释迦"树下观耕"的佛传事迹，强调谛观影像、怜悯世俗、思惟开悟等求道过程的系统性，同时隐喻着开悟后脱离俗世到达圣境的可能性。在第 38 窟中，将半跏思惟菩萨像对称布置在交脚弥勒菩萨兜率宫说法图的下方，并以叠涩层相隔，通过高低错落的层次设计，象征着由低至高的圣境追求，展示了从俗世到圣地的引领与蜕变。高处的图像象征着禅僧向往的圣境，低处的图像则作为

---

〔1〕 魏文斌：《麦积山石窟初期洞窟调查与研究》，兰州：甘肃教育出版社，第396 页。

到达圣境的引导。半跏与交脚的组合，是自下而上的脱俗，由俗成圣的允诺。

相比之下，敦煌莫高窟、麦积山石窟、云冈石窟的早期洞窟中，交脚菩萨像仍以弥勒象征着兜率天净土，而在同层对称布局的半跏思惟菩萨像反映了弥勒决疑思想的流行。交脚、半跏等弥勒主题造像的组合，强调了信奉弥勒者通过苦行修持，能够获得弥勒的决疑和接引，以得到开悟，并在死后往生到弥勒所在的兜率天净土，并在弥勒下生成佛时亦随下生闻法。这些艺术表现上的差异，实际上反映了不同佛教教派对于同一主题图像所采用的多元化应用与深层次的解释。

第四章　法华思想主导下菩萨造像的组织秩序

本章旨在探讨北魏云冈石窟菩萨造像的发展特征，特别是在《法华经》思想主导下的艺术表现与宗教象征。具体内容，将着重分析交脚菩萨的缯带对法华经虚空会场景的象征意义，诸题材菩萨造像之间的组合关系与秩序，以及这些要素在第7、8窟和第9、10窟等特定石窟中的具体应用。将指出，相关的倚坐佛像、交脚佛像、交脚菩萨像及半跏思惟菩萨像都是在法华思想的影响下，同时为了满足僧人禅修需求的情况下，有序地设置在石窟内。相关的构成内容与组织秩序旨在以弥勒菩萨为榜样，引导信徒领悟佛慧，反映了北魏石窟装饰的高超设计能力。

第一节　虚空圣相——云冈第二期石窟中交脚菩萨缯带的图像意义

本节将对照《妙法莲华经》关于虚空会的描述，分析云冈第二期石窟中交脚菩萨的冠后缯带并非侧重于展现弥勒菩萨居兜率天的情境，而是强调其在法华经会中虚空会时的特殊影像。具体内容，还涉及对云冈第二期石窟中跏趺坐佛、二佛并坐、倚坐佛与交脚菩萨造像组合的讨论。

云冈第二期石窟的交脚菩萨像，冠后会装饰一种飘摆的缯带，其样式与克孜尔、巴米扬石窟等地的案例相似，但内涵应按照营建者的意图加以丰富。为方便展现其特殊内涵，需率先明确第二期石窟的整体营建背景与造像主导题材。

一　云冈第二期石窟图像中法华经思想的主导地位

云冈石窟地处今山西大同市城西武州山南麓，是北魏和平初年（460 年）至正光五年（524 年）营建的皇家工程。宿白将其主要营建行为划为三个时期，第一期有第 16—20 窟，即昙曜五窟，可能在献文帝时期结束（460—470 年）；第二期工程以第 7—8 窟、第 9—10 窟、第 5—6 窟、第 1—2 窟等 4 组双窟为主，还涉及 11、12、13 窟组窟及第 3 窟的部分工程，大致由孝文帝初期到太和十八年（471—494 年）；第三期在北魏迁都洛阳之后，起迄为 495—524 年，包括云冈石窟西侧诸窟龛和第 20 窟以东诸窟内外补刻的龛像等。[1]

第一期的 16—20 窟由昙曜主持开凿，洞窟均为椭圆形平面、穹窿顶、拟草庐形的大窟，主要造像表现着三世佛题材。其中，第 16、18—20 窟的主尊为释迦，第 17 窟是弥勒菩萨。这些主像以高大、雄伟的身姿占据着各自窟室的大部分空间，"沿西方旧有佛像服饰的外观，摹拟当今天子之容颜风貌"[2]，"也有意地针对废佛前流传胡本无佛……大力宣传佛教源远流长"。后种目的与昙曜"在462—472年间，在云冈一再翻译自三世佛开始的佛教历史《付法藏传》的工作相配合的"[3]。

至第二期，石窟巨像不再是主流，各壁面造像、装饰以及佛转、本生故事图像得以发展，并导致相关空间图像主题的辨识更为复杂、隐蔽。应完工于孝文帝初期的第 7、8 窟为早期案例。第 7、8 窟是一组双窟，坐北朝南，大小、形制相似，用前、后室结构，长方形平

---

〔1〕 宿白：《〈大金西京武州山重修大石窟寺碑〉的发现与研究——与日本长广敏雄教授讨论有关云冈石窟的某些问题》，《北京大学学报》（哲学社会科学版）1982 年第 2 期，第 44、45 页。

〔2〕 宿白：《中国石窟寺研究》，北京：文物出版社，1996 年，第 126 页。

〔3〕 宿白：《云冈石窟分期试论》，《考古学报》1978 年第 1 期，第 26 页。

面。双窟间，造像布局凸显对称特征，其主要内容应是各自后室北壁上、下双层龛内的主尊造像组合（图4-1）。第7、8窟上层盝顶龛内主尊分别为交脚菩萨、倚坐佛；下层圆拱龛内各为二佛并坐、跏趺坐佛。其中，交脚菩萨被学界普遍解读为弥勒菩萨的化身，但相关二佛并坐、倚坐佛像的属性有两种解释可供借鉴，是讨论第二期石窟造像主导题材的关键。

图4-1　云冈第7、8窟后室北壁造像内容布局图
根据《云冈石窟》第4卷 PLAN Ⅷ、第5卷 PLAN Ⅸ改绘

以宿白在《云冈石窟分期试论》一文中的观点为例，指出"7窟下龛主像中出现了被作为过去佛而安排的释迦多宝对坐像"[1]，视二佛并坐为表现过去佛的一种特殊形式，故上层龛中的"交脚弥勒尚在三世佛的组合之中"[2]。并将第9、10窟主像辨识为释迦与弥勒[3]，即倚坐佛是释迦的化身。文中，宿白还强调禅观思想在云冈的流行，指出："第一期石窟中的三世佛、释迦、弥勒和千佛，又都是一般习禅僧人谛观的主要形象，……兼有广聚沙门同修定法

―――――――――――

〔1〕　宿白：《云冈石窟分期试论》，《考古学报》1978年第1期，第27页。

〔2〕　同上，第31页。

〔3〕　同上，第28页。

的目的。"[1]在第7—8窟、第5—6窟"出现释迦多宝对坐和维摩、文殊的形象，这种情况，正和孝文帝时，北魏开始重视义行僧人，注意宣讲《法华》《维摩》两经的历史背景相符合"[2]。

另一类观点以李静杰为代表，指出第7—8窟、第9—10窟、第6窟中倚坐佛与交脚菩萨是成对配置的，"暗示两者持有相对的图像属性"。如将交脚菩萨理解为兜率天中的弥勒，"倚坐佛像理解为下生成佛弥勒"更合情理，"交脚菩萨、倚坐佛成对配置，可以说继承了汉文化成对表现的传统"[3]。关于二佛并坐像，李静杰依据《妙法莲华经·见宝塔品》中"于十方国土有说法华经处，我（多宝）之塔庙为听是经故，涌现其前为作证明"[4]，指出"多宝佛塔（在美术中通常用二佛并坐代替）出现，意味着法华经的存在"[5]，并引证《思惟略要法·法华三昧观法》记述"正忆念法华经者，当念释迦牟尼佛于耆阇崛山与多宝佛在七宝塔共坐"[6]，及西域、中原佛教禅观思想的发展，提出"《妙法莲华经》译者的鸠摩罗什，亦将释迦多宝佛与法华经等同看待……释迦多宝佛图像应视为法华经的象征……"[7]。其结论是，云冈第二期石窟开始流行的是法华经主导的图像系统，特征为"其一，将法华经教主释迦佛、法华经象征释迦多宝佛（或多宝佛塔）、兜率天净土的代表弥勒菩萨组织在一起。通常，这些图像作为主题配置在中轴线上，表述法华经奉持者将来往生兜率天净土思想。其二，借用大量原属于小乘佛教美术的本生图、因缘图、佛传图，一般表现在中轴线的两侧，用于表达法

〔1〕 宿白：《云冈石窟分期试论》，《考古学报》1978年第1期，第26页。
〔2〕 同上，第28、29页。
〔3〕 李静杰：《关于云冈第九、第十窟的图像构成》，收录于中山大学艺术史研究中心编：《艺术史研究》第10辑，广州：中山大学出版社，2008年，第331、332页。
〔4〕 〔后秦〕鸠摩罗什：《妙法莲华经》，《大正藏》第9卷，第32页。
〔5〕 同〔3〕，第333页。
〔6〕 〔后秦〕鸠摩罗什译：《思惟略要法》，《大正藏》第15卷，第300页。
〔7〕 同〔5〕。

华经所宣扬的，释迦佛以种种因缘譬喻言辞，把小乘信徒引向大乘成佛之路的一乘佛思想"[1]。类似特征，在云冈第7—8窟、第9—10窟、第1—2窟、第6窟、第38窟均有较完整体现。

就云冈第二期石窟而言，后一种观点更直接展现出法华思想、弥勒信仰的影响方式，有助于解读跏趺坐佛、二佛并坐、交脚菩萨、倚坐佛（或交脚佛）的组合关系。回顾第7、8窟的主像组合，表现着法华经教主释迦（跏趺坐佛）、法华经象征释迦多宝佛（二佛并坐）与菩萨身（交脚菩萨）、佛身（倚坐佛）的弥勒，是系统的法华图像组合（下文统称为法华图像组合）。后两者的成对配置符合《观弥勒上生经》"如是等众生若净诸业行六事法，必定无疑当得生于兜率天上，值遇弥勒亦随弥勒下阎浮提"[2]的教义，说明了弥勒上生思想与下生思想并行，其内涵是证明法华经信奉者死后能往生兜率天净土聆听弥勒说法，未来随弥勒下生人间的功德。笔者将沿用李静杰的观点，进一步探析第二期石窟中交脚菩萨、二佛并坐的组合及其象征意义，并说明相关交脚菩萨冠后缯带的特殊性。

二　由缯带发现交脚弥勒菩萨的类型差异 与相关空间布局特征

据粗略统计，仅云冈第9—19窟有小型交脚菩萨造像就70余尊[3]。其早期样式以云冈第17窟主像为代表。该像高达15米，交脚坐姿，面相方圆，上身斜披络腋，下着羊肠长裙，戴高宝冠，胸

〔1〕 李静杰：《北朝隋代佛教图像反映的经典思想》，《民族艺术》2008年第2期，第101、102页。

〔2〕 〔南朝宋〕沮渠京声译：《观弥勒菩萨上生兜率天经》，《大正藏》第14卷，第420页。

〔3〕 林伟：《从交脚弥勒菩萨造像的流行看中国传统文化对佛教的影响》，《江苏社会科学》2009年第1期，第112页。

佩蛇饰、短璎珞。类似的样式特征可见于巴米扬石窟、克孜尔石窟、敦煌莫高窟、麦积山石窟等地。巴米扬石窟的案例，直观地反映了古代中亚地区弥勒菩萨与世俗帝王内涵的融合。前文引用宫治昭观点，巴米扬石窟"弥勒菩萨的尊格从犍陀罗追求菩提的行者形象，历史性地转变为与理想世界的统治者转轮圣王神格混淆了的王者形象"[1]，说明了交脚菩萨图像的生成与用意。

在巴米扬石窟不仅交脚菩萨冠后普遍装饰着缯带，与交脚弥勒菩萨有一定配对关系的"装饰佛陀"，其冠后的缯带也可能是表现弥勒待机兜率天的教义。诸如第 620 窟、第 530 窟"装饰佛陀"的缯带表现为自然下垂（图 4-2），与相近空间中交脚弥勒缯带飘舞于空中的样态有明显差异，有意衬托弥勒或转轮圣王自兜率天下生的场景。类似特征或有助于理解云冈石窟中呈普遍飘摆状的缯带。

第330窟顶部交脚弥勒　　　第620窟"装饰佛陀"　　　第530窟"装饰佛陀"

图 4-2　巴米扬石窟部分交脚菩萨、装饰佛陀的缯带

根据《涅槃和弥勒的图像学——从印度到中亚》图 359b、361 改绘

受风化影响，云冈第 17 窟主像是否有缯带不易辨识。但在同窟南壁东部大龛的胁侍菩萨冠后有清晰的缯带飘于空中（图 4-3）。云冈第二期交脚菩萨的样式整体延续了第 17 窟传统，并可清晰观察到缯带的流行。但有趣的是，相关造像中，有或无缯带的案例在相近时期以近乎相同的数量流行着，特别是在第 7—8 窟、第 9—10 窟、

----

〔1〕〔日〕宫治昭：《涅槃和弥勒的图像学——从印度到中亚》，北京：文物出版社，2009 年，第 499 页。

图 4-3 云冈第 17 窟南壁东部大龛右胁侍菩萨头部特写
采自《云冈石窟》第 12 卷 PLATE 33

第 12 窟中。

　　再次观察第 7、8 窟（图 4-4）后室北壁上层龛，前者主尊装饰了缯带，后者胁侍的交脚菩萨却无缯带。扩展视野，结合双窟后室南壁上层的 4 尊交脚菩萨像观察，第 7 窟现存主要交脚菩萨像均装饰了缯带，第 8 窟的诸例均无缯带。此外，通过同室南壁例可知，有缯带者宝冠正面有化佛纹样，即化佛冠；无缯带者冠正面呈花蕊状，无化佛纹样。该现象还流行于第 9—10 窟、第 13 窟，展现了缯带与化佛冠的固定搭配关系。

　　在此可以提出一种疑问，即两种不同面貌的交脚弥勒在相邻空间、相近时期并存意味着什么？难道拥有"化佛冠+缯带"庄严的交脚菩萨更为高贵吗？在第 7、8 窟北壁例，前者的主尊像确实比后者的胁侍在空间上更为核心。但结合第二期石窟其他案例观察，类似思路会很牵强。另外，如果交脚菩萨已被明确视为弥勒菩萨的化身，在相邻空间、相近时期出现了等级差异也是难以理解的。因此，笔者推断交脚菩萨的缯带或许与弥勒所处的特殊时刻或场景相关。

　　结合前文援引的李静杰观点，云冈第二期石窟中流行的"跏趺坐佛+二佛并坐+交脚菩萨+倚坐佛（或交脚佛）"是由法华经主导

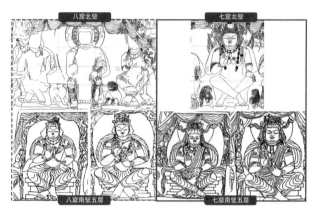

图4-4　云冈第7、8窟中交脚菩萨像冠饰比较图
根据《云冈石窟》第4卷 PLAN Ⅷ Ⅺ、第5卷 PLAN Ⅸ Ⅻ 改绘

下的图像组合，我们能够假设相关弥勒菩萨所在场景应在法华经会中。那么，弥勒缯带的有或无可否从法华经中寻得依据？为论证该假设，我们需要先梳理不同类型交脚菩萨所处的具体组合关系，确定其空间布局的特殊性。

结合缯带的有无，梳理第7—8窟、第9—10窟、第11—13窟（第1—2窟例多漫漶不清，未纳入统计）某一壁面上主要的跏趺坐佛、二佛并坐、交脚菩萨、倚坐佛、交脚佛造像搭配关系，可确定五种组合：

A组合，二佛并坐+交脚菩萨。A1组合，交脚菩萨有缯带：第7窟后室北侧壁上下龛、第9窟前室北壁东西两侧上下龛、第12窟前室东壁上下龛（图4-5）；A2组合，无缯带，多流行于第11、13窟，如第11窟南壁中部西半、东壁上层南端太和七年（483年）造像龛、西壁下层南部以及第13窟东壁、西壁诸例等。受限于第12窟北壁上、下龛均为后世修补，不纳入讨论。

B组合，二佛并坐+倚坐佛。较大规模的仅第10窟前室北壁窟门两侧上下龛。

C组合，跏趺坐佛+交脚菩萨。C1组合，交脚菩萨有缯带，仅一处，为第7窟后室南壁明窗两侧上下龛；C2组合，无缯带：数量较

图 4-5　云冈第 12 窟前室东壁上层龛的交脚弥勒菩萨像
采自《云冈石窟》第 9 卷 PLATE 10

多，有第 8 窟后室南壁明窗两侧上下龛、第 9 窟前室东壁上 2 层龛、第 10 窟前室西壁上 2 层龛、第 12 窟后室西壁上层南北两龛、第 13 窟南壁明窗东西两侧、第 11 窟明窗东侧太和十九年造像龛及周边等。

　　D 组合，跏趺坐佛+倚坐佛。第 8 窟后室北侧壁上下龛、第 10 窟前室北壁东西两侧上下龛等。

　　E 组合，跏趺坐佛+交脚佛。第 9 窟前室西壁上 2 层龛、第 10 窟前室东壁上 2 层龛、第 12 窟前室西壁上下龛、第 12 窟后室东壁上层南北龛。

　　结合云冈第二期石窟多凸显组窟的设计特征，在各双窟（第 12 窟是在前室东、西两壁之间）之间交脚弥勒与倚坐佛（或交脚佛）多有稳定的组对关系，以上五种组合可再纳入三种配对面貌。

　　第一种面貌，A1+D/E，即"二佛并坐+交脚菩萨+跏趺坐佛+倚坐佛（或交脚佛）"的系统法华图像组合，其中交脚菩萨均有缯带的，经典案例即第 7、8 窟北壁、第 12 窟前室东西壁面。A2 组合涉及的案例则均在次要壁面且规模较小,已非主导性题材。

第二种面貌,A1+B,即"二佛并坐+交脚菩萨+倚坐佛",仅在第9、10窟前室北壁出现(图4-6),需结合各自前室东、西壁面(释迦、授记图像)和后室主尊造像构成第一种面貌,可认作第7、8窟后室北壁例的变种。

10窟

9窟

图4-6 云冈第9、10窟前室北壁的造像组合

根据《云冈石窟》第6卷 PLAN Ⅳ、第7卷 PLAN Ⅲ 改绘

第三种面貌,C1+C2,在第7、8窟后室南壁上层。实际上,该处四例交脚菩萨的样式应分别模仿了各自窟室北壁上层龛中交脚菩萨的基本特征,展现了第7、8窟后室南、北两壁的呼应对照关系。即,C1+C2 的配对并不具备独立意义。

第四种面貌,E+C2,即"跏趺坐佛+交脚佛+交脚菩萨",相关第9窟前室西壁与第10窟前室东壁的上2层龛、第12窟后室东和西壁的上层组龛。相关案例似乎是系统法华图像组合的某种重复、对照,以略小规模位于前者同空间的相对次要位置。

另外,第6窟中心柱下层四面龛内主像,南面为跏趺坐佛,西面为倚坐佛,北面为二佛并坐,东面为交脚菩萨。依右旋绕塔秩序观读诸图像,正是"跏趺坐佛+倚坐佛"结合"二佛并坐+交脚菩萨"的组合方式,即第一种面貌。其交脚菩萨(图4-7)早已改为褒衣博带式服样,但头冠仍为化佛冠并有缯带,冠体侧面还出现了与第17窟南壁东部龛胁侍菩萨相似的飞天纹样,与同窟其他空间带

图 4-7　云冈第 6 窟中心柱东面下层龛的交脚菩萨头部特写
采自《云冈石窟》第 3 卷 PLATE 145

花冠的交脚菩萨有明显区分。

综上，能总结出以下三点：

第一，系统的法华经组合图像形成并流行于第 7—8 窟、第 9—10 窟、第 12 窟的核心空间，并在第 11、13 窟等第二期晚期窟中出现了程式化、符号化的发展面貌。

第二，系统的法华图像组合是以"跏趺坐佛+倚坐佛（或交脚佛）"结合"二佛并坐+交脚菩萨"两个子单元构成，在标准组合中交脚菩萨普遍流行着化佛冠+缯带。同窟其他的交脚菩萨流行花面珠冠、无缯带。该秩序至第 11、13 窟已开始瓦解，但在第 6 窟的中心柱有延续。

第三，在第 7—8 窟、第 9—10 窟、第 12 窟中，戴缯带的交脚菩萨普遍与二佛并坐造像相邻出现在石窟的核心空间。不带缯带者与其他题材造像相邻出现在石窟的略次要空间，与前者形成比较。

显然，在云冈第二期石窟的典型法华经主导下的装饰环境中，缯带、化佛冠是与某一壁面上（或中心柱的相邻壁面）"二佛并坐+

交脚菩萨"造像组合存在着固定搭配关系。

三 "二佛并坐+交脚菩萨"是
虚空会中的形象证明

前文提及，二佛并坐造像缘于《见宝塔品》，李静杰指出北朝石窟中二佛并坐是证实法华经存在的象征。笔者认为，通过观察云冈石窟相关造像空间布局与法华经文本的联系，可假设此处二佛并坐图像的流行归因于对虚空会的想象，交脚菩萨缯带的分布情况则能吻合该种假设。

虚空会是法华经中的重要环节，如《思惟略要法·法华三昧观法》："当念释迦牟尼佛于耆阇崛山与多宝佛在七宝塔共坐"〔1〕，所观场景当在虚空会。以后秦鸠摩罗什本《妙法莲华经》为例，《见宝塔品》中多宝佛塔涌现虚空证释迦所说皆为真实，为虚空会之始；至《嘱累品》多宝佛塔返还本土，为虚空会之末，其间有《提婆达多品》《劝持品》《安乐行品》等数十品皆在虚空会。

《见宝塔品》开篇说："尔时佛前有七宝塔，高五百由旬，纵广二百五十由旬，从地涌出，住在空中，种种宝物而庄校之。"〔2〕释迦佛告大乐说菩萨宝塔从地涌出之因缘，是过去佛多宝有大愿："若我成佛，灭度之后，于十方国土有说法华经处，我之塔庙为听是经故，涌现其前为作证明。"并说多宝重愿："其有欲以我身示四众者，彼佛分身诸佛，在于十方世界说法，尽还集一处，然后我身乃出现耳。"〔3〕为开塔之机缘。释迦牟尼见十方世界分身诸佛悉集法会，"即从座起，住虚空中……即时一切众会，皆见多宝如来……多宝佛，于宝塔中，分半座与释迦牟尼佛，而作是言：'释迦牟尼佛，可

---

〔1〕〔后秦〕鸠摩罗什译：《思惟略要法》，《大正藏》第15卷，第300页。
〔2〕〔后秦〕鸠摩罗什译：《妙法莲华经》，《大正藏》第9卷，第32页。
〔3〕同上，第32页。

就此座。'即时释迦牟尼佛，入其塔中，坐其半座，结跏趺坐。尔时大众，见二如来在七宝塔中师子座上结跏趺坐，各作是念：'佛座高远，惟愿如来以神通力，令我等辈俱处虚空。'即时释迦牟尼佛，以神通力，接诸大众皆在虚空"[1]。以上为虚空会的缘起。至《嘱累品》篇首"释迦牟尼佛从法座起"，并"令十方来诸分身佛各还本土，而作是言：'诸佛各随所安，多宝佛塔还可如故。'"[2]可视释迦离开多宝佛半座，虚空会完结。

《见宝塔品》至《嘱累品》释迦所说妙法，皆可视为释迦多宝并坐于虚空宝塔所说，支撑着二佛并坐图像缘于对虚空会想象的假设。此外，云冈第9、10窟造像题材的空间布局，与《妙法莲华经》的品次顺序也基本吻合。如双窟前室南壁的千佛塔柱，对应十方诸分身佛咸集法会，是会众得见多宝佛身的机缘，与北壁二佛并坐相向而设。后者位于双窟整体空间的中部，与《见宝塔品》在《妙法莲华经》中承前启后的地位一致。在两者之间的东、西壁面布局了大量授记题材作品，与《授记品》《五百弟子授记品》《法师品》等主题相似。后室北壁主尊的倚坐佛、交脚菩萨，符合《普贤菩萨劝发品》中"若有人受持读诵解其义趣，是人命终为千佛授手，令不恐怖、不堕恶趣，即往兜率天上弥勒菩萨所"[3]的教义，表述修持法华经的功德。

弥勒菩萨贯穿于《妙法莲华经》始末，在《序品》《从地涌出品》《如来寿量品》《分别功德品》《随喜功德品》《普贤菩萨劝发品》中于不同时机现身。以虚空会为观察依据，《序品》在其前，《从地涌出品》《如来寿量品》《分别功德品》《随喜功德品》在其中，《普贤菩萨劝发品》在其后。据此逻辑或可提出弥勒菩萨至少能有虚空会中或虚空会外两种样貌的假设。以第9、10窟为例，有缯

---

〔1〕〔后秦〕鸠摩罗什译：《妙法莲华经》，《大正藏》第9卷，第33页。

〔2〕同上，第52页。

〔3〕同上，第61页。

带的交脚菩萨在第9窟前室北壁下层龛，与上层二佛并坐相邻成组。无绶带的交脚菩萨在第9窟前室东壁上层、第10窟西壁上层，是与授记图像相邻的。结合前文推测，东、西壁面的弥勒在虚空会前，不戴绶带；北壁的弥勒在虚空会中，绶带飘扬，应是合理的假设。第10窟主尊如果作为《普贤菩萨劝发品》的图解，应不在虚空会中，即无绶带。但遗憾的是该造像早已损毁。而具备相似图像特征和空间属性的第13窟主尊相关部位也存在损毁情况，仅可辨没有明显的化佛冠、绶带等残留痕迹。

综上所述，通过对现存云冈第二期石窟中造像内容的观察，可确认相关的"二佛并坐+交脚菩萨"造像组合是关于法华经虚空会景象的想象，其中交脚菩萨的绶带是表现该情境的装束元素。以上特征流行于云冈第7—8窟、第9—10窟、第13窟，在第11、12窟出现了程式化、符号化趋势，但在第6窟的中心柱仍有延续。明确了法华经思想对云冈第二期石窟装饰的主导性，以及其中带化佛冠、绶带交脚弥勒菩萨与法华经会中虚空会时刻的密切对应，下文将分别以第7—8窟、第9—10窟为例，说明相关装饰内容的组织规制，展现菩萨造像的内涵发展。

第二节　云冈石窟第7、8窟菩萨造像的布局及其空间设计意图

第7、8窟是位处云冈石窟群的中央区域的一组双窟，大小、形制与造像题材相似，均坐北朝南，前、后室结构，平面呈长方形。由于双窟前室风化严重，本节观察的是后室（主室）菩萨造像及其空间布局特征。

上节已述，第7、8窟北壁均用上、下双龛布局。第7窟北壁上层的盝顶龛，主尊为交脚菩萨，左右设二倚坐佛，再外胁侍二半跏

思惟菩萨；下层圆拱龛内雕二佛并坐。第8窟北壁上层盝顶龛，主尊倚坐佛，左右二交脚菩萨，再外胁侍二思惟菩萨（西侧一例损毁）；下层圆拱龛内，据推测原设结跏趺坐佛。相关主像构成"释迦多宝佛+释迦佛+弥勒（菩萨、佛）"的题材组合，反映法华经思想对石窟装饰构成的主导性，即法华图像组合。在此基础上，第7、8窟的诸题材菩萨造像与其所处空间位置有着密切的对位关系，在塑造窟内整体空间内涵方面发挥了积极作用。通过比较双窟诸菩萨像的身姿与装束，能够辨识不同壁面空间的布局用意，方便了解当时《法华经》思想主导下的图像构成以及弥勒信仰的流行面貌，还原石窟营建者的复杂设计思路与背景。

一 诸题材菩萨像的布局及其在纵向空间的组织意图

1. 交脚菩萨像的布局

作为一组双窟，第7、8窟的空间布局凸显对称特征。整体而言，窟内图像可归纳为三种平面对称关系，分别以双窟的中轴、单窟的中轴或单龛的中轴为准线，其左右造像内容呈对称布局。双窟交脚菩萨像的空间布局同样展现出对称面貌。

第7、8窟主要交脚弥勒菩萨像七尊，集中分布于北壁（主壁）上层与南壁五层（自下而上[1]）的六个盝顶龛内（图4-4）。依云冈第17窟明窗东侧太和十三年（489年）题记，相关交脚菩萨像可推测为弥勒菩萨。除第8窟北壁两例为倚坐佛的胁侍之外，其余五例均为各龛主尊。双窟内交脚菩萨像的面容、身姿与服饰特征与云冈第17窟主尊相似，继承了云冈一期的样式风格。以第7窟北壁交脚菩萨像为代表，该像面广颐、短颈、宽肩、厚胸，右手结说法印、

---

[1] 由于前人相关研究中多采用"自下而上"的描述方式，为方便与前人研究统一，本节标层的方式特采用"自下而上"的方式。

左手搭腿，交脚坐于狮子座上。服饰方面，上身袒露、下身着裙，戴宝冠、项圈、短璎珞、双龙胸饰、臂钏等庄严具，复杂与繁丽为双窟之最。其冠基之上残存的珠盘、卷草纹痕迹，仅能大致确认是当时主流的珠冠。但冠基左右末端有缯带痕迹，且该龛下方为二佛并坐龛。如前一节所述，此例交脚菩萨像可视为虚空会中的弥勒菩萨，极有可能装饰着化佛冠+缯带。而在其对向的南壁第五层明窗两侧的两例交脚菩萨像，是第7—8窟、第9—10窟、第12窟中，唯一不与二佛并坐龛组合的情况下仍装饰着化佛冠+缯带的案例。造成这一现象的原因，可能是第7、8窟作为云冈第二期石窟的早期工程，仍存在着设计语言的不成熟性。另一种可能，是后者在模仿北壁前例，强调了南、北壁面装饰内容的紧密联系。在第8窟，北壁上层胁侍位的交脚菩萨与南壁第五层明窗两侧的交脚菩萨像，则均无化佛冠+缯带的装饰。

2. 位于南侧与东、西侧壁面第四层的胁侍菩萨立像

第7、8窟南侧（图4-8）与东、西侧壁面的菩萨像（图4-9），多集中在第四层的十二个造像龛内（第8窟西壁例损毁）。

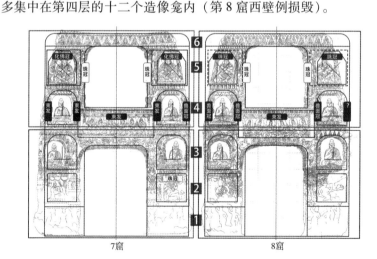

图4-8　云冈第7、8窟南壁造像内容布局图

根据《云冈石窟》第4卷 PLAN XI、第5卷 PLAN XII 改绘

图4-9　云冈第7、8窟东、西壁造像内容布局图
根据《云冈石窟》第4卷 PLAN Ⅸ、PLAN Ⅹ，第5卷 PLAN Ⅹ、PLAN Ⅺ改绘

　　双窟南壁四层各开设一对华盖龛，位于明窗两侧（图4-10）。各龛内题材均为一佛二菩萨，坐佛偏袒右肩、衣角搭肩；菩萨立姿，或斜披络腋，或袒上身披短璎珞，下身着裙，均延续着云冈一期传统。但是，部分菩萨头饰较为新颖，出现了兽面冠。第8窟除最西例损坏，余三例均戴兽面冠；第7窟仅最西例用兽面冠，其他三例仅束发。有趣的是三例束发菩萨像，胸前均有短璎珞、双龙饰纹样庄严。相比之下戴兽面冠者胸饰纹样趋于简略。这种安排应是为了与南壁明窗下沿的供养菩萨像相区分。

图4-10　云冈第7、8窟南壁胁侍菩萨像比较图
采自《云冈石窟》第4卷 PLATE 109、120，第5卷 PLATE 101、102、113

参考韩国李妍恩博士的研究成果，北朝石窟至晚在云冈第7、8窟龛楣处出现了兽面纹[1]，并在云冈第12窟前室西壁上层屋檐顶龛斗拱、第13窟斗拱、第1窟中心柱东面上层屋檐顶龛斗拱等处沿用。菩萨庄严兽面冠的情况在北魏云冈石窟、麦积山石窟均有出现。关于北朝石窟龛楣、菩萨像上的兽面纹，学界现有两种观点可资参考。第一种观点，大致将其认作汉魏时期传统兽面图案的继承，代表者有水野清一、长广敏雄[2]和罗叔子[3]、李妍恩等。第二种观点以王敏庆为代表，她提出北朝石窟中的兽面纹应源自古印度、波斯地区一种名叫 Kirttimukha 的守护神。Kirttimukha "英文为 Glory face 或 face of glory，汉语直译'荣誉之面'。……印度教徒看作是荣耀的神圣力量的象征……对于佛教而言，Kirttimukha 则是无常的象征及佛法的护持者"[4]。

云冈第7、8窟的兽面纹极可能继承了 Kirttimukha 的文化内涵，并受到汉魏时期传统兽面图案的影响，在多元文化碰撞与融合中成形，并作为神圣力量的象征。在双窟内，菩萨兽面冠的意义应与象征光明等神圣力量的珠冠相似，并用以强调与北壁龛楣兽面纹的对照，进一步凸显了南北壁面装饰内容的联系。

东、西壁面四层为八个盝顶龛，诸龛内容均为一佛二菩萨，主尊佛或结跏趺坐，或交脚坐。相关胁侍菩萨立像的头饰有珠冠与束发两类。将其与东、西壁面第三层的胁侍像加以比较，能够展现双窟上、下空间截然不同的设计用意。在第7窟西壁第三层北侧尖拱龛内一组特殊的胁侍青年像（图4-11），如不参考题材易被认作特

---

〔1〕［韩］李妍恩：《北朝装饰纹样研究——5、6世纪中原北方地区石窟装饰纹样的考古学研究》，中国社会科学院研究生院博士学位论文，2013年，第72页。

〔2〕［日］水野清一，長廣敏雄：「雲岡石窟装飾の意義」，『雲岡石窟』第四卷（序章），京都大学人文科学研究所雲岡刊行会，1952年。

〔3〕罗叔子：《北朝石窟研究》，上海：上海出版公司，1955年，第75页。

〔4〕王敏庆：《北周佛教美术研究——以长安造像为中心》，北京：社会科学文献出版社，2013年，第214页。

殊服饰的菩萨像。胁侍青年像面容、身形与窟内诸菩萨一致，仅身姿与服饰有所区别。身姿方面，青年像倚坐于束帛座上；服装方面，窄袖胡服；宝冠方面，山形高冠。三类特征与窟内菩萨像均不一致。依据水野清一、长广敏雄、因幡聪美的观点〔1〕，推测该龛表现的是夜叉出家图，胁侍描绘的是以世俗青年身姿出家的夜叉形象。

图 4-11　云冈第 7 窟西壁 3 层北龛胁侍像

采自《云冈石窟》第 4 卷 PLATE 79

　　前文指出，第 7 窟北壁上层交脚菩萨像应象征着法华经虚空会中的弥勒菩萨。如《见宝塔品》所述，虚空会是与会大众借释迦佛神通方可到达的神圣、高远情境。类似的属性或表现意图，应影响了东、西壁面上层空间的装饰布局。进一步观察东、西壁面各层造像内容，上三层以千佛〔2〕、坐佛、三尊像为主，题材均远离世俗情境并强调神圣属性；下三层雕刻了大量故事性图像与供养人，具备更强的世俗氛围。因幡聪美在讨论第 7、8 窟东、西壁面造像题材时也指出"第二层以上〔3〕表示的为天上世界的一部分。两窟的下层（＝地上世

〔1〕　〔日〕因幡聪美：《关于云冈石窟第 7、8 窟中设计性的考察》，《石窟寺研究》第 9 辑，北京：科学出版社，2019 年，第 81 页。

〔2〕　东、西壁面第 6 层的千佛图像，均以 7 尊像并坐的形式出现，可能受到了七世佛思想的影响，延续了云冈一期的传统。但因南壁第 6 层相关数量信息不一致，本书暂将其解读为千佛图像。

〔3〕　因具体壁层划分标准的不同，因幡聪美所指的东、西壁面"第二层以上"为本书惯称的 4—6 层，其所述"下层"则系本书惯称的 1—3 层。

界）……"[1]。显然，在各壁面菩萨题材的布局位置及其身姿、装束等内容的塑造，多服务于石窟纵向空间维度的上、下区分。

此外，在第7窟南壁二层西侧有文殊菩萨造像龛。文殊菩萨像作为文殊问疾故事的相关内容，与同层东侧维摩诘造像搭配出现。其故事发生在毗耶离，可被理解为地上世俗世界的图像，安排在石窟下层空间是合理的。然而，因文殊菩萨身份的明确性，造像采用了窟内菩萨像的流行服饰，也并非对整体空间设计意图的破坏。

3. 南壁中轴位置的胁侍菩萨与供养菩萨

自第7、8窟内部向南壁观察，明窗两侧及其下方诸菩萨像均微笑面朝北壁，呈现供养、礼拜北壁尊像的面貌。

双窟明窗东、西侧四尊胁侍菩萨立像的服饰风格一致。如第7窟明窗东侧一例（图4-12），袒右肩，有绳带自右肩垂至左腰，外披络腋，下身着裙，身后有宽大飘带绕双臂垂至腿外，跣足立于束帛座上。其珠冠，正面形似花蕊，较北壁思惟菩萨的细节简化。另外，亦戴耳珰、项圈、臂圈，但胸前无璎珞或双龙饰。

图4-12　云冈第7窟明窗东侧菩萨立像
采自《云冈石窟》第4卷 PLATE 25

双窟明窗下方各设一帷幕大龛，内分别有六尊供养菩萨（图4-13）。菩萨均束发，佩项圈，或半跪或坐。除第7窟西侧第二例佩戴了短璎珞、双龙胸饰之外，其他十一例仅斜披络腋或袒露上身，无胸饰。

_____

〔1〕［日］因幡聪美：《关于云冈石窟第7、8窟中设计性的考察》，《石窟寺研究》第9辑，北京：科学出版社，2019年，第78页。

图 4-13　云冈第 7 窟明窗下侧供养菩萨龛
采自《云冈石窟》第 4 卷 PLATE 94

　　此处将明窗两侧胁侍菩萨纳入南壁图像体系来讨论存在危险，极可能混淆了明窗与南壁各自空间体系的独立性。明窗两侧的胁侍菩萨可能是另一个图像体系识读的起点，自窟内向外引导观众去解读明窗所表达的图案世界。日本学者八木春生在研究明窗东、西侧山岳纹样时，指出此处的图案可能与往生兜率天的思想有关[1]。立于一系列图像最前端的菩萨，可能是接引信众死后到达明窗内侧描绘的净土世界之使者。

　　而将帷幕大龛内的供养菩萨纳入南壁体系进行讨论，应无大碍。

　　4. 诸题材菩萨像的层级、关联与统一意图

　　比较以上案例，双窟菩萨造像的身姿（尊格）、装束与空间有紧密关系。自主要空间向次要空间，菩萨造像的题材由尊趋卑、装束由繁向简，并大致可归纳为四个层级。

　　第一层级，为北壁上龛、南壁第五层的六处七例交脚弥勒菩萨像，占据着龛内主尊或核心位置，戴珠冠，有胸饰，且纹样繁丽。

　　────────

　　[1]　［日］八木春生：「雲岡石窟における山岳文様について」，『雲岡石窟文様論』，京都：法藏館，2000 年。

其中，第 7 窟主尊位的交脚菩萨像，应戴"化佛冠+缯带"，是双窟中最为核心的一例。

第二层级，为北壁上层龛的胁侍半跏思惟菩萨像，戴珠冠，有胸饰，纹样较前例简化，较后例则趋繁。明窗两侧菩萨立像应归入另一独立图像体系。

第三层级，为南、东、西壁面四层的诸胁侍菩萨，涉及珠冠、兽面冠、束发等头饰，部分有璎珞或双龙胸饰。

第四层级，为南壁明窗下侧的供养菩萨像，普遍束发，不戴胸饰。

四个层级的菩萨像集中分布在双窟上层空间，以北壁交脚菩萨像为核心；南壁的交脚菩萨像、兽面冠饰等呼应北壁，通过题材与图像的重复强化核心主题；南侧与东、西侧壁面四层的胁侍菩萨靠近上层空间的下沿，标明上层空间的界限；体系内底层的供养菩萨设置在相对高度最低的明窗之下，礼拜与供养核心位置的佛。

以此为基础再次观察具体案例，能察觉第 7、8 窟诸题材菩萨造像的装束还被巧妙设计，用来强化不同层级间的关联。具体表现为每一上级均有个例的服饰元素会与下一级主流样式重复。例如，在第一层级中，第 8 窟四例戴珠冠，是第二、三层级的主流。第三层级涉及七例束发，是第四层级的主流。第四层级中，第 7 窟西侧第二例供养菩萨胸前有双龙胸饰，反向呼应着上一层级的特征。

诸菩萨造像服饰层级分明又相互关联，进一步说明所在空间的统一意图，强化双窟上、下空间意义的差异。第 7 窟交脚菩萨像、半跏思惟像与相邻空间造像的组合，标志着虚空会为代表的神圣空间的存在。需要说明的是，以某一壁面或相邻壁面为单位，类似第 7 窟北壁"二佛并坐+交脚菩萨"的造像组合应强调法华经虚空会的特殊情景。但以双窟为单位，类似于第 7、8 窟北壁上层主像所构成的"倚坐佛+交脚菩萨"造像组合，仍应视为弥勒净土的象征。下一节，将以第 9、10 窟为例，说明禅观思想影响下某一具体图像如何在双窟不同空间单元内呈现着不同的内涵。胁侍菩萨立像集中分布在上层空间的下沿，承担着供养、礼拜与听闻佛法（教化）的使命，也是接引信徒往生弥勒净土的使者。后一种意义显然与北壁半跏思惟像、明窗两侧胁侍菩萨像是一致的。南壁供养菩萨造像龛的相对高度位于东、西与南侧壁面的第三、四层之间，实际上贯穿了双窟上、下空间的分界线，能打破上、下空间的意义隔阂，说明神圣的净土世界与世俗世界之间存在着联系，服务于信徒对弥勒净土的崇拜与向往。

二　诸题材菩萨造像在双窟第三、四层横向空间中的逆时针走势

在阐明菩萨造像的布局如何服务于双窟纵向空间的意义建构之后，还须关注其横向的布局特征与意图。前文提及，第 7、8 窟在横向上凸显对称布局特征。但是观察东、西、南侧壁面第四层空间的菩萨头饰，珠冠、兽面冠与束发的组合方式并不遵循对称布局。另外，此空间内诸龛主尊的题材设置同样无法借助对称布局予以归纳。显然，双窟对称性观点会遮蔽某些现象的原初信息。为准确辨别菩萨图像的横向布局特征与意图，需先分析相关佛龛内主尊的布局特征。

观察东、西壁面四层的造像题材，如果将结跏趺坐的主尊理解为现世佛释迦，将交脚坐的主尊理解为未来佛弥勒，两者时间逻辑上的先后关系能在空间上转化为前后指向，即在第 7 窟自南向北、第 8 窟由北向南的指向。以相似思路分析北壁上层，第 7 窟题材能够反映弥勒上生思想，第 8 窟则为弥勒下生思想的反映，同样存在时间的先后逻辑，并可转化为自东向西的空间走势。将以上两种走势转化为下图（图 4-14）中的箭头，可见其中隐藏着逆时针走势。

逆时针走势同样能从东、西壁面第三层的造像题材方面窥见。因幡聪美指出："第 7 窟东壁、西壁或第 7 窟与第 8 窟共同的壁面等处均是'商主奉食图'与'某个佛传图'的组合形式"，并引用日

北	弥勒下生			弥勒上生		
西东	现世佛	⬇	现世佛	未来佛	⬆	未来佛
	未来佛		未来佛	现世佛		现世佛

图4-14　云冈第7、8窟东、西四层壁面造像题材逆时针趋势示意图

本学者冈村秀典与稻本泰生的观点说明，类似图像之所以强调商主奉食可能与昙靖编纂的《提谓波利经》有关。昙靖为昙曜的属下，根据商主奉食的故事编撰《提谓波利经》，涉及佛祖对二位商人的五戒十善等内容，旨在教化广大民众[1]。如将这种题材组合特征转化为一种空间关系（图4-15），同样可见逆时针的走势。另外，双窟窟顶藻井内飞天飞翔的朝向，除8窟东侧、东北角的三格之外，其他九格亦为逆时针走势。

北	释迦佛			释迦、多宝二佛并坐		
西东	损毁	⬇	商主奉食	夜叉出家	⬆	迦叶调服
	损毁		四天王奉钵	商主奉食		商主奉食

图4-15　云冈第7、8窟东、西三层壁面造像题材逆时针趋势示意图

第4层的现象建立在现世佛、未来佛的时间关系上，可能是对昙曜五窟中三世佛传统的继承。第3层的现象建立在"商主奉食图＋某个佛传图"组合基础上，凸显供养与皈依两个主题，应是依《提谓波利经》教化民众方式的体现。两个局部横向空间内的清晰意图，

---

〔1〕〔日〕因幡聪美：《关于云冈石窟第7、8窟中设计性的考察》，《石窟寺研究》第9辑，北京：科学出版社，2019年，第83页。

服从了《法华经》思想的指导。

"现世佛+未来佛"或"商主奉食图+某个佛传图"的组合在东、西壁四、三层是重复出现的，具体组合之间图像又有细微差异，且重复的组合依靠逆时针走势方能统一，这种现象恰恰彰显了《法华经》"开权显实、会三归一"的要义。"'权'即所谓'方便''权宜'之法，系指因为众生具有不同的根机，对于法义的堪受也存在差异，因而佛陀以种种权宜之法，如譬喻、语言等种种不同方式，引导初机众生，令其入于佛法之门，而走上修行解脱的道路。"[1]图像的重复象征佛陀在十方世界以种种权宜之法引导众生得解脱之道。逆时针走势能暗含开除执着之意，督促观者不执着于某一具体图像。逆时针自身的统一性，符合《法华经·方便品》所述的"如来但以一佛乘故，为众生说法，无有余乘，若二若三"[2]的一佛乘思想，以成"显实"之意。

另外，依《法华经·见宝塔品》所记多宝佛大愿，"若我宝塔为听法华经故出于诸佛前时，其有欲以我身示四众者，彼佛分身诸佛，在于十方世界说法，尽还集一处，然后我身乃出现耳"[3]，象征多宝佛的二佛并坐造像位于第7窟北壁，为逆时针起始的主壁，证明多宝佛身已现。在此语境中，东、西壁面重复出现的造像组合能理解为"彼佛分身诸佛，在于十方世界说法"，逆时针走势可理解为"尽还集一处"，以符得见多宝佛的因缘。

诸菩萨像的装束布局同样吻合了相关意图（图4-16）。东、西壁面四层多数胁侍菩萨戴珠冠，仅在双窟相邻壁面北侧一对佛龛内出现了束发。南壁四层的八尊胁侍菩萨，除最西例损毁，临西四例为兽面冠，靠东三尊为束发。相关束发、兽面冠的布局能够顺应逆时针走势，进一步加强了双窟的联系。束发作为临近北侧壁面的案

---

〔1〕 王彬译注：《法华经》，北京：中华书局，2010年，第3页。

〔2〕 〔后秦〕鸠摩罗什译：《妙法莲华经》，《大正藏》第9册，第7页。

〔3〕 同上，第32页。

例，承担北端自第7窟向第8窟走势的连贯。兽面冠作为南壁上的案例，承担南端自第8窟向第7窟的逆时针走势。此外，第7窟南壁4层最西侧的胁侍菩萨（图4-10，框内），是唯一一尊戴兽面冠且庄严短璎珞、双龙胸饰的造像，此特征明显融合了自身东、西侧的图像元素，进一步说明逆时针设计意图的合理性。

北	倚坐佛佛髻（下生成佛）			交脚菩萨化佛冠（未来成佛）		
西东	损毁 / 损毁	↓	束发/束发 ⇐ 珠冠/珠冠	束发/束发 珠冠/珠冠	↑	珠冠/珠冠 珠冠/珠冠
	损毁 / 损毁					
南	损毁 / 兽面	--	兽面/兽面 ⇒	兽面/束发	--	束发/束发

图4-16 云冈第7、8窟东、西、南四层壁面菩萨头饰的逆时针布局示意图

云冈石窟第7、8窟的双窟形制与大量对称布局现象，会让人联系到北魏孝文帝与冯太后二圣临朝的特殊历史背景。考虑到云冈石窟与皇室的密切关联，强调二圣的影响显然是归纳双窟空间内涵的重要方向。但是，尽量回归到营建行为本身，其具体设计、实施并非皇室的亲力亲为，而是需要通过熟悉营造业务的代理人来完成具体工作。类似于昙曜、钳耳庆等善于组织营建的高僧、宠臣的想法，便会影响石窟的最终面貌。当然更不能忽视工匠群体的影响，他们作为实际雕凿者会更直接涉及绶带、双龙胸饰、兽面、仰月等图像如何使用的问题。此外，平城作为相关时期北魏的政治、经济、文化、军事中心，强大的凝聚力使不同地缘背景的图像能在此集聚，成为佛教美术发展的基础。以上背景说明第7、8窟的设计者，可能会综合考虑皇家、高僧、工匠乃至不断集聚至平城的信徒等群体的

想法，以自身的宗教思想将复杂意图凝为一体，在双窟空间内构建起复杂的图像世界。

聚焦双窟菩萨图像，身姿、装束特征的丰富性，使其成为了解双窟空间复杂内涵的窗口。整体而言，双窟菩萨造像的空间布局服务于往生弥勒净土思想的需要。位于北壁上层的倚坐佛、交脚菩萨标志着弥勒净土的存在，并在南壁两侧多次设置交脚菩萨像以强化这一主旨。在此基础上，胁侍菩萨像集中布置在石窟上层空间的下沿，在礼拜、供养、听闻佛法的同时，方便接引信徒往生兜率天。另外，北壁"二佛并坐+结跏趺坐佛+交脚菩萨+倚坐佛"的造像组合，以及在窟内上、下空间结合处存在的逆时针布局特征，都反映了《法华经》思想的主导作用。双窟内菩萨图像及其空间布局，是力图证明信奉《法华经》者死后往生兜率天聆听弥勒说法，并在未来弥勒下生成佛时伴其降生人间的因缘。

当然，相关图像的逆时针组织特征可能违背了佛教信徒右旋观像的传统。针对这一问题，笔者有以下三点猜测，仅供指正。

第一，因第7、8窟前室损毁严重，本节仅讨论了后室的图像组织，相关的逆时针特征分析仅能视为后室装饰组织统一性的证明，并非双窟中信徒观像仪轨的复原。

第二，第7、8窟作为云冈第二期工程的早期案例，设计语言上具备一定的探索性，在稍晚营建的第9、10窟中能够发现设计规划更为系统。

第三，石窟装饰是一种复杂的符号性表达，用以引导信徒深入禅修，而非直观的视觉艺术。在禅观思想的影响下，图像的组织并非遵循纯粹的视觉感知规律或单一的线性叙事原则，而是利用了石窟内平面与立体空间的相互影响构建复杂的图像叙事逻辑，强调在石窟中观想修行的复杂性与神秘性。

下一节，将以第9、10窟为例，尝试结合禅观思想分析其装饰图像的组织特征，从而更深入地理解云冈石窟的艺术和宗教背景。

第三节 云冈石窟第 9、10 窟
图像组织及其意义

本节将讨论云冈石窟第 9、10 窟的壁面图像是如何被组织起来的。具体思路，是对照《妙法莲华经》，结合空间内观读路径的还原，展现图像组织的方法、层次、秩序及其意义。主要观点，第 9、10 窟的图像构成基于法华经思想的主导，并依禅观法门，巧妙利用了石窟内平面与立体空间的相互影响，建构出服务于双窟、单室、分层三种空间层次的法华、虚空会+弥勒净土以及基础图层的三种图像组合层次。其中弥勒图像是枢纽，被布置在三个空间层次的交叉位置实现一图多意，以弥勒决疑、弥勒持护法华、弥勒授记成佛、弥勒净土等主题拼接诸图像组合的繁杂意义，并传达法华经奉持者终将往生弥勒净土的思想。

一 图像的组织特征与空间层次

1. 图像的组织特征

第 9、10 窟同样是云冈石窟第二期的一组双窟（图 4-17），一般认作北魏孝文帝时期开凿。相比第一期昙曜五窟流行的草庐形大像窟，第二期组窟的建筑形制、造像内容均有差异，并加强了次要壁面的图像经营。诸如多条跨壁装饰的莲瓣纹饰带（图 4-18），类似于栏，将大量造像龛分层分段组织起来。为方便本节叙述，用图像专指造像龛一级的装饰内容。

分层分段只是图像的基础组织方法，在第二期石窟中存在更复杂的组织特征。其征兆，如双窟中轴线两侧的图像多呈现内容的重复或相对特征。通过模拟人在相关窟室空间内的观像行为，我们可

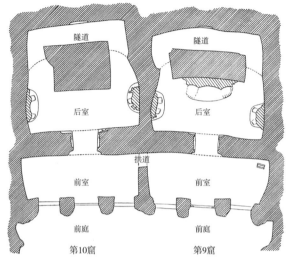

图 4-17　云冈第 9、10 窟平面示意图
采自《云冈石窟》第 7 卷 Fig.9，标识改绘

图 4-18　云冈第 9 窟前室壁面的莲瓣纹饰带
采自《云冈石窟》第 6 卷 PLATE11，改增标识线

以更好地发现隐藏在类似图像布局特征背后的复杂组织线索。石窟中的图像以壁面为载体，旨在供人观看和体验。在观看的过程中，分层分段的图像可理解成视频中的帧，所见内容能以图像流的形式被体验，让意义的传达脱离单一图像的限制，在图像的组合间呈现各层图像流的意义，再在诸图像流的组合间共同表述石窟的整体意义。这种复杂的图像组织方式能突破单一图像意义的限制，强调石窟装饰与空间的整体性和综合性，使信徒更深入地感知、理解其传达的信息和思想。

对持有特殊意图的设计者而言，最初的观看行为应建构于虚拟的视觉想象中，然后再落实到实际工程中。在这一过程中，视觉想象所观照的内容来自宗教诉求，而观照方式则必须考虑宗教仪轨和石窟可供观者活动的空间。以上条件为还原石窟图像的组织意图提供了可能。必须指出的是，类似思路是将造像龛理解成平面化的壁像（画），并会忽视单一图像的细节或特殊意义。例如，如果力图判定第10窟前室东壁下层龛的题材是罗睺罗授记还是定光佛授记时，此种逻辑并没有任何帮助，而是仅能将其解读为一般的授记图像。

石窟建筑空间的立体性让视线进入不同窟室、壁面、分层，存在着视野聚散与时间先后的问题。下文将优先厘清图像组织的空间层次，明确视线会以何种方式聚焦到每段分层，再讨论图序的问题。

2. 图像组织的三种空间层次

前文援引李静杰等学者的研究已明确指出，云冈第9、10窟等二期工程的图像构成强调了法华经思想的主导地位，是以"跏趺坐佛+二佛并坐+交脚菩萨+倚坐佛（或交脚佛）"这一法华图像组合为核心构建的石窟装饰体系。

如表4-1所示，云冈第二期各窟法华图像组合的配置与布局略有不同。第9、10窟的后室主像可以被纳入组合考虑。其中，第9窟为倚坐佛主像；第10窟主尊坐像风蚀严重，根据胁侍的半跏菩萨像推测，主像原本可能是交脚菩萨像。第9、10窟法华图像组合的其他内容，则位于前室北壁的两侧。如图4-19，第9窟前室壁面两侧各设置一组上下布局的二佛并坐、交脚菩萨造像龛，而在第 10 窟的同样位置是二佛并坐、倚坐佛的像龛组合。相较于第 7、8 窟，位于第 9、10 窟中轴位置的法华图像组合缺少了同等规模的跏趺坐佛龛，但其布局的范围扩大至前后室空间。第 12 窟法华图像组合的规模则呈现缩小的趋势，仅涉及前室的东、西壁。第 6 窟中，法华经图像组合集中在中心柱的下层（图 4-20）。

表 4-1　云冈第二期石窟法华图像组合的主要案例统计表

石窟		题材	标识	壁面		层/位
第 7、8 窟	第 7 窟	二佛并坐	F	后室北壁		下层
		交脚菩萨	M			上层
	第 8 窟	跏趺坐佛	F	后室北壁		下层
		倚坐佛	M			上层
第 9、10 窟	第 9 窟	倚坐佛	M	后室北壁		主像
		二佛并坐×2	F	前室北壁两侧		上层
		交脚菩萨×2	M			中层
	第 10 窟	交脚菩萨?	M	后室北壁		主像
		二佛并坐×2	F	前室北壁两侧		上层
		倚坐佛×2	M			中层
第 12 窟		跏趺坐佛	F	前室西壁		下层
		交脚佛	M			上层
		二佛并坐	F	前室东壁		下层
		交脚菩萨	M			上层
第 6 窟		跏趺坐佛	F	中心柱（下层）	南	主像
		倚坐佛	M		西	
		二佛并坐	F		北	
		交脚菩萨	M		东	

图 4-19　云冈第 9、10 窟的前景

采自《云冈石窟》第 6 卷 PLAN Ⅲ，改增标识

图 4-20　云冈第 6 窟中心柱的法华图像组合

根据《云冈石窟》第 3 卷 PLAN Ⅳ 至 PLAN Ⅶ，改增标识

法华图像组合的构成内容，两两搭配有清晰的组合规律。在表 4-1、图 4-1、图 4-19 和图 4-20，以 F 标识跏趺坐佛、二佛并坐，以 M 标识交脚菩萨、倚坐佛（或交脚佛）。可发现，双窟中每组 F 或 M 被平行布置在双窟的北壁（第 7、8 窟；第 9、10 窟）；单窟中每组 F 或 M 对向布置在东、西两壁（第 12 窟）；中心柱上，每组 F 或 M 对向布置在相远壁面（第 6 窟）。说明，法华图像组合的布局是面向最大单元空间层次的，是最为核心空间层次的图像组合。

继续分析法华图像组合构成内容的搭配与再组合情况。在同一壁面上，主要的构成内容仅以"跏趺坐佛+倚坐佛（或交脚佛）"或"二佛并坐+交脚菩萨"的形式出现。关于前者，第7、8窟后室的东、西壁面也存在"跏趺坐佛+交脚佛"的组合现象。类似的造像组合能够以现世佛释迦与未来佛弥勒的相邻，强调佛法的传承有序。在第9、10窟的前、后室北壁上，并没有出现"跏趺坐佛+倚坐佛"的组合现象。这可能是因为在相邻的空间内已经存在了具有重复意义的图像内容，这一点将在本节的第二部分中另行说明。

关于"二佛并坐+交脚菩萨"的造像组合，第一节已经通过交脚菩萨像的缯带分析，说明它可以被视为虚空会圣相的象征。如果我们站在第9窟前室北壁前观看，将两侧的"二佛并坐+交脚菩萨"理解为虚空会圣相应是合理的。下文，将这种组合称为虚空会组合。由于统一设计意图的影响，第10窟前室北壁上的"二佛并坐+倚坐佛"同样可以被理解为虚空会组合，与第9窟平行布局的内容一起，展示了弥勒见证的虚空会圣相。结合二佛并坐有象征法华经的存在和真实的意义，相邻的交脚菩萨、倚坐佛可以被理解为弥勒对法华经的持护和弘通。

3. 图像组合的层次关系与主要内容的观读特征

结合以上分析，第9、10窟的法华图像组合可转换为前室北壁平行布局的"'二佛并坐、交脚菩萨'+'二佛并坐、倚坐佛'"组合，和后室北壁平行布局的"倚坐佛+交脚菩萨"组合。据各自意义，前室例可假名为虚空会组合，后室例可称为弥勒净土组合。各组的意义是以各自窟室的主壁为单元呈现，并统摄单室，可视为图像组合的骨干层次。

在双窟的整体空间中，法华图像组合作为核心层次承担了主旨思想的传达任务；在各个窟室内，虚空会和弥勒净土组合作为骨干层次构建了用以服务主旨思想的子主题，并传递更为丰富的内涵；而在壁层的空间中，基础层次的各种图像进一步以相关题材传达信息，并服务于骨干层次子主题的传达。李静杰指出法华经性质的美术能"借用大量原属于小乘佛教美术的本生图、因缘图、佛传图……用于表达法华经所宣扬的，释迦佛以种种因缘譬喻言辞，把小乘信徒引向大乘成佛之路的一乘佛思想"[1]，揭示了骨干层次组合的存在价值，即通过借用小乘佛教美术的图像传统来弘扬法华经思想。

这种功能的实现，依赖于不同层次图像或图像组合意义传达方式的差异。法华图像组合由于墙体的物理分割无法以视觉直观的方式去观读，只能通过抽象思惟去观想，其组合的意义传达是超验的。而骨干层次的图像组合，其意义的传达兼具着超验性和经验性。例如，同一壁上的"二佛并坐+交脚菩萨"或"二佛并坐+倚坐佛"组合可以通过视觉直观方式去理解，但双窟前室中完整的虚空会组合——"'二佛并坐、交脚菩萨'+'二佛并坐、倚坐佛'"，需要观想两个前室的内容。分布在两个后室中的"倚坐佛+交脚菩萨"弥勒净土组合，则更明确地需要用超验性的方式予以理解。至于诸分层中的图像，普遍适用于视觉直观去领会其内涵，但也存在着需要超验的同时思惟左、右或前、后壁面内容的情况。

实际上，石窟建成后，其装饰意义的传达需要依赖视觉直观，然后再由纯经验性的观像感知向更加超验性的思惟冥想递进。在前文中，当讨论克孜尔石窟第38窟半跏思惟菩萨像的功能时，试图阐释的正是对这种转变的引导。第9、10窟的图像组织在骨干层次有三种特征，恰恰也能够服务于类似传达方式的递进：

第一，骨干层次的构成内容均跨层布局。虚空会的图像组合是上、下跨层的；弥勒净土组合的主像，均是后室北壁的巨大造像，其身量均能跨次壁数层。观看这些图像时，可以选择将其视为一个独立个体，也可以将其纳入逐层观像的路径。另外，由于分割着上下壁层的纹饰带多横向连贯穿越着数个壁面（即图层是跨壁设置的），所以相关图像能够发挥连贯双窟、单室、壁面、分层诸空间层次的纽带作用。

---

〔1〕 李静杰：《北朝隋代佛教图像反映的经典思想》，《民族艺术》2008年第2期，第101页。

第二，骨干层次的构成内容会被优先观读。石窟的墙体会遮蔽视线，造成空间的分割，门、窗则会以相反特征建立空间的递进。第9、10窟各自空间被分割成前庭、前室与后室。各前室南壁凿出两根八棱柱形成的三开间窟门（图4-19），让前庭与前室空间保持着半开放状态。自前庭向内望去，棱柱南面部分的暴露前室虚空会组合，甚至透过窟门、明窗还能见到后室弥勒净土组合的内容。进入各室，这些主壁上显眼的图像也是被优先看的，在逐层观像前指明主题。

第三，骨干层次的构成内容重复可见。被优先观读的骨干层次图像内容，在逐层观读时会被再次触及。如观者在前室率先体验虚空会景象后，沿层观看时也不会理性遮蔽掉已观见的四龛内容。类似图像的位置，导致其会被多次观读。

下文将结合《妙法莲华经》，逐室、逐层梳理图像的组织并阐释其意义。

二　前室递进式的观读路径与相关图像组合意义的阐释

借表4-2、图4-21模拟前室空间的观读路径，具体内容以第9窟为主线。

观看始于八棱柱南面，是步骤A1。透过半开放的墙体，视线自然聚焦到前室的虚空会组合上，进入步骤A2。虚空会于《妙法莲华经》承上启下，将相关主题的图像布置在石窟中间位置，能被率先观看并实现经本、空间位序的统一。八棱柱北面有千佛图像，推测在表达多宝佛显身需以分身佛集聚，为虚空会的关键条件，可视为虚空会组合的关联内容。其观读也应在步骤A2，暗示着宗教行为的超验性特征。

其后是沿层观读的步骤A3—A5。由外向内梳理图像，能发现三个特点：第一，诸层内容左右镜像；第二，诸层内容的演进符合法华

表4-2 云冈第9、10窟前室图像的观读路径与组合演示表

步骤/视野	位置		第9窟 A2影像	第10窟 A2影像
A1	八棱柱南面		损毁	
	八棱柱缝隙		损毁	
A2	北壁上层		二佛并坐	二佛并坐
	北壁中层		交脚菩萨	倚坐佛
A3/下层	南壁	东	二佛并坐	二佛并坐
		或 西	交脚菩萨	倚坐佛
	东西壁	东	损毁	损毁
		或 西	损毁	损毁
	北壁	东	损毁	天女生天因缘 ／ 定光佛授记本生
		或 西	睒子本生	不明
	窟门	东	故事图	故事图
		或 西	睒子本生	故事图
	后室主像局部		倚坐佛	交脚菩萨

步骤/视野	位置		第9窟		第10窟	
A4/中层	南壁	东	须弥山残痕		损毁	
		或西	须弥山残痕		须弥山残痕	
	东西壁	东	踟趺坐佛	踟趺坐佛	踟趺坐佛	立佛授记
		或西	踟趺坐佛	踟趺坐佛（摩顶授记）	踟趺坐佛	立佛
	北壁	**东**	**交脚菩萨**		**倚坐佛**	
		或西	**交脚菩萨**		**倚坐佛**	
	窟门上沿	本体	天宫		须弥山	
		遮蔽后室的内容	**倚坐佛**		**交脚菩萨**	

135

步骤/视野	位置		第9窟		第10窟	
A5/上层 ↓	南壁	东	立佛与合掌童子等		残存一屋	
		或				
		西	残存一屋		残存飞天	
	东西壁	东	交脚菩萨		交脚佛	
		或				
		西	交脚佛		交脚菩萨	
	北壁	东	**二佛并坐**		**二佛并坐**	
		或				
		西	**二佛并坐**		**二佛并坐**	
	明窗	东侧	波斯仙人	婆罗门仙人	供养菩萨	供养菩萨
		西侧				
	后室的局部		**倚坐佛**		**交脚菩萨**	

说明：表中加粗并设置下划线标识的内容，是被重复观读的内容。

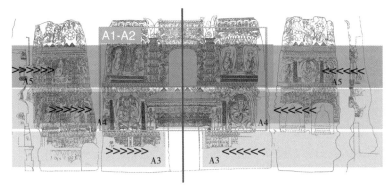

图 4-21　云冈第 9 窟前室图像观读路径演示图
采自《云冈石窟》第 6 卷 PLAN Ⅳ，改增标识

经的品序递进；第三，自下而上，逐层间的内容有递增关系。以上
特点为其他路径所不具备，故笔者假定逐层观看起于南壁东、西两
侧，终于北壁的中轴位置。至于会超验性地同时观想左、右两侧内
容，或是经验感知某一侧内容，涉及观像修行的阶段问题，因图像
左右镜像无碍于接下来的观察。为方便，以东侧为主线。

　　步骤 A3—A5 代表的是自下而上、由外向内、左右镜像的三组图
像流。步骤 A3 涉及的下层仅残存部分故事图像，题材可辨者有第 9
窟西壁睒子本生，第 10 窟东壁天女生天因缘、定光佛授记。李静杰
指出此例定光佛授记与标准图像存有差异，"应视为一般意义的授记
图像"，其原因是"在法华经中没有记述授记的具体情形，将法华经
授记思想图像化，借助传统的授记图像或加以改造"。另引其论，
"睒子本生与天女生天因缘可以归入六波罗蜜的忍辱行，推测为表述
法华经忍辱牺牲思想"[1]，应是该层内容力图传达的信息。步骤 A3
末端是窟门，隐现后室倚坐佛（或交脚菩萨）底部。

　　步骤 A4，视线移至中层。南壁东、西侧仅残存部分须弥山痕

---

　　〔1〕 李静杰：《关于云冈第九、第十窟的图像构成》，收录于中山大学艺术史研
究中心编：《艺术史研究》第 10 辑，广州：中山大学出版社，2008 年，第 337、338、
340 页。

迹。其后观东或西壁，第9窟为两龛跏趺坐佛，第10窟为跏趺坐佛、立佛龛。其中，第9窟西壁、第10窟东壁的北例可明确为授记题材。至北壁，虚空会组合中的交脚菩萨或倚坐佛再次现身。成组布置的交脚菩萨或倚坐佛龛之间，雕有天宫或须弥山，象征着弥勒上生或下生的净土世界，并遮蔽着后室同系列内容的相反题材。《妙法莲华经》的授记内容集中在《授记品》至《法师品》，为虚空会前。该层图像内容与经品顺序一致，并再次在终点可观见弥勒的净土。

步骤 A5，视线在上层。南壁东侧有立佛、合掌童子表现的授记内容。之后第9窟东、西壁面分别是交脚菩萨、交脚佛龛（第10窟反之）。至北壁，是二佛并坐龛、明窗。透过明窗，能见后室主尊。在第7—8窟、第9—10窟、第13窟中，倚坐佛、交脚菩萨会被平行布置在双窟的北壁，交脚佛、交脚菩萨则对向布置在单室东、西壁。与步骤4比较，此处重复了授记、弥勒等题材，递增了二佛并坐与明窗两侧的梵志或供养菩萨。

如果仅将第9窟明窗两侧的图像视为外道梵志，其与第10窟平行位置供养菩萨间的组合意义就较难明确。考虑梵志的身姿，推测其用意应强调对佛法的皈依与弘通。如作此想，梵志与供养菩萨的组合可理解为他化菩萨与本化菩萨誓愿弘通法华。《从地踊出品》记："他方国土诸来菩萨摩诃萨（他化菩萨）……白佛言：'世尊，若听我等，于佛灭后，在此娑婆世界勤加精进，护持、读诵、书写、供养是经典者，当于此土而广说之。'"释迦告止，说："我娑婆世界自有六万恒河沙等菩萨摩诃萨（本化菩萨）……能于我灭后护持读诵广说此经。"情形与明窗侧图像组合的面貌相似。

步骤5其他内容与《从地踊出品》也存在关联。东、西壁的内容，是交脚菩萨胁侍二思惟菩萨或交脚佛胁侍二立菩萨。其中，思惟菩萨能象征弥勒在法华经会的请问决疑。《序品》有弥勒念："今者世尊现神变相，以何因缘而……欲自决疑"；《从地踊出品》记弥勒念："如是大菩萨摩诃萨众从地踊出住世尊前……欲自决所疑"；后又疑于"世尊于少时间教化如是无量无边阿僧祇诸大菩萨"而拜问。另外，"菩萨摩诃萨名曰弥勒，释迦牟尼佛之所授记，次后作佛"[1]的弥勒授记证言，恰在前两例引文之间。如此，授记、交脚菩萨、交脚佛、思惟菩萨、外道梵志、供养菩萨与二佛并坐同层布置，契合《从地踊出品》的情节，能象征虚空会中的弥勒决疑、弥勒授记及他化菩萨、本化菩萨护持法华经等内容。

相关交脚菩萨并未装饰缯带，其原因是未满足与二佛并坐同壁的规制。另外，或因 A4、A5 层的内容能明确传达佛法传承等思想，与法华图像组合的子组合"跏趺坐佛+倚坐佛"的意义重复，导致第 9、10 窟北壁并未开设跏趺坐佛龛。

视线向上是窟顶，内雕飞天、力士的面向符合从外向内、左右镜像的特征，能为路径的假设提供支撑。

三 后室右旋式的观读路径与相关图像 组合意义的阐释

视线投入后室，借表 4-3、图 4-22 模拟观读。后室壁面图像的布局是非对称的。结合主像身后凿有隧道的情况，相关图像的组织应服务于右旋礼拜。

第 9 窟东壁、第 10 窟西壁的图像多无法辨识，导致每一层的观读都缺失信息，但仍有两点明显特征。见图 4-23，两个后室东、南、西壁的中层造像龛，有盝顶、屋檐顶两型。第一种特征，是相邻龛龛形不重复，即诸层均呈"盝顶龛+屋檐顶龛"的组合面貌。第二种特征，是相邻龛表达的思想不重复。

以第 9 窟后室为例，观者率先观见主像及其胁侍，即步骤 B1。随后沿层观像，以南壁西侧、西壁、东壁、南壁东侧为序。

步骤 B2，底层图像均损坏。步骤 B3，中下层，依次可见鬼子母夫妻皈依佛、交脚弥勒胁侍供养众、不明、比丘与菩萨供养，表达

---

[1]〔后秦〕鸠摩罗什译：《妙法莲华经》，《大正藏》第 9 册，第 39、2、40、41 页。

表 4-3 云冈石窟后室图像的观读路径与组合演示表

步骤	位置	层	第9窟				第10窟			
B1	主像		倚坐佛				交脚菩萨?			
位置			南壁西	西壁	东壁	南壁东	南壁西	西壁	东壁	南壁东
B2		下	不明	不明	不明	不明	不明	不明	不明	不明
B3	壁面	中下	鬼子母夫妻皈依	*弥勒菩萨(供养?)*	不明?	*比丘与菩萨供养*	行普贤行?	不明	*供养父母*	
B4		中上	*菩萨合掌供养*	不明	妙庄严王本生(皈依)		*菩萨供养*	不明	五百弟子授记	*菩萨供养*
B5		上	尼乾子皈依佛与比舍佉因缘	*须达长者妇供养*	不明	*五菩萨伞盖供养*	降魔(皈依)	不明	说法佛	*比丘与菩萨供养*
B1	主像		倚坐佛				交脚菩萨?			

注：表内文字灰底色表示皈依题材，斜体加下划线表示供养题材

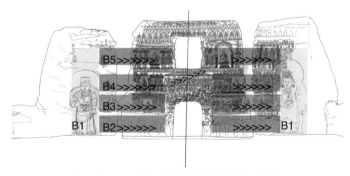

图 4-22 云冈第9窟后室图像观读路径演示图
采自《云冈石窟》第6卷 PLAN Ⅻ 至 PLAN ⅩⅣ，改增标识

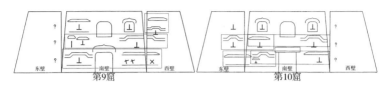

图 4-23 云冈第 9、10 窟后室壁面龛形特征分析图

根据《云冈石窟》第 7 卷 Fig. 27，改增标识

的思想是皈依+供养+不明+供养。步骤 B4，中上层，依次可见菩萨合掌供养、不明、妙庄严王本生，内容主题为供养+不明+皈依。步骤 B5，上层，依次是尼乾子皈依佛与比舍佉因缘、须达长者妇供养、不明、五菩萨伞盖供养，可视为皈依+供养+不明+供养的组合。诸层图像传达的意义，可归纳为"供养+皈依"的组合。

诸层间的主题衔接有序。如 B3、B4 相接处均为供养，B4、B5衔接处均强调皈依，能方便右旋时视线上移。第 10 窟后室内容更复杂，因信息缺失难以详细梳理，但基本特征相似。南壁中轴处的图像则属于主像的对向工程，纳入 B1 观读。

《普贤菩萨劝发品》对弥勒净土的强调，让观读最终会回归后室的主尊佛。但右绕的过程中，两例主像是否可能被反复观读？即步骤 B1 是否应重复剪辑到 B2—B4 的始末。依《序品》妙光菩萨因缘，推测观读应是重复的。

文殊菩萨说："是时日月灯明佛从三昧起，因妙光菩萨说大乘经，名妙法莲华……（妙光菩萨）八百弟子中，有一人号曰求名，贪著利养，虽复读诵众经，而不通利……弥勒当知，尔时妙光菩萨……我身是也；求名菩萨，汝身是也。今见此瑞、与本无异"[1]。尔时求名贪著利养，复读众经仍多所忘失；今时弥勒菩萨身心不动，听释迦说法；未来弥勒授记成佛，弘通法华。类似思路或将弥勒作为信徒累世修行的楷模，其图像被反复观读能表累世之缘。

---

〔1〕〔后秦〕鸠摩罗什译：《妙法莲华经》，《大正藏》第 9 册，第 4 页。

四　禅观对第 9、10 窟图像组织的影响

第 9、10 窟图像的组织面貌，应是复杂营造背景与流行禅观思想综合影响的产物。云冈第二期石窟的营建背景复杂，如存在昙曜、钳耳庆的权力更替问题。石松日奈子提出："武州山石窟寺的变化，可能是以昙曜这个领导人物的下台为契机。"[1]聚焦第 9、10 窟，宿白根据《大金西京武州山重修大石窟寺碑》，结合窟室规模、风格比较，推测是钳耳庆主持的崇教寺[2]；石松日奈子则根据因缘图内容均见于《杂宝藏经》，以及胡服供养人像等，提出与昙曜相关[3]。

在主持人存疑的情况下，可否优先考虑当时流行宗教思想的影响呢？北魏冯太后、孝文帝，或昙曜、钳耳庆，乃至历次迁徙至平城的势力，皈依机缘、思想底蕴、功能诉求与视觉印象存在着巨大差异，都可能影响到石窟的设计。但北魏都平城时期，此地作为文化集聚中心，必然存在某种主流思想，能调和不同主体的差异，实现了求同存异。禅观思想或是此种力量。

前文曾援引宿白观点："北魏佛教特重禅法……第一期石窟中的三世佛、释迦、弥勒和千佛，又都是一般习禅僧人谛观的主要形象。"[4]刘慧达指出北魏"修造石窟的目的，除了像一般所讲的是为了进行礼拜、供养等宗教仪式和修福田、修功德，乃至一些个人的造像愿望和要求以外，修禅很可能也是僧人造窟的重要目的之一"[5]。

《五门禅经要用法》说，"若行人有善心已来，未念佛三昧者，

---

〔1〕［日］石松日奈子：《北魏佛教造像史研究》，北京：文物出版社，2012 年，第 114 页。

〔2〕宿白：《中国石窟寺研究》，北京：文物出版社，1996 年，第 61 页。

〔3〕同〔1〕，第 110、111 页。

〔4〕同〔2〕，第 78 页。

〔5〕刘慧达：《北魏石窟与禅》，《考古学报》1978 年第 3 期，第 337 页。

教令一心观佛"〔1〕，观像如同见佛。禅观有"谛观""心眼观"等概念。《坐禅三昧经》说："若初习行人，将至佛像所，或教令自往谛观佛像相好。相相明了，一心取持还至静处，心眼观佛像，令意不转系念在像不令他念，他念摄之令常在像。"并"是时便得心眼见佛像相光明，如眼所见无有异也"〔2〕。《思惟略要法》有"观好像""相谛取""闭目思惟""心目观察""心住相"等内容。"观佛三昧法"说"人之自信无过于眼，当观好像便如真佛"；再"如是相相谛取还于静处，闭目思惟系心在像不令他念"；次进"心目观察如意得见"；乃至"心住相者，坐卧行步常得见佛"。到"法华三昧观法"才能"当念释迦牟尼佛于耆阇崛山与多宝佛在七宝塔共坐"，且"普贤菩萨乘六牙白象来至其所"〔3〕。最后内容将观照的对象指向虚空会，并支撑第9窟明窗内壁西侧普贤图像的空间意义。

综上，禅观思想可能是第9、10窟的重要设计依据，"谛观""心眼观"等概念也为诸图像在基础、骨干、核心不同组合层次中以经验或超验性认知传达信息提供了依据。类似的意义传达行为，宿白的描述可谓生动：各种禅僧"着魔般地按规定顺序，就窟龛观看各种石像，然后分布于水边、树下、崖间、龛内等幽静之处，打坐苦忆所观的形象，如果苦忆不出，就要一遍一遍地再度入窟就龛观像坐禅，实在解决不了，就得请求弥勒决疑"〔4〕。本节所阐释的恰是其中"规定顺序"的观看、"苦忆"的形象及弥勒的作用。

小　结

法华经思想与弥勒信仰的紧密结合，主导了云冈第二期石窟中

---

〔1〕〔南朝宋〕昙摩蜜多译：《五门禅经要用法》，《大正藏》第15册，第325页。

〔2〕〔后秦〕鸠摩罗什译：《坐禅三昧经》，《大正藏》第15册，第276页。

〔3〕〔后秦〕鸠摩罗什译：《思惟略要法》，《大正藏》第15册，第299、300页。

〔4〕宿白：《中国石窟寺研究》，北京：文物出版社，1996年，第84页。

菩萨造像以及其他装饰内容的设计构思，并塑造了严密且复杂的秩序体系。

在云冈第二期石窟的中轴线以及主要壁面等核心区域，出现了跏趺坐佛、二佛并坐、交脚菩萨、倚坐佛（或交脚佛）的固定组合，隐喻着法华经信奉者死后能往生兜率天净土聆听弥勒说法，未来随弥勒下生人间的功德允诺。其中，同壁反复出现的"二佛并坐+交脚菩萨"组合，实际上是对法华经虚空会景象的生动想象。而与交脚菩萨缯带相关的象征意义也不再局限于展现弥勒菩萨在兜率天的情景，其已成为虚空会这一独特时刻的象征，反映了石窟的营造者对经典细节的深刻理解和熟悉程度。这种图像组合现象流行于云冈第7—8窟、第9—10窟、第13窟，而在第11、12窟趋于程式化和符号化，但在第6窟的中心柱仍有延续。

第7、8窟中的菩萨图像因其身姿、装束特征的丰富性，成为了解双窟空间复杂内涵的关键。整体而言，双窟菩萨造像的空间布局服务于往生弥勒净土思想的需要。位于北壁上层的倚坐佛、交脚菩萨象征着弥勒净土的存在，并在南壁两侧多次设置交脚菩萨像以强化这一主旨。在此基础上，胁侍菩萨像集中布置在石窟上层空间的下沿，在表达礼拜、供养、听闻佛法等意义的同时，还反映了方便接引信徒往生兜率天的设计意图。另外，北壁"二佛并坐+结跏趺坐佛+交脚菩萨+倚坐佛"的造像组合，以及在窟内上、下空间结合处存在的逆时针布局特征，都反映着法华经思想的主导作用。双窟内菩萨图像及其空间布局，是力图证明信奉法华经者将死后往生兜率天聆听弥勒说法，并在未来弥勒下生成佛时伴其降生人间的因缘。其中，位于主龛两侧作为胁侍的半跏思惟菩萨与交脚菩萨同层布局，应视为弥勒决疑思想的表现。

第9、10窟中倚坐佛、交脚佛、交脚菩萨像的布局，则更清晰地展现了弥勒累世修行、弘通法华的神圣事迹，是以弥勒菩萨为榜样为信徒信持法华提供的楷模，更是僧人修禅的方便法门。依禅观法门还原第9、10窟内的观像行为，能发现其图像组织的设计有效利用了图层、单室、双窟的空间层次关系，借助交脚菩萨、倚坐佛（或交脚佛）造像在不同层次组合关系中的意义能指，实现了弥勒图像在决疑、授记、护持、净土等意义中的有序转化，及在各个图像组织层次中的意义引导、连贯作用。依现实效果看，图像的组织在法华经思想的主导下，大量借用原属于小乘佛教美术的本生、因缘、佛传图像，并以弥勒的因缘为楷模构成观读路径中的主要线索，传达法华经奉持者终将往生弥勒净土的思想。

第五章 秩序的转向与"景明模式"的确立

北魏石窟菩萨造像的装束，经历了外来风格的集聚与褒衣博带式的转向，最终形成了独立的应用模式。以云冈二期石窟为代表，受法华思想与禅僧观像诉求的综合影响，菩萨装束具备了与特定情境的关联性，可视为独立服饰制度的萌生。孝文帝迁都洛阳之后，伴随着古阳洞、宾阳中洞等重大工程的实施，菩萨装束的意义转向与像主身份的关联，可视为其组织制度发展的第二阶段。这种新的组织秩序大致在景明年间（500—503 年）成形并影响了此后的东魏—北齐、西魏—北周石窟造像。本章将深入分析这一秩序的转向过程及其影响。

第一节　龙门石窟古阳洞交脚弥勒菩萨像的服饰演变

古阳洞交脚弥勒菩萨像的服饰可归为斜披络腋型、帔帛交叉型、璎珞交叉型、璎珞与帔帛复合型。梳理相关案例的营建次序，并与云冈第二期石窟的相似式样进行比较，能发现以上四种类型在北魏太和、景明年间是逻辑上的并行关系，并非递进替换关系，这是认知北魏石窟菩萨造像服饰等级秩序转向的重要窗口。

一　古阳洞的基本构成、营造背景及其交脚菩萨像的研究价值

古阳洞位于龙门西山南麓中部，是龙门石窟群开创的标志。该

窟由天然溶洞扩凿而成，坐西面东，呈纵长方形敞口面貌，高11.2、宽6.9、深13.7米。其壁面密布造像龛1300个[1]。西壁（正壁）高台上的三尊式主铺，与南北两壁上层至窟顶的大量像龛为早期作品。

古阳洞始建的确切时间学界尚存争议，大致有太和二年、太和七年、太和十二年、太和十七年或太和十九年之说[2]。存疑的主因，是《比丘慧成为亡父始平公造像记》《孙秋生等二百人造像记》《丘穆陵亮夫人尉迟造像记》的纪年处存在残破、脱落或空格现象。

尽管确切的始建时间尚待考证，但其早期营造活动与北魏孝文帝之间的紧密关系是清晰的。太和十七年（493年）孝文帝迁都洛阳，大量平城民众、僧徒和工匠随都俱迁，使洛阳成为北魏佛教艺术发展的中心，也深刻影响了古阳洞的造像。古阳洞西壁（正壁）主铺被推测是孝文帝为其祖母冯太后祈福所造。而造像题记表明，该窟南北壁早期像龛的龛主多为孝文帝的拥护者，有皇室宗亲、中央官吏、地方官员及高级僧侣。鉴于类似背景，本节讨论将沿用古阳洞于太和十七年（493年）始建说。

古阳洞是探究北魏佛教造像艺术发展的重要窗口，尤其是造像服饰方面——原本盛行于凉州、平城等地的装束样式彻底转向了褒衣博带的风格。值得注意的是，佛衣与菩萨服饰在古阳洞的转变并不同步。援引日本石松日奈子女士的结论，相关服样的变化顺序"为菩萨和供养人像在先，稍晚一点才是飞天和如来"[3]，这概括了服饰演变的复杂脉络。聚焦菩萨服饰，整体是从袒右肩的斜披络腋式变为宽大帔帛腹前交叉式，但具体的演变过程并不是连贯的，

---

〔1〕 刘景龙：《古阳洞龙门石窟第1443窟》（附册），北京：科学出版社，2001年，第94页。文中像龛编号均以该作为准。

〔2〕 王洁：《北魏孝文帝与龙门石窟古阳洞的雕造》，《考古与文物》2003年第1期，第39页。

〔3〕 〔日〕石松日奈子：《北魏佛教造像史研究》，北京：文物出版社，2012年，第147页。

甚至在北魏太和、景明年间仍然存在平城旧样的重新出现。这种现象应该与古阳洞早期造像活动的政治属性、组织方式与等级意识密切相关，能够成为深入讨论菩萨服饰文化的契机。

交脚弥勒菩萨像同样是古阳洞中的重要装饰题材，但其装饰定位与功能相较于前文所述云冈石窟诸例有着明显的差异，且这些服饰的演变线索可以作为揭示北魏石窟菩萨造像服饰等级秩序变化的有效研究对象。下文将系统梳理古阳洞交脚弥勒菩萨像的主要类型和演变脉络，并通过与云冈石窟相关案例的比较分析，阐释相关菩萨服饰等级秩序的转变与发展。

二 古阳洞交脚弥勒菩萨像的服饰 类型及其相互关系

1. 基本特征与主要类型

根据《古阳洞龙门石窟第1443窟》，梳理太和十九年（495年）至神龟三年（520年）有纪年题记的27例交脚弥勒菩萨像龛（表5-1），以便讨论。

表5-1 古阳洞北魏纪年交脚弥勒菩萨像信息统计表

序号	时间	名称	宝冠	缯带	胸饰
1	495年	长乐王丘穆陵亮夫人尉迟造弥勒像		平直	斜披络腋
2	498年	北海王元详造弥勒像		下垂	帔帛
3	498年	高楚造弥勒佛像		无	？
4	495—499年	司马解伯达造弥勒像	？	无	？
5	501年	云阳伯郑长猷为亡父等造像		无	？
6	502年	广川王祖母太妃侯造弥勒像		下垂	帔帛
7	502年	比丘惠感造弥勒像		无	双璎珞
8	502年	尹爱姜等造弥勒像	化佛冠	下垂	帔帛

序号	时间	名称	宝冠	缯带	胸饰
9	503 年	贾元婴造弥勒像		?	未雕
10	503 年	比丘慧乐为造弥勒像		下垂	帔帛（穿璧）
11	503 年	广川王祖母太妃侯造弥勒像		下垂	?
12	505 年	清信女敦煌造像		?	?
13	505 年	钩楯令王史平等造弥勒像		下垂	帔帛
14	505 年	邑师慧敢造弥勒像		上扬	帔帛
15	506 年	比丘惠照造像弥勒像		?	帔帛
16	507 年	比丘法转造弥勒像		下垂	帔帛
17	508 年	清州桃泉寺道宋造弥勒像	?	无	帔帛
18	510 年	比丘尼法庆造弥勒像		?	帔帛
19	511 年	黄元德弟王奴等造弥勒像		无	帔帛
20	511 年	比丘法兴造弥勒像		?	帔帛
21	512 年	刘洛真兄弟造弥勒像		下垂	?
22	514 年	张师伯等造弥勒像		?	帔帛
23	517 年	比丘惠荣造弥勒像		?	?
24	517 年	齐郡王元祐造像（1）		无	帔帛
25	517 年	齐郡王元祐造像（2）		下垂	帔帛
26	519 年	武卫将军赫连儒造像	化佛冠	无	帔帛
27	520 年	赵阿欢等造弥勒像	?	无	帔帛

说明："?"表示纹样漫漶不清。

　　27 例中，多数头部已毁，仅景明三年（502 年）尹爱姜等造弥勒像的高冠保存完整，而且正面有坐佛纹样。考虑到云冈石窟的传统，古阳洞交脚弥勒菩萨像可能流行佩戴化佛冠。至于冠后的缯带，除了太和十九年（495 年）长乐王丘穆陵亮夫人尉迟造弥勒像、正始二年（505 年）邑师慧敢造弥勒像等少数是细长条卷曲上扬的样式外，其他多采用宽大的条带下垂之样貌。细长上扬的前者与克孜尔石窟、云冈石窟、巴米扬石窟等地的风格相似，而宽大下垂的后者可能反映了龙门坚硬石质对雕刻艺术的影响。

古阳洞缯带装饰的内涵，显然与云冈的传统有所区别。第四章提到，云冈第二期石窟中，缯带可视为"二佛并坐+交脚菩萨"造像组合的特定元素，衬托着法华经虚空会的圣相情境。然而在古阳洞早期像龛的设计中，并没有延续这一传统，缯带的装饰变得更加通用。

考虑到头饰信息相对匮乏这一客观情况，支撑古阳洞交脚菩萨像服饰分类的主要依据是胸腹前的装束，按特征可归为四种主要类型：斜披络腋型、帔帛交叉型、璎珞交叉型、璎珞与帔帛复合型（图5-1）。

图5-1　四种类型服饰的比较，自左向右：尉迟造像、元祥造像、惠感造像、主铺胁侍
采自《古阳洞：龙门石窟第1443窟》第1册，图65、63、82、14

（1）斜披络腋型

斜披络腋型，仅短暂地流行于尉迟造弥勒像等早期像龛中。斜披络腋的着衣方式在炳灵寺石窟、云冈石窟、麦积山石窟等处流行，但主要是胁侍或供养菩萨的装扮。这些区域的交脚菩萨像，胸前还会搭配蛇形胸饰、短璎珞等。云冈石窟迟至第二期晚期，才在次要壁面或窟门、明窗附近流行斜披络腋型装束的交脚菩萨像。

（2）帔帛交叉型

帔帛交叉型，基本样貌是帔帛自造像双肩下垂至腹前交叉，然后分为两股延伸至双腿外侧，呈"X"形。以宽大帔帛遮蔽上身更符合汉文化的审美传统，被学者形象地称为褒衣博带式，并与孝文帝的汉化政策相关联。孝文帝太和十年（486年）"给尚书五等品爵已上朱衣玉佩大小组绶"、太和十八年（494年）诏"革衣服之制"、太和十九年（495年）"班赐冠服"〔1〕等政治决策，推动世俗服风转变的同时也影响了佛教美术。相近时期的云冈第5、6窟中，佛与菩萨的装束快速转向了褒衣博带式，而相关的主流菩萨服饰正是帔帛交叉型。在古阳洞内，帔帛交叉型在太和二十二年（498年）北海王元祥造弥勒像中已经出现，并逐渐成为了主流。根据尹爱姜等造弥勒像可知，类似交脚像服饰的基本面貌是：戴化佛冠、佩项圈、"X"形帔帛腹前交叉。在部分更后期的案例中，还出现了帔帛腹前交叉穿璧的现象。

（3）璎珞交叉型

璎珞交叉型的基本特征是两股穗状璎珞自造像双肩下垂至腹前交叉穿璧，然后分为两股至双腿外侧，呈"X"形。太和年间（477—499年）解伯达造弥勒像、太和二十二年（498年）高楚造弥勒佛像的主尊均损坏不易辨别，但其胁侍菩萨立像均有双璎珞的痕迹。而景明三年（502年）比丘惠感造弥勒像能清楚地观察到主尊、东侧胁侍菩萨像是"X"形璎珞腹前交叉穿璧的装束。

（4）璎珞与帔帛复合型

璎珞与帔帛复合型以正壁主铺的胁侍菩萨立像为代表。正壁主铺三尊像的完工时间一般被判定在505年前〔2〕。两胁侍像均桃形头光，戴珠形宝冠（冠面漫漶）；佩项圈，项圈下沿悬挂三组坠饰（铃

〔1〕〔北齐〕魏收：《魏书》，北京：中华书局，2017年，第161、176、179页。

〔2〕〔日〕石松日奈子：《北魏佛教造像史研究》，北京：文物出版社，2012年，第141页。

形?）；"X"形璎珞腹前交叉穿璧，下方覆盖着同形的宽大帔帛；有臂钏、腕钏等。两例的服饰为古阳洞内繁丽之最，彰显了像主孝文帝的尊贵与权威。稍晚的中层八大龛中，S67、S140 龛的交脚像采用了同类型的装束。

2. 诸类型间的演进或并行关系

古阳洞的斜披络腋型、璎珞交叉型服饰一般会被认为受到了平城因素的影响，证据包括相似服样在云冈石窟中的流行。然而，需要指出的是，云冈石窟中斜披络腋型的装束主要出现在胁侍和供养菩萨像上，璎珞的式样也比古阳洞更短一些。

在本书的第四章第二节中，详细说明了云冈第7、8窟菩萨造像的冠饰、络腋、璎珞、蛇形胸饰等要素，如何与尊像自身空间排列、建筑整体设计意图相关联。仅通过比较第7、8窟后室四处空间的七尊交脚菩萨像，就可以清晰地看出冠形、缯带、络腋、蛇形胸饰和璎珞等元素均服务于一个明确菩萨服饰等级秩序的体系构建。云冈石窟太和十三年（489 年）比丘尼惠定造弥勒像、太和十九年（495年）周氏造弥勒像（图5-2），进一步展现了相关秩序的内容。惠定

图5-2 惠定造像与周氏造像的主尊
采自《云冈石窟》第 12 卷 PLATE14、第 8 卷 PLATE9

造像位于第 17 窟明窗东侧，分上下两龛。

尽管两龛的主像构成了"二佛并坐+交脚菩萨"的组合，但由于壁面位置远离核心区域且龛主身份相对较低，其交脚像采用了戴花冠[1]、无缯带、斜披络腋式的装束。周氏的造像位于第 11 窟的明窗东侧，对向有二佛并坐龛，其装束为帔帛式，冠损但无缯带。这两个例子都清晰地反映了龛主的身份地位如何影响了菩萨的装束类型，即龛主的地位尊卑决定了装束的繁简程度。

基于以上秩序再次观察古阳洞，斜披络腋型、璎珞型均可能来源于平城地区，但并非其高等式样。即，与尉迟造像、惠感造像等相似的服饰出现在云冈第二期晚期及以后的工程，位于次要壁面且龛主身份较低。类似情况，为分析古阳洞四类菩萨服饰的关系提供了新思路。在无法明确获知正壁主铺与南北壁早期像龛营建次序的情况下，即便最低限度去考量等级意识的影响，也应认为主铺胁侍的璎珞与帔帛复合型服饰并非对次壁辅龛装束的模仿。即使主铺工程晚于副龛，副龛的设计也应努力规避僭越前者。

强调菩萨服饰类型与像主身份之间的关联，古阳洞四类菩萨服饰在太和、景明年间可能偏向一种逻辑上的并行关系，属于多个工匠群体为不同身份功德主在相近时期营建的多个工程。不管是否早于西壁主铺营建，早期副龛采用的斜披络腋型、帔帛交叉型、璎珞交叉型服饰均未僭越主铺的璎珞与帔帛复合型。其中，由于帔帛交叉型的朴素样貌，所涉及的工匠即使不熟悉平城传统或未获知主铺装束的情况下均没有僭越的风险。反而是涉及斜披络腋型、璎珞交叉型的工匠，在主铺工程滞后的情况下会导致古阳洞造像服饰演变的非递进性。下文将阐释等级意识如何导致菩萨服饰在凉州、平城样式转向褒衣博带式的过程中产生非递进现象。

---

〔1〕 花冠应被视为三珠冠的变型，在云冈第二期晚期石窟中普遍流行，其中心花珠表面无化佛纹样，而是由数个花瓣组成的花头样貌，故本书中又常以三珠花冠代指。

三　古阳洞菩萨造像服饰等级秩序的
线索梳理及其传续

1. 早期造像服饰的组织面貌

南北壁上层八大龛中，多数同龛佛、菩萨造像服饰的风格并不统一。如孙秋生造像、比丘慧成造像、比丘法生造像与杨大眼造像等七例的主佛均用半披式佛衣，胁侍菩萨像则多为褒衣博带的帔帛交叉型。半披式佛衣是在袒右肩佛衣的基础上用衣角遮掩右肩，在炳灵寺第 169 窟已出现，后流行于云冈、麦积山、莫高窟等地。与之相异的对襟式佛衣，仅出现在北壁西侧 N134 龛。胁侍服饰方面，只有南壁西侧 S111 龛为双璎珞腹前穿璧。即，N134 龛的造像为统一的褒衣博带式，其对向的 S111 龛则为凉州、平城式。以上现象如概括为风格转变期的杂乱面貌，会严重削弱古阳洞的皇家背景及其组织秩序。其成因更可能是不同地缘的造像群体，在基本组织规范的指引下共同参与了早期工程，并被赋予一定的风格自主权。

尉迟造弥勒像、元祥造弥勒像、司马解伯达造弥勒像、步舆郎妻—弗造像等上层八龛周边的造像，其龛主多为首批随孝文皇帝迁都留洛的官吏及其亲属，内容带有诸多平城地缘特征。如一弗造像龛楣装饰的半棕榈叶并列纹，与云冈第 7、8 窟后室窟门上沿样式一致。若梳理龛楣的兽面衔绳纹，甚至能发现第 7、8 窟的痕迹在神龟三年（520 年）赵阿欢等造弥勒像中出现。

通过三例交脚像龛的比较（图 5-3），能更清楚地观察到平城因素对古阳洞服饰演变的具体影响。前文以尉迟造像、元祥造像分别作为斜披络腋型、帔帛交叉型的举例。两龛上下紧邻，应相隔 3 年完工。后者主尊的帔帛上刻衣领翻折，可能是某一熟悉斜披络腋型装束的工匠群体在初步转向帔帛交叉型时的不成熟痕迹。当然，这并不意味着两龛出自同一工匠群体。两龛主尊头光内层莲花的薄平与厚圆刻法，头光外层的飞天纹或缠枝石榴纹，以及裙线走向等诸多差异，均反映着来源的不同。在以上方面与尉迟造像相似的，是其南壁对向的 S42 龛。两龛主尊的缯带样式、头光莲花刻法和裙线走向相近，与元祥龛相比，更可能出自同批工匠。不同之处是，S42 龛主尊身前璎珞交叉。虽不能确定 S42 龛晚于尉迟造像，但同类装束的高楚造像、惠感造像分别有太和二十二年（498 年）、景明三年（502 年）的纪年，表明可能存在一批原用斜披络腋型装束的工匠在太和晚期至景明年间转向了璎珞交叉型。在平城造像等级意识的影响下，出现类似现象是合理的。

图 5-3　尉迟造像、元祥造像与 S42 造像的比较

采自《古阳洞：龙门石窟第 1443 窟》第 1 册，图 65、63、212

《魏书·释老志》记："景明初……为高祖、文昭皇太后营石窟二所。初建之始，窟顶去地三百一十尺。至正始二年中，始出斩山二十三丈。至大长秋卿王质，谓斩山太高，费功难就，奏求下移就平，去地一百尺，南北一百四十尺。"[1] 以上关于宾阳三洞工程的部分描述，反映出工匠面对龙门坚硬石质时会在"斩山"等环节出现难度预估不足、工期延长等现象。类似问题也会出现在古阳洞，并对大规模的取石、开龛、凿坯活动影响更大。因此，部分小规模

---

〔1〕〔北齐〕魏收：《魏书》，北京：中华书局，2017 年，第 3043 页。

的早期副龛，其施工进度可能超计划地领先于费工量更大的西壁主铺。当早期副龛已推进到粗坯阶段，如遇西壁主铺工程进度滞后，那么其菩萨服饰类型的选择对平城系工匠而言是困难的。

难点在于，副龛工程需要避免自身的交脚主像对主铺的胁侍立像构成僭越。如前述，云冈相关菩萨服饰等级秩序是以交脚弥勒菩萨像为中心建构的，涉及的胁侍菩萨立像多为斜披络腋式。部分第7、8窟后室次壁中上层龛内胁侍菩萨像虽装扮了短璎珞、蛇形胸饰，但其目的是强调与中下层龛的形象差异，以建构天上世界与地上世界的意义区别[1]，属特情。因此，熟悉平城传统的工匠尚未获知古阳洞主铺样貌时，应在副龛中采用斜披络腋——已知最低等级装束，以确保符合等级秩序。当获知西壁主铺胁侍的装束将采用"X"形璎珞搭覆帔帛的方案后，同批工匠转向可用范围内最繁丽装束以彰显龛主尊贵及对孝文帝的追随，或能作为古阳洞太和晚年至景明年间璎珞交叉型装束复现的合理解释。

2. 虚空会组合在古阳洞的再现及相关菩萨服饰的表现

景明年间的古阳洞，还出现了"二佛并坐+交脚菩萨"的像龛组合。前文提及，该组合流行于云冈第二期石窟，因其与法华经虚空会情景相似，以虚空会组合代称。景明三年（502年）比丘惠感造弥勒像下方的N140龛（图5-4），内容正是二佛并坐。虚空会组合在云冈第二期石窟

图5-4　惠感造像与N140等龛的组合
采自《古阳洞：龙门石窟第1443窟》
第一册，图83

---

〔1〕［日］因幡聪美：《关于云冈石窟第7、8窟中设计性的考察》，《石窟寺研究》第9辑，北京：科学出版社，2019年，第91页。

中，通常作为主题性构成内容配置在石窟中轴空间附近，并反映了禅观思想的影响，其中的交脚菩萨像戴装饰着飘扬缯带的化佛冠。在惠感造像与 N140 龛组合的底部，有 N141、N142 两龛内雕禅僧，同样说明了禅修思想的影响。然而，这一组合中的交脚菩萨像仅采用了璎珞交叉型装束，而且头冠两侧也没有缯带纹样，符合了龛主身份尊卑对服饰繁简程度的影响。

古阳洞虚空会组合的代表应是南北壁中层八大龛。中层八龛的营建晚于西壁主铺，大致在宣武帝永平年间（508—512 年），与宾阳中洞相近。其中，南壁西起第二龛——S130 龛的主尊为二佛并坐，其他均为交脚菩萨像。相关菩萨服饰亦有独特的发展。具体来说，南壁 S67、S140 龛的主尊服饰是璎珞与帔帛复合型（图 5-5），其余五例均用帔帛交叉型。

图 5-5　S42 与 S140 龛主像的服饰

采自《古阳洞：龙门石窟第 1443 窟》第一册，图 236、276

S67、S140 两例的服样疑似破坏了前文所强调的等级秩序，也为推测中层八大龛的背景提供了新线索。整体下挖地面的工程规模和内容组织的系统性，反映了中层八龛与上层早期龛之间的背景差异。中层八龛采用"二佛并坐+交脚菩萨"的组合，可能是以未来佛象征宣武帝并强调其对皇权的继承。类似凿石造像令如帝身的传统，恰恰是云冈常例。那么，为何七身交脚像中仅两例采用璎珞与帔帛复合型？笔者推测，可能受到了宾阳中洞的影响。

　　宾阳中洞造像为三世佛主题，由主壁（西壁）的坐佛与南、北壁的两尊立佛构成。其中，主壁胁侍菩萨立像的服饰类似于古阳洞中的璎珞与帔帛复合型，次壁胁侍则类似于古阳洞中的帔帛交叉型（图5-6）。在下一节中，将详细阐释这种组织面貌实际上是北魏石窟艺术中菩萨服饰等级秩序成熟的标志。其中，类似于古阳洞正壁主铺胁侍菩萨立像采用的璎珞与帔帛复合型服饰，往往是皇帝敕愿窟室内主壁胁侍的专用装束。由此推断，或许伴随宾阳中洞的营造菩萨服饰等级秩序被进一步规范，导致同期古阳洞中层工程临时更改了方案，产生了位于次要壁面的七身交脚菩萨像中仅两例服饰为璎珞与帔帛复合型的结果。当然，该推测仍需中层八龛营造次序、龛主身份等研究的佐证。

图5-6　宾阳中洞西壁右胁侍与北壁左胁侍菩萨样式对比线图
采自《龙门石窟研究》，图版21、22

古阳洞是展示北魏菩萨造像服饰由凉州、平城式转向褒衣博带式的重要场所。从有纪年的交脚弥勒菩萨像入手，梳理相关资料能发现这一转变在太和、景明年间的非递进式性。即，古阳洞菩萨像所涉及的斜披络腋型、帔帛交叉型、璎珞交叉型、璎珞与帔帛复合型，在太和、景明年间可能是并列的关系，是与龛主身份相关的不同方案。类似秩序可上溯至云冈第7、8窟，起初是以造像的服饰繁简对应其位置的主次，后逐渐变成以繁简对应像主的尊卑。这种等级秩序的转变，应始于云冈第二期较晚的工程，而太和、景明年间的古阳洞则是积极探索的发展期，并最终在宾阳中洞定型。此历程实际上反映了相关石窟设计在逐渐弱化禅僧观像的功能，转为标榜像主（尤其是帝王）的功德，是北魏皇权巩固的体现。下一节，将结合宾阳中洞菩萨造像的案例分析，进一步讨论这种新秩序的具体表现。

第二节　宾阳中洞菩萨造像的等级秩序与"景明模式"的确立

一　宾阳中洞菩萨造像的等级秩序

古阳洞菩萨造像的服饰呈现了繁简与像主身份尊卑相对应的特点。一般被视为孝文帝发愿营造的正壁主铺像中，胁侍菩萨立像戴着华丽的三珠冠，身着璎珞与帔帛复合型的装束。而在像主身份略低的造像龛内，主要的菩萨造像仅采用斜披络腋型、帔帛交叉型、璎珞交叉型装束。由于古阳洞是北魏孝文帝迁都洛阳后营建的早期工程，导致多元的地域文化和设计思路的碰撞、融合与相互影响，形成了石窟造像装束特征与组织秩序的复杂面貌。在稍晚开凿的宾阳中洞中，菩萨造像的装束繁简与像主身份的尊卑关系得以进一步强化，各壁面空间造像的组织关系与等级秩序更为清晰。这种秩序不仅涉及装束的繁简，还包括菩萨造像的冠形、身量等方面，是阐述北魏石窟菩萨造像等级秩序转向的重要场域。

景明元年至正光四年（500—523 年），北魏皇室在龙门石窟进行了一系列的大规模营建活动。《魏书·释老志》载："景明初，世宗招大长秋卿白整代京灵岩寺石窟，于洛南伊阙山，为高祖、文明皇太后营石窟二所……永平中，中尹刘腾奏为世宗复造石窟一。"[1]现存宾阳中洞（140 窟）、宾阳南洞（159 窟）便是宣武帝发愿为高祖孝文帝与文昭皇太后兴建的。宾阳北洞（104 窟）则是在永平年间（508—512 年）宦官刘腾为宣武帝追建。这三个石窟项目中，只有中洞工程按期完成，南洞、北洞工程均在中途出现了停滞，直到唐代才得以续建完工。

宾阳中洞坐西向东，高 930、宽 1140、进深 985 厘米，为马蹄形平面、穹隆形窟顶。窟门的两侧外部雕刻有二力士造像，窟内的南、北两壁各雕一身立佛为主像，与西壁（正壁）主像坐佛构成了三佛题材（图 5-7）。

图 5-7　宾阳中洞北壁、南壁造像
采自《龙门佛教造像》，第 59、60、61 页

西壁造像内容为一佛二弟子二菩萨。主尊佛通高 1015 厘米，施说法印，结跏趺坐露右足。佛面相方圆，高肉髻，内着僧祇支，外穿对襟式佛衣，衣纹断面呈阶梯状，下摆垂于佛座，为典型的褒衣

────────

〔1〕〔北齐〕魏收：《魏书》，北京：中华书局，2017 年，第 3042 页。

博带式装束。主像两侧胁侍二弟子、二菩萨像。由于窟室的面积与空间布局的限制，西壁主像的两身胁侍菩萨实际上位于南壁和北壁的内侧。

两身胁侍菩萨像的形制相似，面相方圆，头戴三珠花冠，颈饰项圈，手腕装饰环钏，宽大的帔帛自双肩下垂至小腿处交叉，上覆同形的璎珞。这种"三珠花冠+璎珞与帔帛复合型"的特征，与古阳洞正壁胁侍菩萨立像的装束相一致。在下文中，将以"龙门 A 型"代指那些具有同类装束特征的菩萨像。

南、北壁面的造像内容相似，均采用了一佛二菩萨三尊像的形式。这两组造像的身姿、身量与装束特征相似，但与西壁造像有着明显的区别。其中，四身胁侍菩萨造像身前均未装饰璎珞，只有宽大的帔帛从双肩下垂至腹下交叉相叠，属于帔帛交叉型的常见面貌。本书力图用"龙门 B 型"代指具备同类装束特征的菩萨像。然而，由于这四身胁侍菩萨造像的头部都受到了严重损坏，宝冠的样式难以恢复，尚需结合相近案例来推测"龙门 B 型"的头冠特征。

除了古阳洞和宾阳中洞之外，北魏龙门石窟的主要洞窟尚有慈香洞（520 年）、魏字洞（520—521 年）、普泰洞（524—525 年）、皇甫公窟（527 年）、路洞（534 年前后）等。在这些洞窟中，慈香洞、魏字洞、普泰洞和皇甫公洞的主壁造像中，胁侍菩萨立像的基本形态与"龙门 B 型"一致，其中以普泰洞左侧的胁侍菩萨立像保存最为完整（图 5-8）。观察普泰洞中胁侍菩萨像的头冠，可以发现在正面、左侧和右侧各有一朵莲瓣组成，是标准的花鬘冠样貌。因此，可以推测"龙门 B 型"的头冠通常采用花鬘冠，即"龙门 B 型"以"花鬘冠+帔帛交叉型"装束为基本特征。

在本书的第一章第三节中，曾对比了珠冠和花鬘冠这两个头冠系列，指出随着胸前装束的"褒衣博带"化，菩萨像的头冠样式也整体经历了从珠冠向花鬘冠转变的过程。简言之，在北朝早期的石窟中，流行着戴珠冠、短璎珞的菩萨装束，呈现出外域风格的特征。然而，随着北魏太和年间进行的一系列汉化改革举措的推进，相关石窟中的菩萨造像开始普遍采用花鬘冠和帔帛等元素，呈现出汉化风格的特色。云冈石窟的第5、6窟是这种装束转变的开端和重要见证地。在古阳洞至宾阳中洞的早期工程中，这一转变逐渐完成，并最终形成了新的规范。

就冠的结构和装饰特征而言，珠冠主要有单珠冠、三珠冠两种，即在发髻的正面或正、左、右三面分别装饰盘状宝珠，宝珠表面有纹饰，两侧常以忍冬装饰。花鬘冠的基本结构与三珠冠相似，是在发髻正、左、右三面分别装饰莲瓣，花瓣之间常会以忍冬进行装饰。

值得注意的是，古阳洞和宾阳中洞的正壁胁侍菩萨立像，所使用的头冠并非之前常见素面盘珠状三珠冠，而是一种装饰繁杂的花头状三珠花冠。下文，将结合南朝造像的风格特点，讨论类似三珠花冠的来源问题。在此处，主要说明三珠花冠与花鬘冠之间的差异及其用意。

如上节指出，古阳洞菩萨造像的胸前装束繁简对应着像主身份的尊卑，并以正壁胁侍菩萨立像的"璎珞与帔帛复合型"为核心。从力图表现的材质层面来比较"璎珞与帔帛复合型"和"帔帛交叉型"，可以发现璎珞往往由珍贵的珍珠、宝石、贵金属等多种宝贵材质串接制作，具有帔帛所没有的珍贵、稀缺属性。在相同的案例中，三珠花冠与花鬘冠相比同样符合着繁简与像主尊卑的关系。除了繁简程度的差异，三珠花冠还能够继承三珠冠本身具备的摩尼宝珠内涵。正如第一章引用《涅槃经》《大智度论》《华严经》《法华经》所指出的，宝珠象征着求取佛道的智慧。相对于花鬘冠，三珠花冠能够更直接地表现光明、智慧等内涵，且样式繁丽。因此，采用"三珠花冠+璎珞与帔帛复合型"的龙门A型，相比采用"花鬘冠+帔帛交叉型"的龙门B型，无论是头冠或是身前装束，都显得更为繁丽、珍贵，具有更高等级的象征意味。

在宾阳中洞中，龙门A型与龙门B型的价值关系和配置秩序，与空间的主次位置关系完美契合，标志着北魏石窟菩萨造像等级秩序的成熟。石窟主壁组像中的胁侍菩萨立像，相比其他两组胁侍菩萨像，身量更大，位置更接近石窟的核心区域，为龙门 A 型的面貌；南壁和北壁的胁侍菩萨立像，位于石窟的侧壁，身量较小且在视觉上会被西壁胁侍菩萨遮挡，采用龙门 B 型的面貌。菩萨造像的装束繁简与空间等级秩序完全吻合。

在相近时间营建[1]的龙门石窟莲花洞（712 窟）中，菩萨造像的组织和布局遵循着同样的等级秩序。莲花洞主尊的左右胁侍菩萨立像，由于壁面转折同样位于南北两壁内侧。左侧的胁侍菩萨立像（北壁）头部饰有桃形头光，外层装饰着火焰纹；头部已残毁，宝缯从头部两侧曲折下垂至肩部；左手执持桃形物品置于腹侧，右手执莲瓣举在胸前；下身着长裙；肩上饰有圆形装饰物，璎珞和帔帛从肩部垂至腹前交叉穿过璧。右侧的胁侍菩萨（南壁）头部和左手部分已毁，右手执持莲蕾；帔帛和璎珞垂至腹前交叉穿过璧，跣足立于覆瓣莲台之上。而在窟门外南侧现存的一尊菩萨装扮的力士，着战裙，胸前饰帔帛交叉穿璧。莲花洞主要壁面的胁侍菩萨立像均为龙门 A 型，而次要位置的窟门菩萨力士采用了 B 型。

当然，如若只强调装束的繁简与空间主次的吻合关系，似乎菩萨造像的组织秩序再次回归了云冈第二期石窟的传统。因此，必须再次说明新旧秩序之间的差异：

第一，龙门 A 型与龙门 B 型构建的新秩序，其核心并非交脚弥勒菩萨像，而是主壁的胁侍菩萨立像。

第二，根据龙门 A 型与龙门 B 型的实际组合效果来判断，其主要设计意图不再强调禅修观像，而是突出了主次等级关系。

第三，在某一石窟单元内，龙门 A 型与龙门 B 型所展现的组织特征，确实呈现为装束的繁简与空间主次的对应关系。甚至在一些中小型的石窟内，主要的菩萨造像仅采用了龙门 B 型。只有通过扩大观察范围，比较相邻区域相近时期多个不同营造背景的石窟案例，

---

[1] 温玉成指出，"莲花洞是晚于古阳洞早于宾阳中洞的大型洞窟"。温玉成著：《中国石窟与文化艺术》，上海：上海人民美术出版社，1993 年，第 290 页。

才可以发现龙门 A 型、龙门 B 型的组合如何对应着窟主的身份尊卑。

　　将慈香洞、魏字洞、普泰洞、皇甫公窟、路洞等纳入观察范围（图5-8），并将其与之前的案例进行比较。可以发现，在古阳洞、宾阳中洞、莲花洞、路洞等石窟中，主壁胁侍菩萨立像均为龙门 A型；而在慈香洞、魏字洞、普泰洞、皇甫公窟等石窟中，胁侍菩萨像为龙门 B 型。

龙门 A 型

| 古阳洞右胁侍菩萨 | 宾阳中洞右胁侍菩萨 | 莲花洞右胁侍菩萨 | 路洞右胁侍菩萨 |

龙门 B 型

| 慈香洞右胁侍菩萨 | 魏字洞右胁侍菩萨 | 普泰洞左胁侍菩萨 | 皇甫公窟左胁侍菩萨 |

图 5-8　龙门石窟北魏时期主要洞窟正壁胁侍菩萨服饰对比图

采自《中原文化大典·文物典·龙门石窟》《龙门石窟线描集》《龙门石窟研究》

古阳洞、宾阳中洞、莲花洞均是与皇家关系密切的大、中型石窟。相比之下，慈香洞、魏字洞、普泰洞为比丘、比丘尼等群体的中、小型洞窟。诸多造像记中，如魏字洞中正光四年（523 年）《比丘尼法照造像记》等 11 条造像记，发愿者均为优婆夷、比丘尼等女性信众。石窟无论营造背景、规模与等级等，较古阳洞、宾阳中洞相对更低，菩萨造像多为更简略的龙门 B 型以示等级区别。

古阳洞、宾阳中洞、莲花洞都是与北魏皇室有着密切关系的大、中型工程。相比之下，慈香洞、魏字洞、普泰洞则属于比丘、比丘尼等群体发愿营造的中、小型洞窟。在诸多造像记的记录中，例如魏字洞中正光四年（523 年）《比丘尼法照造像记》等 11 条造像记，发愿者均为优婆夷、比丘尼等女性信众。后者无论在营造背景、窟主身份与建筑规模等方面，略低于古阳洞、宾阳中洞等。其中，菩萨造像多为龙门 B 型，能够明确等级上的区别。

二 "景明模式"的概念与特征

北魏龙门石窟菩萨造像的组织方式，凸显了与建筑空间的主次关系以及造像主的身份尊卑之间的对应关系。这一现象并非个别地区的局部现象。根据现有资料观察，在北魏景明年间（500—504 年）前后的南、北广大地区，类似的组织方式普遍存在。鉴于这种现象在北魏景明年间（500—503 年）前后开始形成并逐渐流行，本书将其称作菩萨造像系统的"景明模式"，并将通过实例进一步丰富、澄清"景明模式"的特征和价值。

北魏景明二年（501 年）四面造像（图 5-9），高 60、宽 56、厚 50 厘米，1949 年西安市北郊查家寨出土。其四面开龛，内容均为一佛二菩萨像。相关的胁侍菩萨像，可分为两类。在正面的像龛内，右胁侍菩萨头部残损，左胁侍菩萨头戴三珠冠，身披宽大"X"形帔帛，下压璎珞。其基本特征与龙门 A 型十分相似。其余三面的像龛中，胁侍菩萨像的身前装束与正面例相一致，均为"X"形帔帛下压璎珞，但头冠都采用了龙门B型的花鬘冠。虽然此例并非典型的龙门A型与B型相组合，但能够证明相同的等级秩序存在。

图5-9　北魏景明二年（501年）四面造像（正、右、北、左）
采自《世界佛教美术图说大辞典·雕塑1》，第305页

在北魏时期的麦积山石窟，菩萨造像在相同秩序的规范下展现出更为复杂的组织面貌。董玉祥在其《麦积山石窟的北魏窟龛及其造像》研究中，将麦积山石窟北魏时期的造像风格分为早期、中期和晚期[1]。

其中，早期菩萨"服饰多为上身祖露，戴项圈，臂钏和手环，胸前挂短璎珞，下著大裙，披巾自双肩搭下，穿肘下垂飘扬，或上身祖露，戴项圈、臂钏、手环、斜披珞（络腋），下著大裙，裙裾外

––––––––––––––––––

〔1〕　阎文儒主编：《麦积山石窟》，兰州：甘肃人民出版社，1984年，第68—70页。

扬，衣纹为较细的密纹，裙薄透体似轻纱"[1]。其装束特征呈现着典型的胡风样貌。

中期，菩萨"多作高发髻，三瓣花式宝冠，宝缯折叠下垂，上身袒露，戴项圈、臂钏、手环、斜披珞，下着大裙。这种装束虽与早期菩萨十分近似，但其形体姿态都十分自然，腰部有曲线，显得优美灵活。除此而外，出现了近于民族形式的内著僧祇支，外帔巾自双肩搭下穿肘外扬，又一帔巾自双肩搭下垂至膝际，下著大裙的装束（六十九）。特别是在一些窟龛的影塑中，菩萨则更多的装束是上身袒露，宽博帔巾自双肩搭下后于膝际交叉后再上卷穿肘后外扬（十九、九三、一一四）的样式。"[2]实际上，中期的发展展示了麦积山石窟中菩萨装束的褒衣博带化转变，并已经出现了类似龙门 B 型造像的流行。

在麦积山石窟北魏晚期的造像中，菩萨的装束形式呈现出更为多样化的特征，主要的类型如下[3]：

（1）螺髻或高髻，内穿僧祇支，外着双领下垂式袈裟，见第 101、154、121、122 窟。

（2）高髻，内穿僧祇支，外着双领下垂式袈裟，短裙仅过膝，裸小腿，穿长靴，见第 142 窟。

（3）扇形高髻，上穿斜领宽袖式上衣，下着裙，帔帛自双肩下垂至膝部交叉，足穿云头鞋，见第 121、135 窟。

（4）扇形高髻，上着僧祇支，下穿裙，腰际束带于膝前打结，挂璎珞于腹前交叉穿璧，帔帛自双肩搭下穿肘垂地，见第 87、85 窟。

（5）扇面高髻，戴项圈，上着斜领宽袖上衣，腰束带于胸际打结，帔帛自双肩搭下，穿肘外扬，见第 87 窟。

---

〔1〕 阎文儒主编：《麦积山石窟》，兰州：甘肃人民出版社，1984 年，第 69 页。

〔2〕 同上。

〔3〕 援引董玉祥观点，并稍加修改。同上，第 71、72 页。

（6）高发髻，内着对襟式衫，双肩上有圆形饰物，有飘带下垂肩前，外着对襟宽袖上衣，下着裙，帔帛自双肩搭下外扬，见第135、132、172窟。

（7）高发髻，上着僧祇支，下着裙，帔帛自双肩搭下横于膝前一道，见第17、133—3窟。

（8）扇形高髻，戴项圈，上穿斜领宽袖上衣，下着裙，帔帛于腹前交叉穿圆环，见第87、105窟。

（9）高髻上束花蔓，上身袒露，戴项圈，双肩上有圆形饰物，斜披络腋，下着裙，见第163窟。

（10）高髻，戴项圈，上穿僧祇支，下着裙，帔帛作背心式，见第163窟。

（11）高髻，戴项圈，上穿僧祇支，下着短裙、长裤，帔帛于腹前交叉，身挂璎珞交叉穿环，见第55、139、142、122窟。

以上，第4、11项可认为是龙门A型的相同系列，第3、7、8项则与龙门B型相近。第1、2、5、6、10项中出现的双领下垂式袈裟、斜领宽袖式上衣、对襟宽袖上衣等，可视为褒衣博带装束的进一步丰富，应视为龙门B型的相近类型。唯独第9项中第163窟例，样貌更接近于早期样貌。下一节将结合邺城周边案例讨论更为复杂的组织面貌。此处说明的是，麦积山石窟北魏中期的菩萨装束已经展现出了褒衣博带化的发展趋势，在更晚时期复现的璎珞元素，应视为前述古阳洞中相似的现象，是强调以装束繁简反映空间主次以及像主尊卑等属性的结果。

麦积山第127窟是支撑以上观点的重要案例。1953年文化部天水麦积山勘察团初步认定麦积山第127窟为"魏晚期"[1]，阎文

---

〔1〕 麦积山石窟勘察团：《麦积山石窟内容总录》，《文物参考资料》1954年第2期。另见天水麦积山文物保管所、麦积山艺术研究会：《麦积山石窟资料汇编初集》1980年，第43、44页。

儒、董玉祥、李西民、项一峰均持有相似的观点[1]。而张宝玺将其界定为北魏晚期至西魏之间，并明确为"六世纪中"[2]；金维诺、傅熹年等学者则认为是西魏时期石窟[3]。金维诺通过第 127 窟壁画内容、构图与做工的分析，指出其与西魏都城长安之间存在的密切联系，认为第 127 窟"似是武都王元戊为母乙弗后建造之功德窟"。沙武田在总结前人研究的基础上，更为明确地指出了第 127 窟是西魏时期乙弗后在麦积山的功德窟[4]。

观察麦积山第 127 窟内菩萨造像的组织结构，可以发现其与宾阳中洞之间存在着高度相似性，能够进一步说明北魏景明模式的影响力。第 127 窟主室为盝顶长方形窟，面向西偏南，纵 500、横 860、高 400 厘米。正壁与左、右壁内各凿一浅龛，龛内各置一佛二菩萨三尊像（图 5-10）。

正壁三尊像为石质，主尊佛造像结跏趺坐，通高 169 厘米，身着宽大的对襟式佛衣，右手施无畏印，左手施说法印。两侧的胁侍菩萨像，通高 122 厘米，均头戴笼冠有"圭"字形饰，戴项圈、"X"形璎珞与帔帛，具备龙门 A 型的相似特征。左、右侧壁龛的造像均为泥塑，形制形似。以左壁的两身胁侍菩萨为例，头饰双股发髻或笼冠，佩项圈、帔帛，无璎珞庄严，展现了龙门 B 型的相似特征。此外，造像材质的选择也能够反映正、侧壁空间之间的等级区

---

〔1〕 阎文儒主编：《麦积山石窟》，兰州：甘肃人民出版社，1984 年，第 189 页；董玉祥：《麦积山石窟的分期》，《文物》1983 年第 6 期，第 18—30 页；李西民：《论麦积山石窟艺术史上的六个高潮》，天水麦积山石窟艺术研究所编：《石窟艺术》，西安：陕西人民出版社，1990 年。

〔2〕 张宝玺：《甘肃石窟艺术壁画编》，兰州：甘肃人民美术出版社，1997 年。

〔3〕 金维诺：《麦积山石窟的兴建及其艺术成就》，天水麦积山石窟艺术研究所编：《中国石窟：天水麦积山》，北京：文物出版社，第 165—180 页；傅熹年：《麦积山石窟所见古建筑》，天水麦积山石窟艺术研究所编：《中国石窟：天水麦积山》，北京：文物出版社，第 201—218 页。

〔4〕 郑炳林、沙武田：《麦积山与乙弗后有关之洞窟》，郑炳林主编：《麦积山石窟艺术文化论文集》（上），兰州：兰州大学出版社，第 45 页。

正壁 | 正壁 | 左壁 | 左壁
左胁侍菩萨立像 | 右胁侍菩萨立像 | 左胁侍菩萨造像 | 右胁侍菩萨造像

图 5-10　麦积山第 127 窟菩萨像类型对比
采自《中国美术全集·雕塑编·麦积山石窟雕塑》，第 88、89、95、96 页

分用意。结合麦积山第 127 窟与西魏皇室之间的密切关联，以及其中菩萨造像的组织面貌，可以认为北魏景明年间（500—503 年）形成的菩萨造像组织秩序对麦积山石窟之后的工程产生了影响，强调以装束的繁简对应空间的主次以及像主的尊卑，然而受到地域风格的影响，在头冠、服样等方面有所区别。

　　相比以上北朝地区的案例，南朝造像也展现出相似组织秩序的流行。成都万佛寺遗址出土的梁普通四年（523 年）释迦立像龛、梁中大通五年（533 年）释迦立像龛、梁太清二年（548 年）观音立像龛，相关造像的组合与装束搭配，都具备着"景明模式"的基本特征。

　　梁普通四年（523 年）释迦立像龛（图 5-11），正面造一佛四菩萨四弟子二力士。菩萨头冠方面，主尊左侧第一身胁侍菩萨立像的宝冠保存得最为完整，其基本特征仍然是三珠花冠，但结构更为复杂。其他三例，头冠漫漶，难以判读。在身前装束方面，可以明确地将四身菩萨像分为两种类型。第一组，靠近主尊的两身，均内着僧祇支，胸前为"X"形珠串璎珞下压同形帔帛。第二组，远离主尊的两身，均胸前无璎珞，仅庄严"X"形帔帛。菩萨造像的装束繁简严格对应空间主次，与"景明模式"相一致。

图5-11　梁普通四年（523年）释迦立像龛
采自《中国美术全集·雕塑编·魏晋南北朝雕塑》

根据现有的实物资料观察，在同一个龛（铺）内，梁太清二年（548年）观音立像龛的菩萨造像组织关系最为复杂。

梁太清二年（548年）观音立像龛（图5-12），主尊为观音立像，胁侍四菩萨四弟子二力士。主尊观音的冠饰结构虽复杂，但基本是在三珠花冠的基础上进行了一些衍生而形成。两组胁侍菩萨的头饰类似花鬘冠，但上面带有流苏装饰，且结构相对于主尊宝冠更为简单。主尊与相近的一组胁侍菩萨像均内着僧祇支，颈佩项圈，身前为"X"形璎珞下压帔帛。然而，主尊与这组胁侍的项圈略有不同，主尊的是盘状项圈，而胁侍的则是珠串项链。最外侧的两身胁侍菩萨，戴珠串项链，且无璎珞装饰。值得注意的是，虽不能确定南、北之间造像风格的前后关系与传播方向，但在这一铺造像龛中，已初显稍后时期邺城附近石窟内菩萨造像的基本组织特征。

图 5-12　南朝梁太清二年（548 年）观音立像龛
采自《中国美术全集·雕塑编·魏晋南北朝雕塑》

需要说明的是，在临近龙门石窟的巩县石窟寺内，其第 1 窟、第 3 窟和第 4 窟的北魏造像流行着褒衣博带的装束，相关菩萨像普遍为龙门 B 型，并未呈现出上述菩萨造像组织秩序的影响。

关于巩县石窟寺开窟时间与背景，安金槐依据明弘治七年（1494 年）《重修大力山石窟十方净土禅寺记》"自后魏宣帝景明之间（500—503 年），凿石为窟，刻佛千万像，世无能烛其数者焉"，断定为宣武帝景明年间（500—503 年）所造[1]，并说明了巩县石窟寺与北魏帝室的密切关系。在第 1 窟、第 3 窟、第 4 窟内大门东西两侧的"帝后礼佛图"浮雕，也进一步展现了这种关联。同类题材

─────────

〔1〕　河南省文物研究所：《中国石窟·巩县石窟寺》，北京：文物出版社，第13 页。

的图像，也出现在龙门石窟宾阳中洞东壁上。然而，同样流行着"帝后礼佛图"并强调皇家属性的巩县石窟寺，相关菩萨造像的组织并未展现出景明模式的基本特征，这或许与巩县石窟寺的地理位置有关。

巩县紧邻洛阳，相距约 70 公里。北魏迁都洛阳后，巩县成为了捍卫京都的要地，其西北隅的小平津更设有重兵驻守，孝文帝、宣武帝也曾临幸过此地。安金槐指出，巩县石窟寺的开凿"很可能宣武帝在开凿龙门石窟时，考虑到工程浩大，'费工难就'，不得不另选一地继续开凿"[1]，将其营建背景与龙门石窟的关系进一步拉近。巩县石窟寺北魏时期的菩萨造像普遍呈现龙门 B 型的样貌，或许是为了凸显京都与地方之间的等级区别，以防止出现僭越的可能。换言之，从更为宏观的视角观察，巩县石窟寺的装饰设计要尽量避免僭越龙门石窟等具备京都属性的皇家工程，而其中的菩萨造像在区别等级方面起到了重要的作用。类似跨石窟群之间菩萨造像组织秩序的讨论，将是下节关注的重要内容之一。

第三节　邺城北朝石窟菩萨造像佩饰类型与空间秩序

邺城区域的北朝石窟菩萨造像呈现出丰富的样式类型，同时也展现了严格的空间组织秩序。本节将以装束特征为依据对菩萨造像进行分类，并分析不同类型与空间的对应关系，以展示北魏景明模式在此地的延续与发展。

---

[1] 河南省文物研究所：《中国石窟·巩县石窟寺》，北京：文物出版社，第13 页。

一 邺城区域石窟菩萨造像资源概况

邺城位于河北省临漳县东北约 20 公里处，南距安阳市区约 18
公里。曹魏在邺建都，使其成为了当时北方的政治、经济与文化中
心，后赵、冉魏、前燕、西魏、北齐相继将都城设于此地。534 年西
魏迁都于邺，直至 577 年北周武帝灭掉北齐，尽管仅 44 年的短暂经
营，但期间仍产生并留下了丰富的佛教石窟艺术资源。

邺城区域内的北朝佛教石窟主要包括北响堂山石窟、南响堂山
石窟、水浴寺石窟、小南海石窟和灵泉寺石窟（图 5-13），营建活
动集中在东魏、北齐时期。

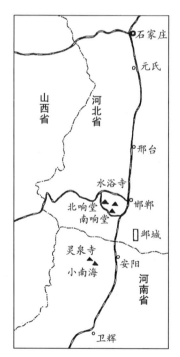

图 5-13　邺城地区石窟分布示意图
采自《邺城地区东魏北齐时期石窟研究》，第 3 页

由于东魏、北齐与南朝之间保持着频繁的文化交流，邺城区域的佛教石窟艺术呈现出明显的南朝化特征。通过南朝间接受到南亚、东南亚等地外域风尚的影响，相关菩萨造像吸收并融合了外域的新样。相对于北魏时期的石窟，这些造像再次出现了肉体袒露的案例，并且装束的类型明显增多。例如，北响堂山大佛洞中心柱正面龛左侧的胁侍菩萨立像，所佩戴的项链、璎珞与帔帛都显得窄小而精致，让上身趋于袒露。在北响堂山刻经洞前厅的左胁侍菩萨立像，"X"形的帔帛也窄得几乎像一条带子，与北魏云冈石窟、龙门石窟中的褒衣博带风格完全不同，几乎无法遮掩上半身。这些菩萨造像整体呈现出纤瘦的身姿，佩饰、服饰等细节也更为细密化、窄小化，应是东魏、北齐时期佛教造像艺术受到外来文化影响的具体表现。

除了整体特征的细密化和窄小化之外，邺城区域北朝石窟菩萨造像的装束繁简与空间主次的对应关系变得更为复杂，形成了类型丰富且层次立体的组合关系，具备极高的研究价值和意义。通过具体观察相关实例，尽管菩萨的头部多有损毁并且漫漶不清，但仍然能够通过身前装束的特征将其划分为四种类型。而这四种类型的装束繁简搭配，严格遵循着空间的主次关系，以及像主的尊卑关系。

现根据造像身前装束的特征，将北响堂山石窟、南响堂山石窟、水浴寺石窟、小南海石窟和灵泉寺石窟这五处石窟中的菩萨造像归纳为四种类型（图5-14）。以下是相关的分类标准与造像分布情况：

1. 邺A型

邺A型的菩萨造像，基本特征包括佩戴颈饰，身前装饰"X"形璎珞，璎珞下压细窄的同形帔帛，臂腕处有环钏，下着长裙。此类造像主要分布在北响堂石窟的大佛洞、释迦洞和刻经洞。由于多数同型菩萨造像的头部已经损毁，因此宝冠的样式无法准确复原。其中，在释迦洞内，主龛胁侍菩萨的头冠保存完好，为花鬘冠，但从具体的装饰特征来看，应该是后世修补的面貌。

邺 A 型　　　　邺 B 型　　　　邺 C 型　　　　邺 D 型

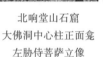

北响堂山石窟　　北响堂山石窟　　北响堂山石窟　　北响堂山石窟
大佛洞中心柱正面龛　刻经洞前厅　大佛洞中心柱左　大佛洞中心柱右面龛
左胁侍菩萨立像　左胁侍菩萨立像　面龛左胁侍菩萨立像　左胁侍菩萨立像

图 5-14　邺城区域石窟的 4 类佩饰样态对比图

2. 邺 B 型

邺 B 型的菩萨造像，大致特征为戴项圈，身披 "X" 形帔帛，下着裙。主要案例包括北响堂石窟刻经洞前厅两侧的胁侍菩萨像，以及千佛洞正壁左侧的胁侍菩萨立像等。相关菩萨像的头部大多已经受损，残存的部分呈现出类似花鬘冠的痕迹。

3. 邺 C 型

邺 C 型的菩萨造像，基本特征为袒上身，戴项圈，斜挂单股璎珞，帔帛搭肩绕臂下垂，衣巾在腹部打结，下身着裙。同型菩萨像的头部和宝冠多数亦已损毁。主要案例包括北响堂大佛洞中心柱左面龛内的左胁侍菩萨立像，以及南响堂千佛洞右壁龛内的左胁侍菩萨立像等。

4. 邺 D 型

邺 D 型的菩萨造像，基本特征为佩戴项圈，上身袒露，下身着裙。同样由于造像的损毁问题，同类头冠的样式无法确定。以水浴寺西窟内的胁侍菩萨立像，以及北响堂大佛洞中心柱右面龛内的左胁侍菩萨立像等为代表。

179

对比邺城北朝石窟中的四类菩萨造像，可以观察到从邺 A 型到邺 D 型，装束的内容逐渐简化，导致菩萨的上半身愈加裸露。这一现象，是否能归因为邺城地区的石窟造像受到了外域风尚的影响，随着时间的推移，相关装束正从邺 A 型向邺 D 型逐渐转变和过渡呢？为了验证这种猜测，需要对相关石窟的建造背景进行详细梳理与分析。

关于南响堂山石窟、水浴寺石窟、小南海石窟等东魏、北齐时期的诸窟、龛的开凿时间，学界已经形成了相对一致的认识。据南响堂石窟第 2 窟般若洞隋道净所撰写的《滏山石窟之碑》记载，该石窟系灵化寺和尚慧义于北齐天统元年（565 年）始建，后由丞相高阿那肱资助完工。因此，其营建活动应集中在天统元年至北齐灭亡（565—577 年）期间。水浴寺西窟东侧龛内，佛头光右侧有一例发愿文载："武平五年（574 年）甲午岁十月戊子朔，明威将军陆景□、张元妃，敬造定光佛并三童子……"[1]根据这份记载，可以推测水浴寺西窟的大致营建时间应在武平元年（570 年）至武平五年（574 年）之间。

而在小南海中窟门外崖面的上方，《班经题记》载有："大齐天保元年（550 年），灵山寺僧方法师、故云阳公子林等，率诸邑人刊此岩窟，仿象真容。至六年（556 年）中，国师大德稠禅师重茔修成，相好斯备，方欲刊记金石，光流末季，但运感将移，暨乾明元年（560 年）岁次庚辰，于云门帝寺奄从迁化。"[2]说明小南海北齐三窟大致营建时间，在 550—560 年左右。

关于北响堂山石窟的初凿时间，存在着"东魏说"和"北齐说"两种不同观点。这种分歧主要源自《资治通鉴》和《续高僧传》等文献在记载上的不同。

---

〔1〕 韦正：《魏晋南北朝考古》，北京：北京大学出版社，2013 年，第 468、469 页。

〔2〕 河南省安阳地区文化局：《安阳地区文物录》第一分册，安阳：安阳地区文化局，1983 年，第 70 页。

《资治通鉴》卷160《梁纪》载：南梁太清元年（547年）八月"甲申，虚葬齐献武王（高欢）于漳水之西，潜凿成安鼓山石窟佛顶之旁为穴，纳其柩而塞之，杀其群匠。及齐之亡也，一匠之子知之，发石取金而逃。"[1]这一记载为支持"东魏说"提供了重要的资料。而北齐时期文宣帝鼓山开窟的事情可以在《续高僧传》和《大金正隆四年常乐寺重修三世佛殿记》等文献中找到。《续高僧传》卷26《隋京师大兴善寺释明芬传》中提及："仁寿下敕，令置塔于慈（磁）州之石窟寺（寺即齐文宣之所立也）。大窟像背文宣陵藏中，诸雕刻骇动人鬼。"[2]而北响堂常乐寺内的金正隆四年（1159年）《大金正隆四年常乐寺重修三世佛殿记》碑中也载有："文宣常自邺都诣晋阳，往来山下，故起离宫，以备巡幸。于此□腹见数百圣僧行道，遂开三石室，刻诸尊像，因建此寺，初名石窟寺。后主天统间改智力，宋嘉祐中复更为常乐［寺］。"[3]

对于以上两种不同观点，刘东光在《响堂山石窟的开凿年代及分期》一文中，基于20世纪以来相关研究的基础上，结合了文献考证、统治阶级信仰特征以及造像风格等多方面内容，指出北响堂山"石窟的营建在北齐初即已开始"，"凿建于天保年间（550—560年）"[4]，形成了较为合理的观点。

总体来说，邺城区域北朝石窟的营建活动主要集中在550—577年之间（表5-2）。在短短的30年时间内，四类菩萨造像的装束变化可能过于频繁，且与石窟建设的背景和诸造像类型实际的分布、组合情况不符。因此，推断这四类菩萨造像的装束发展关系并非递进式，而是并存式，应较为合理。

----

〔1〕〔宋〕司马光：《资治通鉴》，北京：中华书局，1956年，第4957页。

〔2〕〔唐〕道宣：《续高僧传》，台北：文殊出版社，1988年，第909页。

〔3〕邯郸市文物保管所、峰峰矿区文物保管所：《河北邯郸鼓山常乐寺遗址清理简报》，《文物》1982年第10期，第36、43页。

〔4〕刘东光：《响堂山石窟的开凿年代及分期》，《华夏考古》1994年第2期，第99、100页。

表 5-2　邺城区域东魏、北齐石窟营建次序

营建时期	大致年限	石窟名称
第一期	550—560 年	北响堂山石窟（大佛洞、释迦洞、刻经洞）；小南海石窟（东窟、中窟、西窟）
第二期	564—577 年	南响堂山石窟（第 1—7 窟）
第三期	570—574 年	水浴寺石窟西窟

二　四类菩萨造像之间的空间组织关系

结合实际的空间布局信息观察（表 5-3），不同类型的菩萨造像往往在同一石窟内集中出现，呈现出密切的搭配组合关系。因此，笔者推测这四类菩萨造像应当同时流行，其搭配布局是为了服务石窟整体空间的组织秩序与设计意图。

表 5-3　邺城区域北朝石窟四类菩萨造像布局信息统计表

窟名		胁侍菩萨造像			
		邺 A 型	邺 C 型	邺 D 型	
北响堂山石窟	大佛洞				
		中心柱正面龛左胁侍菩萨立像	中心柱左面龛左胁侍菩萨立像	中心柱右面龛左胁侍菩萨立像	

窟名		胁侍菩萨造像			
北响堂山石窟	释迦洞	邺 A 型	邺 A 型	邺 A 型	邺 A 型
		窟门左侧 胁侍菩萨立像	窟门右侧 胁侍菩萨立像	窟内主龛 左胁侍菩萨立像	窟内主龛 右胁侍菩萨立像
	刻经洞	邺 B 型	邺 B 型	邺 B、D 型	邺 B、D 型
		石窟外壁左侧 胁侍菩萨立像	石窟外壁右侧 胁侍菩萨立像	石窟正壁 左胁侍二菩萨立像	石窟正壁 右胁侍二菩萨立像
		邺 A 型	邺 A 型	邺 A 型	邺 A 型
		窟内左壁 左胁侍菩萨立像	窟内左壁 右胁侍菩萨立像	窟内右壁 左胁侍菩萨立像	窟内右壁 右胁侍菩萨立像

窟名		胁侍菩萨造像			
南响堂山石窟	千佛洞	邺 B 型	邺 B 型	邺 D 型	邺 C 型
		窟内正壁左胁侍菩萨立像	窟内正壁右胁侍菩萨立像	窟内左壁右胁侍菩萨立像	窟内右壁左胁侍菩萨立像
水浴寺	西窟	邺 D 型	邺 D 型	邺 D 型	邺 D 型
		中心柱正面龛左胁侍菩萨立像	中心柱正面龛右胁侍菩萨立像	中心柱右面龛右胁侍菩萨立像	窟内左壁小龛左胁侍菩萨立像
小南海石窟	中窟	邺 D 型	邺 B 型	邺 B 型	邺 D 型
		窟内东壁左胁侍菩萨像	窟内东壁右胁侍菩萨像	窟内西壁左胁侍菩萨像	窟内西壁右胁侍菩萨像

南北朝菩萨造像的象征意义及其本土化研究

通过比对邺城区域北朝石窟中不同类型菩萨造像的空间分布位置，可以总结出以下三点规律：

1. 邺A型>邺C型>邺D型

北响堂大佛洞中心柱的正、左与右三面开龛（图5-15）。正面、左面龛中的右胁侍菩萨立像均残失，仅剩左侧胁侍菩萨，但其头部也受损残缺。右面造像龛的左右胁侍菩萨像均在，但头部也受到了损毁。正面的龛中，右侧的胁侍菩萨属于邺A型，项圈和"X"形璎珞的结构极为复杂，纹饰精致繁美。在左侧的像龛中，左胁侍菩萨立像属于邺C型，其单股斜挂式璎珞的结构相对简单，颈饰是相对朴素的珠串项链。右侧的龛中，左右两侧胁侍菩萨均为邺D型，均为袒露上身的面貌，帔帛垂于身体的两侧，胸前无璎珞或其他装饰，最为简朴。

邺A型　　　　邺C型　　　　邺D型　　　　邺D型

中心柱正面龛　　中心柱左面龛　　中心柱右面龛　　中心柱右面龛
左胁侍菩萨立像　左胁侍菩萨立像　左胁侍菩萨立像　右胁侍菩萨立像

图5-15　北响堂山大佛洞中心柱龛四类菩萨造像胸前装束的对比

在北响堂大佛洞中，中心柱胁侍菩萨像的服饰繁简与造像龛各面空间关系相对应。正面的胁侍菩萨属于A型，左侧的为C型，右侧的为D型。在确定了主次（正侧）空间差异的基础上，还展现了尚左的空间理念。即使是最简单的D型，也通过项圈的差异展现了左右空间的区别。在大佛洞中心柱右侧的龛中，左侧的胁侍菩萨项圈下挂有坠饰，而右侧的胁侍则只有简单的盘状项圈。这说明在邺城地区的石窟菩萨造像中，至少存在着两个层次的等级差异，包括不同的壁面之间和同一壁面（或同一龛内）左右位置之间的差异。而这些等级差异恰恰是根据服饰的繁简体现出来的。

2. 邺 A 型>邺 B 型

在北响堂山刻经洞的正壁上，刻有一佛四菩萨五尊像。观察四身菩萨像（图 5-16），可以发现靠近主尊的一组，其身前为"X"形璎珞下压帔帛的组合面貌，属于邺 A 型；而最外侧的一组胁侍菩萨像，仅着"X"形窄帔帛，属于 B 型。这说明在邺城地区的北朝石窟菩萨造像中，存在着内外不同空间之间的等级区别。

图 5-16　北响堂山刻经洞正壁右胁侍菩萨造像对比图
550—560 年

3. 邺 B 型>邺 C 型>邺 D 型

通过观察南响堂山千佛洞内的菩萨造像（图 5-17），可以发现邺 B、C 和 D 型三类之间的等级差异。

在千佛洞的正壁上，胁侍菩萨胸前佩戴着项圈，同时帔挂着

"X"形帔帛，属于 B 型；在左壁的胁侍菩萨则戴着项圈，左肩垂下单股璎珞，从左肩延伸至右腰背部，属于邺 C 型；右壁的胁侍菩萨则只佩戴项圈，没有璎珞或"X"形帔帛，上身袒露，属于邺 D 型。强调正侧壁面空间的主次关系，以及尚左的空间理念，同样可以在此处发现邺 B 型>C 型>D 型的组织秩序。

综上所述，可以推测在邺城周边的北朝石窟内，菩萨造像存在着邺 A 型>邺 B 型>邺 C 型>邺 D 型的等级意识，并体现在以下三种空间层次中：

第一，同一石窟内，不同壁面之间存在着等级差异，即正壁高于左侧壁面，左侧壁面优于右侧壁面的等级秩序。

邺 A 型   邺 C 型   邺 D 型

正壁   左壁   右壁
左胁侍菩萨立像   右胁侍菩萨立像   左胁侍菩萨立像

图 5-17 南响堂山石窟千佛洞 3 类造像比较

第二，同一壁面或同一龛内，左右空间之间存在的等级区别。即在主尊左侧和右侧的胁侍菩萨像，如果装束不同的情况下，一般左侧的装饰会更加繁丽和高级。

第三，同一壁面或同一龛内，内外空间之间存在的等级差异。即靠近主尊的内侧胁侍菩萨的饰物通常会比外侧的更加繁丽和高级。

除上述的三种空间层次之外，菩萨造像的装束繁简还能够反映不同石窟的营建背景与像主尊卑，呈现出皇家与臣民营造之间的等级差异，可以视为第四种空间层次。

通过对比北响堂山、水浴寺和小南海石窟内的菩萨造像类型及其组合方式，可以清晰地看出它们完全遵循着皇家石窟高于臣子和平民营建石窟的规制。在水浴寺石窟的西窟内，菩萨造像均属于邺D型，表现为袒上身，佩戴项圈，无璎珞等胸佩。与南北响堂石窟内的菩萨造像相比，水浴寺的菩萨造像类型相对单一，装束也相对朴素。这种现象与石窟的赞助人身份密切相关。

北响堂山石窟的营建活动受到了北齐统治者的直接支持。尽管《续高僧传》《资治通鉴》《磁州鼓山常乐寺重修大士殿记》等相关文献在细节上存在一些差异，但均记载了东魏、北齐皇室对此窟的高度重视和辛勤经营。刘东光亦指出，北响堂石窟具有陵藏的性质，认为北齐修建的"三个窟室是高洋为其父、兄和自己营建的转轮王塔，目的在于昭示自己的转轮王身份"[1]。因此，北响堂山石窟的菩萨造像不但类型丰富，而且装束繁丽，展现了最高等级的风采。

南响堂山石窟则由时任大丞相的淮阴王高阿那肱资助营建，其中菩萨造像的身量和装束均低于北响堂山石窟，但高于水浴寺石窟。而相比之下最低等级的水浴寺石窟，则是由明威将军陆景与妻子张元妃修建。可以清晰地看出，邺城区域北朝石窟菩萨造像的组织秩序与营建背景之间存在着密切的关系。皇家石窟中的菩萨造像类型

---

〔1〕 刘东光：《试论北响堂石窟的凿建年代及性质》，《世界宗教研究》1997年第4期，第67页。

最为丰富，装束也最为繁丽。其次是重臣出资营建的石窟，而由更低等级的臣民发愿营建的石窟相对朴素和简单。

以上四种类型菩萨造像的组合关系与空间秩序，实际上仍然是以装束的繁简来对应空间的主次以及像主的尊卑，这一特征与北魏龙门石窟所展现的"景明模式"是一致的。通过观察身前"X"形璎珞与帔帛的应用情况，可以将邺A型视为龙门A型的延续，而邺B型则是龙门B型的延续。由此可见，邺城区域北朝石窟中A、B型菩萨造像之间的等级关系与组织秩序，应直接继承了北魏龙门石窟中的已有模式。

邺城区域北朝石窟中四类菩萨造像之间的空间秩序关系，可以看作是对北魏"景明模式"组织秩序的继承、丰富与补充，同时也说明了东魏、北齐的高氏集团深受北魏文化的影响。东魏、北齐文物典章则多延续自北魏。《隋书·百官志》序："高齐创业，亦遵后魏。"[1]《北史·高隆之传》载高氏"以十万夫撤洛阳宫殿运于邺"[2]。东魏、北齐政权在职官、宫殿建设等方面多以北魏太和新制为基础，而在北魏洛阳地区早已形成的菩萨造像组织秩序，也被邺城区域的造像艺术所忠实地继承。唯一的区别在于后者受到了南亚、东南亚地区佛教艺术以及当时统治阶层的"排汉"思想的影响，积极地吸收并突出了外域风格，使得菩萨造像呈现出了帔帛窄细化、袒露面貌再现等特征，与北魏时期的风尚有所区别。

第四节　西安中查村出土北周菩萨立像的装束特征及其瘗藏意图

2004 年，西安市未央区中查村出土的 13 尊菩萨立像，以其精美

---

〔1〕〔唐〕李延寿：《北史》，北京：中华书局，1974 年，第 1945 页。

〔2〕〔唐〕魏征主编：《隋书》，北京：中华书局，2000 年，第 487 页。

的造型和繁复的装束而著称。本节将以这些造像的装束为研究对象，通过分析其图像特征、样式来源以及发展方向，结合出土位置等线索，探讨这些造像背后的瘗藏意图，并推测相关造像的组织原则。

一　造像出土概况与装束特征

2004 年，西安市未央区中查村西北处发现一批珍贵的石佛造像。在中国社会科学院考古研究所汉长安城工作队与西安市汉长安城遗址保管所的精心发掘和清理下，"共得到造像个体 31 件，均为单体造像，其中有立佛像 17 件（包括 3 件佛头、2 件佛像莲台和 1 件佛像莲座）、坐佛像 1 件、立菩萨像 13 件……佛像复原高大者高 2 米余，小者高仅数十厘米；菩萨像复原高大者高约 1 米，小者也仅有数十厘米。造像均有不同程度的残损"[1]。

13 尊菩萨立像分别被编号为 2004CHH1：16—26、29、31[2]，均为石灰石材质。其中，有 10 身原像的高度约在 1 米左右[3]。这些菩萨像周身装扮着精美佩饰，其结构复杂、制作精巧，代表了北周长安地区菩萨造像的装束风格。

选择相对保存完好的案例，就其图像特征描述如下：

16 号菩萨立像（2004CHH1：16）保存状况最为完好（图 5-18）。该像通高 80 厘米，仅缺失右手、头部以及身体两侧的部分发缕和帔帛。菩萨身着华丽的服饰，包括宝冠、项圈、璎珞和环钏。宝冠（图 5-19）的正面以及左右两侧呈现宽大的莲瓣状，两侧配以结带。莲瓣之间雕刻有火焰和莲蕾纹，表面上还各自装饰着三层纹饰。具体来说，正面的莲瓣从外向内分别雕刻有羊角、联珠以及盛开的莲花纹，而两侧的莲瓣也从外向内雕刻有羊角、联珠以及莲蕾

---

[1]　中国社会科学院考古研究所：《古都遗珍——长安城出土的北周佛教造像》，北京：文物出版社，2010 年，第 2 页。

[2]　编号均引自《古都遗珍——长安城出土的北周佛教造像》。

[3]　同[1]，第 47 页。

纹。造像的项圈为桃形，表面素面，下沿配有坠饰。坠饰结构复杂，为十字形，中心是一颗大珠，上接一朵莲蕾，左、右、下部各挂一颗小珠。身前的璎珞由莲花饰、珊瑚饰、坠珠以及穗状珠串组成，紧贴在身体正面的"X"形帔帛上。璎珞挂于双肩，以两股穗珠下垂至腹部，交汇于一个莲花盘饰，然后再分为两股垂至左右膝盖，整体呈"X"形。保存较好的左腕上，戴有两个手镯。

图 5-18　16、18、19 号菩萨正面图（自左向右）
采自《长安城出土的北周佛教造像》，第 50、57、62 页

图 5-19　16 号菩萨像宝冠图案拓本
采自《长安城出土的北周佛教造像》，第 48 页

图 5-20　18 号菩萨背面图
采自《长安城出土的北周佛教
造像》，第 58 页

18 号菩萨像（2004CHH1：18）的图像特征与 16 号基本一致，仅在佩饰细节方面略有区别。由于该像缺失了头部和右手，因此无法观察其宝冠图样。项圈呈桃形，表面有阴刻线，上沿悬挂有一股穗珠，下沿挂着莲蕾坠饰。左右两腕各戴着两个手镯。身前装饰"X"形璎珞，下压同形帔帛，但璎珞结构与 16 号菩萨略有区别。在构成方面，18 号菩萨的璎珞由珊瑚饰、坠珠以及穗状珠串组成，未见莲花饰；在结构方面，璎珞在腹部交叉穿璧，而非盘饰。造像的背面还有其他装饰。束腰带下，连着一个兽面牌饰；两侧裙带上，对称悬挂着两套组玉佩。这两套组玉佩的样式相同（图 5-20），分为上、中、下三段结构，上段为半月形横璜，中段有一块璧与两个竖璜，下部为方形或圆形的坠珠，三段之间以珠串相连。

与前例相比，19 号菩萨像（2004CHH1：19）的璎珞佩挂方式较为独特。该像缺失头部，残高 68.2 厘米。颈饰为宽阔的项圈，表面雕刻着菱形纹和联珠纹等装饰。项圈下方配有方扣链，链下悬挂着一组具有兽面纹样的牌饰。身前一组璎珞不像其他例子那样挂在双肩上，而是悬挂在这组兽面纹牌饰的下沿，垂至膝盖处，由圆珠、方形珠和穗状串珠组成。除了这一组璎珞，双肩处另外挂着一组"U"形璎珞，垂至小腿位置。这组"U"形璎珞也是由圆珠、方形珠和穗状珠串组成，最下端串接有一莲花饰。

其他菩萨造像的图像特征大致与上述三例相似。概括而言，这些菩萨造像的装束极为繁丽，具备以下三个方面的特征：

1. 构成内容统一

第一，身饰普遍采用璎珞与帔帛的搭配固定。与前文描述的龙门A型相似，身体正面的帔帛上面均压有璎珞，以"X"形的结构为主。

第二，璎珞的主体为穗状串珠，再加上莲花饰、珊瑚饰、珠饰或方形饰等元素相间构成。穗状串珠是以2—3条珠串拼接而成，呈现出繁复绚丽的视觉效果。

第三，佩饰中大量出现莲花、莲蕾等图像元素，并有少量兽面元素的出现。在18、21、23号菩萨立像的腰部、膝盖等位置，出现了组玉佩的装饰。

2. 追求结构繁杂

第一，佩饰自身的结构呈现出复杂性。例如16号菩萨的璎珞左右两侧基本对称，其中左侧由4朵莲花饰和5段穗状珠串交替组成，每朵莲花又分成8瓣，上下附有珊瑚饰，而最下端的莲花饰还悬挂着珠子。

第二，佩饰之间形成了复杂的叠压关系。例如17号和19号菩萨都佩戴了两组璎珞，分别呈现"X"形和"U"形，相互叠压形成更为繁复的视觉效果。

第三，项圈和璎珞上的坠饰也具有复杂的结构。例如21号菩萨像的坠饰，以宝珠堆积成丰硕的果实状，呈现出饱满的视觉效果。

第四，佩饰的表面纹样也呈现出复杂性。在宝冠、项圈等表面刻有大量的联珠纹、莲花纹或羊角纹，为装饰增色。

3. 遮体面积增大

第一，佩饰普遍呈现宽大的特点。例如，菩萨佩戴的项圈直径通常在5厘米以上，相对于通高1米左右的造像而言，呈现出相当宽大的视觉效果。同样地，各类穗状珠串、宝珠饰或莲花饰等也具备较为粗大的视觉效果。这是与前述东魏、北齐造像完全不同的风尚。

第二，璎珞的长度普遍偏长。即使观察到损毁情况较为严重的24号（图5-21）和25号菩萨，仍然能够发现其璎珞已经垂至膝盖以下。

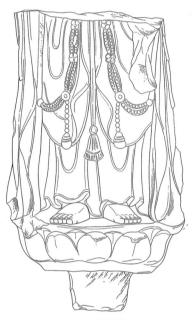

图 5-21　24 号菩萨正面图
采自《长安城出土的北周佛教造像》，第 78 页

中查村出土的这 13 尊菩萨造像，尽管在佩饰纹样上略有差异，但在基础构件、组合关系和体量大小等特征上保持了风格一致，符合统一的雕刻风格。进一步观察近年来西安地区出土的大量北周菩萨立像，可以发现它们的佩饰特征与这批造像多有相似之处。例如，1984 年在中官亭村出土的北周保定五年（565 年）观音立像（图 5-22），以及 1992 年在西查村出土的白石观音像（图 5-23）等，它们在佩饰的基础构件、组合关系以及体量大小等方面与前述案例极为

相似，仅在制作材质和精细程度上略有差异。由此可见，中查村出土的这批菩萨立像的装束特征，能够代表北周长安地区同类菩萨造像的基本风貌。

图 5-22　北周保定五年（565 年）　　　图 5-23　北周白石观音像，
　　菩萨像，西安博物院收藏　　　　　　　西安博物院收藏

二　装束的样式源流与发展

深入剖析以上菩萨造像的头冠、璎珞与组玉佩，可以发现相关图像特征是在北周地域文化因素的影响下，南北朝菩萨造像进一步本土化发展的结果。

（一）头冠、璎珞与帔帛

16 号菩萨立像的宝冠正、左、右三面均为宽大的莲瓣装，表面装饰着羊角纹、联珠纹、莲蕾纹以及火焰纹，其基本结构符合花鬘冠的典型特征，但表面的装饰较三珠花冠更为华丽。

前文指出，北朝地区的花鬘冠于云冈石窟第二期稍晚的工程中开始流行，与服饰褒衣博带化同时成为新的发展趋势。在南朝地区，齐永明八年（490 年）比丘释法海造弥勒佛像（图 1-10）中，能看到花鬘冠的较早案例。在以景明模式为代表的菩萨造像组织秩序中，花鬘冠一般是较为朴素的龙门 B 型的典型符号，用来装饰较为次级空间或身份略低像主的造像。与之相对的，是龙门 A 型普遍采用的三珠花冠。16 号菩萨立像宝冠吻合了花鬘冠的结构特征，但表面纹样繁杂程度超越了之前描述的三珠花冠，展现了两种冠型的结构与装饰纹样的趋繁互融，并具备彰显像主尊贵的属性。

这一批在西安地区出土的北朝菩萨造像中，佩饰的繁杂化趋势在身前装束方面表现得更为明显。这些造像的璎珞与帔帛形成了固定的组合面貌。北朝早期的菩萨像的璎珞普遍较短小，最长者仅垂至腹部，且不与帔帛形成组合。而北周菩萨造像的璎珞则更为粗长，多数垂至膝盖位置。类似特征的璎珞以及璎珞、帔帛的组合，较早可见于前文反复讨论的古阳洞正壁胁侍菩萨立像，即类似于龙门 A 型普遍采用的身前装束面貌。与古阳洞、宾阳中洞的龙门 A 型相比，北周菩萨造像的璎珞由穗状串珠、珊瑚饰、莲花饰等元素相间构成，且多有坠饰，其元素更为复杂。此外，北周菩萨造像多佩挂"X"形璎珞，或者两组璎珞分别以"X"形、"U"形组合佩挂，也是一种装束繁杂化的表现。

（二）组玉佩

前文提及的 18 号、21 号和 23 号菩萨立像在腰部、膝盖等位置刻有组玉佩纹样，较为特别。

梳理相近时期的菩萨造像，在龙门石窟、麦积山石窟与青州龙兴寺等地，都存在庄严玉佩的现象，但其结构都不如上述三例复杂。如西魏时期营建的麦积山第 102 窟右壁的文殊菩萨造像（图 5-24），

图 5-24　麦积山第 102 窟右壁文殊菩萨造像
采自《中国美术全集·雕塑编·麦积山石窟雕塑》，第 119 页

在腰部两侧佩戴着玉佩，以绶带垂绑玉璧，下坠一璜，整体结构相
对简洁。青州龙兴寺出土的东魏彩绘菩萨立像（图 5-25），其玉佩
结构更为朴素，仅在腰部以下垂挂绶带和玉璧，坠一蝴蝶结形饰物。

　　这三例北周菩萨造像的组玉佩的图样相似，均采用上、中、下
三段式的结构。上段通过绶带或珠线与身体挂接，由珩、璜、璧、
串珠、"X"形玉饰、冲牙等元素组成。相较而言，18 号菩萨造像的
组玉佩最长，从腰部延伸至小腿部；而 21 号和 23 号菩萨像的组玉佩
相对较短，从膝盖垂至小腿。

　　三例菩萨造像的组玉佩与北周长安及周边地区的世俗组玉佩应
存在着密切的关联。组玉佩，又称为杂佩、玉全佩、玉杂佩、玉组
佩、玉佩等，是佩戴在颈、腰等部位的装饰物，主要以璜、珩为基
础构件，再串接琚、瑀、蠙珠、冲牙等多种元素。组玉佩在西周时
期最为流行，是当时礼仪制度的重要组成部分。至东汉末年由于战

图 5-25　东魏彩绘菩萨立像（局部），
青州市博物馆藏

乱等原因，这类装饰物一度失传。后来在曹魏统一北方并重新建立典章礼仪后，"魏侍中王粲识其形，乃复造焉"〔1〕。但是，这种复造的组玉佩与西周时期的样式有着明显差异。

将三例菩萨造像的组玉佩与近年来考古发掘的魏晋南北朝时期陪葬组玉佩进行图像比较，可以发现其与宁夏固原北周田弘墓内的组玉佩样式最为接近。因此，可以认为这三例菩萨像的组玉佩是在北周长安或其周边地区世俗组玉佩的影响下进行的仿刻，反映了北周时期复古风气对菩萨造像艺术产生的影响。

基于以上的判断，以 16 号菩萨为代表的这一批北周菩萨造像，应被视为龙门 A 型的延续。相关菩萨造像的装束在北周地域文化因素的影响下，呈现出繁杂化的发展趋势，同时也引入了诸如组玉佩等新元素。

三　造像瘗藏意图的分析

（一）繁妙佩饰与宗教狂热

在西安中查村出土的北周菩萨立像延续了前代龙门 A 型的装束特征，遵循了繁杂化的发展趋势，最终呈现出了结构复杂、纹样繁

---

〔1〕〔唐〕魏征主编：《隋书》第 1 册，北京：中华书局，1973 年，第 236 页。

妙、体量庞大的佩饰面貌，彰显出一股奢华气息。这种气息恰好契合了当时的社会氛围。

北朝时期的佛教信仰者历来重视通过兴建寺庙和造像来积累功德、祈求福田。如汤用彤所总结："然朝廷上下之奉佛，仍首在建功德，求福田饶益。故造像立寺，穷土木之力，为北朝佛法之特征。"[1]无论是皇室成员、权贵阶层还是普通百姓，凡是信奉佛教的人都愿意投入巨额的财富来兴建寺庙和造像。甚至相对贫困的普通民众，也能够以合邑的形式集资兴建华丽的造像碑，以此表达对佛教的虔诚供养之情。

显然，中查村出土的菩萨立像所需费用绝非普通百姓所能承担，应该是由皇家或者权贵所供奉。犹如北魏杨衒之《洛阳伽蓝记》中所描述的："王侯贵臣，弃象马如脱屣；庶士豪家，舍资财若遗迹。于是昭提栉比，宝塔骈罗，争写天上之姿，竞摹山中之影；金刹与灵台比高，广殿共阿房等壮。"[2]皇家或权贵们在兴建寺庙和造像的行为中，奢华浪费的一面表露无遗，他们之间的攀比竞争甚至演变到了一种疯狂的境地。在这样的环境下，菩萨佩饰纹样的繁杂化趋势也就不难理解了。

大量社会资源用于兴建寺庙和造像可能会危害国家财政和民生，也成为批评佛教的依据。北魏高谦之曾指出："图寺极壮，穷海陆之财，造者弗吝金碧，殚生民之力，岂大觉之意乎？"[3]后张普惠也上疏论佛教，有"殖不思之冥业，损巨费于生民。减禄削力，近供无事之僧；崇饰云殿，远邀未然之报"[4]等言论，都对奢华建寺造像以谋求福田等行为进行了批评。北周时期的长安也同样存在着这

〔1〕 汤用彤：《汉魏两晋南北朝佛教史》，上海：上海人民出版社，2015年，第356页。

〔2〕 〔北魏〕杨衒之：《洛阳伽蓝记》，《大正藏》第51册，第999页。

〔3〕 〔唐〕道宣：《广弘明集·叙列代王臣滞惑解》，转引自〔清〕严可均辑，金欣欣、金菲菲审订：《全后魏文》，北京：商务印书馆，1999年，第522页。

〔4〕 〔宋〕司马光：《资治通鉴》第2册，长沙：岳麓书社，2016年，第901页。

种现象，华丽建寺造像与限制佛教的批评呼声形成了鲜明的反差和矛盾。中查村出土的北周菩萨立像上的繁复佩饰纹样，仅仅是奢华建寺造像行为的一个缩影而已。

（二）造像瘗藏的地点与时间分析

自西晋竺法护至长安传法伊始，经后赵、前秦等政权的推崇及发展，长安已成为北方译经重镇与佛教传播的中心。西魏、北周帝王多数崇信佛教，长安城内佛寺林立。据《辩正论·十代奉佛篇》记载，自西晋时竺法护将佛法传入长安起，经过后赵、前秦等政权的推崇与发展，至后秦鸠摩罗什时长安已然成为北方的译经重镇以及佛教传播的核心地带。西魏、北周时期，多位帝王信奉佛教，长安城内涌现了众多佛寺。《辩正论·十代奉佛篇》记载："周太祖文皇帝……于长安立追远、陟岵、大乘、魏国、安定、中兴等六寺，度一千僧；又造天保寺，供养玮法师……周高祖武皇帝……于京下造宁国、会昌、永宁等三寺。"如此等等[1]。中查村出土的造像，或许是供奉于以上提及的寺院之中的。

由于缺乏文献或考古线索，我们无法确定这批造像最初是被供奉于北周长安城内的哪座或哪几座寺庙。然而，若将出土地点与北周权力的核心地——皇城的位置相联系，或许能够逐步揭示出瘗藏的意图。

关于北周皇城的位置，目前学术界存在两种不同观点：

（1）北周皇城位于故汉长安城西南角（图5-26），即现今西安市未央区周河湾、大刘寨、西马寨附近。

持该观点的学者包括史念海、史先智、尚民杰、李宪霞、杨恒显等。史念海和史先智在《论十六国和南北朝时期长安城中的小城、子城和皇城》一文中，结合《晋书·苻健载记》《魏书·世祖纪》

---

[1]《中华大藏经》编辑局编：《中华大藏经》汉文部分六二，北京：中华书局，1993年，第493页。

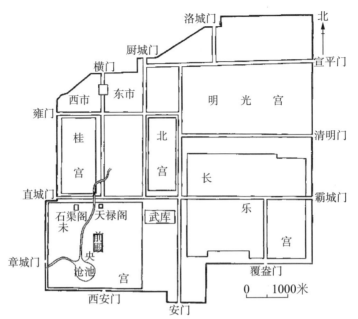

图 5-26　未央宫位置图
采自《汉长安城未央宫：1980—1989 年考古发掘报告》，第 4 页

《周书·文帝纪》《唐六典·户部尚书》等史书记载，指出："十六国时期长安城中分有小城，南北朝时期长安城中又另有小城、子城和皇城。"[1]通过对十六国南北朝时期政权兴起、中枢政治的延续以及故宫修缮等方面的仔细研究，他们认为："十六国时期和南北朝后期，长安城中的小城、子城和皇城，前后名称虽不尽一律，却都应未离开未央宫的范围。"[2]也就是说，北周皇城并未脱离原汉未央宫的范围，依然位于汉长安城的西南角。

（2）北周皇城应位于故汉长安城东北角（图 5-27），即今天西安市未央区楼阁台村、高庙村、吴高墙村附近。

这一观点的确立基于中国社会科学院考古研究所汉长安城工作

---

〔1〕　史念海等：《论十六国和南北朝时期长安城中的小城、子城和皇城》，《中国历史地理论丛》1997 年第 1 期，第 1 页。

〔2〕　同上，第 12 页。

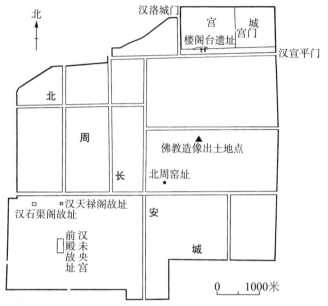

图 5-27　北周佛教造像出土位置示意图

采自《古都遗珍：长安城出土的北周佛教造像》，第 1 页

队的考古发现。在 2003 年，工作队为配合楼阁台遗址保护工程进行了考古钻探。在此过程中，他们发现了该遗址东、西两边各有一条夯土墙向两侧延伸，最终在夯土墙的延伸线上发现了东西并列的两个小城。根据年代分析，这些遗址可以追溯到十六国北朝时期。结合北周时期存在东、西二宫之制等文献记载〔1〕，最终确定了"东西两个小城应是自前赵以来，经前后秦、北朝直到隋初长安城的东西宫城遗址，东宫为太子宫，西宫为皇宫"〔2〕。也就是说，北周的皇城位于故汉长安城的东北角。

　　以上两种观点，均存有疑点。

---

　　〔1〕《周书·帝纪第五·武帝》载："（建德二年）夏四月己亥，祠太庙。丙辰，增改东宫官员。"

　　〔2〕 中国社会科学院考古研究所汉长安城工作队：《西安市十六国至北朝时期长安城宫城遗址的钻探与试掘》，《考古》2008 年第 9 期，第 34 页。

对于北周皇城位于故汉长安城西南角的观点，史念海指出可能在建筑空间布局方面存在问题。他结合历代绘制的故汉长安城图，指出地图显示未央宫的西墙、南墙与长安城的西墙、南墙紧贴，宫墙与城墙之间仅存一条环城道路，除此之外几乎没有多余的空间。根据地图显示，北周皇城的露门、应门和肃章门将无法合理安置。为解决这一问题，史氏提出了一个假设，认为未央宫的西墙、南墙与长安城的西墙、南墙之间应当存在着广阔的空地，但并未在历代地图中得到体现。此外，他还借助前赵刘曜在长安城设立大学和小学等事例，证明其假设的合理性[1]。

汉长安城工作队根据大量考古资料，指出十六国至北朝时期建都于长安的政权，其宫城并不位于未央宫、长乐宫附近，具体的证据包括："在未央宫和长乐宫中少见十六国至北朝时期的建筑遗迹"，"近年在长乐宫中发现大量北朝时期的窑址"，"未央宫的南部以及长乐宫的南部、东部城墙上也少见十六国至北朝时期修补的遗迹"，以及西安门、直城门、霸城门的废弃与重建情况等[2]。这些证据都明确否定了北周皇城位于汉未央宫范围内的可能性。

关于北周皇城位于故汉长安城东北角的观点，也存在一些怀疑的声音。例如，李宪霞从位置、地势、交通、安全等方面审视了皇城选址的问题，提出在长安城的东北角设置皇宫与太子宫并不合理等。

相对而言，支持北周皇城位于故汉长安城东北角的观点更具备考古资料的支持。笔者也倾向于这一观点。

回顾中国社会科学院考古研究所编著的《古都遗珍——长安城出土的北周佛教造像》中的描述："这里属西安市未央区汉城街道办事处中查村所辖，石化大道从其北侧经过。该地在汉长安城中是处

----

〔1〕　史念海等：《论十六国和南北朝时期长安城中的小城、子城和皇城》，《中国历史地理论丛》1997年第1期，第9页。

〔2〕　中国社会科学院考古研究所汉长安城工作队：《西安市十六国至北朝时期长安城宫城遗址的钻探与试掘》，《考古》2008年第9期，第34页。

于长乐宫之北、清明门大街之南，在北周长安城中是位于宫城之南，北距宫城南墙约 2000 米。"[1]其结论"在北周长安城中是位于宫城之南"，正是根据汉长安城工作队《西安市十六国至北朝时期长安城宫城遗址的钻探与试掘》[2]的相关成果得出的。

通过图 5-27 可以清晰地看到，这批北周造像的出土地点位于楼阁台遗址的正南 2 公里处。那么，出土地点是否透露了特殊的信息？在回答这个问题之前，需要率先说明北周楼阁台遗址的具体功能。

汉长安城工作队《西安市十六国至北朝时期长安城宫城遗址的钻探与试掘》指出："西宫内的楼阁台建筑遗址应是前后秦时期太极前殿、北周时期露（路）寝的旧址。"[3]露寝，亦名路寝。路寝之名可见于《诗·鲁颂·閟宫》。《诗》云："路寝孔硕。"《毛传》："路寝，正寝也。"《礼记·玉藻》说祭祀："君日出而视之，退适路寝以听政。"可知露寝为天子、诸侯的正殿所在。北周宇文氏复古，武帝于保定三年（563 年）"八月丁未，改作露寝"，三年后的"天和元年（566 年）正月……露寝成，幸之"[4]。建德六年（577 年）五月下诏："朕钦承丕绪，寝兴寅畏，恶衣菲食，贵昭俭约……正殿别寝，事穷壮丽。非直雕墙峻宇，深戒前王，而缔构弘敞，有逾清庙……其露寝、会义、崇信、含仁、云和、思齐诸殿等，农隙之时，悉可毁撤。雕斫之物，并赐贫民。"[5]说明在建德六年（577 年）五月之后，露寝等建筑被弃用。在此时间之前，露寝担负了北周武帝会见群臣、处理政务等重要职能。此外，在大象元年（579 年）十

---

〔1〕 中国社会科学院考古研究所：《古都遗珍——长安城出土的北周佛教造像》，文物出版社，2010 年，第 1 页。

〔2〕 中国社会科学院考古研究所汉长安城工作队：《西安市十六国至北朝时期长安城宫城遗址的钻探与试掘》，《考古》2008 年第 9 期，第 34 页。

〔3〕 同上。

〔4〕〔唐〕令狐德棻主编：《周书·帝纪第五·武帝》，北京：中华书局，2013 年，第 69、72 页。

〔5〕 同上，第 102 页。

二月，北周宣帝曾"御路寝，见百官"[1]，表明在宣帝时期露寝曾得以复用。

若这批菩萨立像的埋藏时间在北周设置露寝期间，那么可以推测毁像和埋藏活动与北周帝王的密切关系。

关于造像的营造与埋藏时间，组玉佩纹样提供了重要线索。前述的三例组玉佩是按照当时长安地区世俗组玉佩的样式制作的，这可能与宇文泰施行的复古政策有关。

相对于东魏、北齐以及南朝，西魏和北周政权在成立初期在军事、经济、文化等方面相对落后。为了笼络境内胡汉诸族势力以巩固统治，宇文泰掌权时期采取了一系列措施，包括模仿《周礼》等古制。陈寅恪在《隋唐制度渊源略论稿》中详细讨论了宇文泰在关陇地区的统治，指出"以物质论，其人力财富远不及高欢所辖之境域……以文化言，则魏孝文以来之洛阳至继承者邺都之典章制度，亦岂荒残僻陋之关陇所可相比"[2]。故西魏恭帝"三年（556年）春正月丁丑，初行《周礼》，建六官。……初，太祖（即宇文泰）以汉魏官繁，思革前弊，大统中，乃命苏绰、卢辩依周制改创其事，寻亦置六卿官，然为撰次未成，众务犹归台阁。至是始毕，乃命行之"[3]。陈寅恪还指出，"利用关中士族如苏绰辈地方保守性之特长，又假借关中之本地姬周旧土，可以为名号，遂毅然决然舍弃摹仿不能及之汉魏以来江左、山东之文化，而上拟周官之古制"[4]，实质为"以关陇地域为本位之坚强团体"[5]。

宇文氏利用了关陇地区的保守性和胡、汉诸族的特质，通过借

---

〔1〕〔唐〕令狐德棻主编：《周书·帝纪第七·宣帝》，北京：中华书局，2013年，第 121 页。

〔2〕陈寅恪：《隋唐制度渊源略论稿》，北京：中华书局，1963 年，第 90、91 页。

〔3〕〔唐〕令狐德棻主编：《周书·帝纪第二·文帝》，北京：中华书局，2013年，第 36 页。

〔4〕陈寅恪：《隋唐制度渊源略论稿》，北京：中华书局，1963 年，第 92 页。

〔5〕同上。

用姬周旧土的名号来凝聚人心，运用《周礼》来调和当时胡、汉诸族势力，从而巩固统治并扭转了当时的不利形势。此外，宇文泰个人对佛法的崇尚也不可忽视，这不可避免地影响了当时佛教艺术的发展并使其具有了复古风貌。《续高僧传·菩提流支传》记载："西魏文帝大统中，丞相宇文黑泰兴隆释教，崇重大乘，虽摄总万机，而恒扬三宝。"[1] 这表明了宇文泰对佛教的崇敬，以及对大乘佛教的尊重。推崇佛法又以《周礼》强国的宇文泰，在本人或其追随者的影响下，菩萨佩饰融入了周代流行的组玉佩元素，便不难理解。根据这些信息，推测这批菩萨立像可能是在西魏恭帝三年（556 年）之后营造的。

根据造像的损毁状态可以推断其埋藏时间。13 尊菩萨造像以及同期出土的佛像都受到了不同程度的破坏，例如除了 16 号菩萨立像之外，其余 12 尊菩萨像的头部均已遗失。这些线索表明，在被埋藏之前，这些造像已经遭到了破坏，或者与北周武帝的废佛活动有关。北周武帝建德三年（574 年）五月，下令"初断佛、道二教，经像悉毁"[2]。都城长安城作为实施废佛旨令最初、最严的区域，毁像与掩埋的时间应不至离建德三年（574 年）太远，离建德六年（577年）毁撤露寝更要有一段时间。

根据以上线索，可以推测这批菩萨立像是在建德三年（574 年）五月后不久被毁坏，并被埋藏于北周露寝正南方 2 公里附近。

（四）造像瘗藏方式与意图的假设

虽然造像最终被埋藏于北周露寝正南 2 公里附近，但其原始的供奉地点应当不在这里。推测在建德三年（574 年）五月后不久的某个时候，这批造像很可能从长安城内的其他寺院被集中运输到露

---

〔1〕〔唐〕道宣：《续高僧传》，台北：文殊出版社，1988 年，第 17 页。

〔2〕〔唐〕令狐德棻主编：《周书·帝纪第五·武帝》，北京：中华书局，2013年，第 85 页。

寝正南 2 公里附近，然后被销毁并掩埋。

关于这种假设，至少有以下三点证据：

第一，考古资料的支持。考古研究指出："在造像坑附近还没有发现属于北朝时期的建筑遗存"[1]，这意味着没有考古资料能够证明北周时期在此地设有寺庙。

第二，这种瘗藏方式具有更强的功用性。在北周武帝实施废佛活动期间，他选择在露寝正南 2 公里附近进行一次示范性的毁像活动，可以方便其亲自监督相关举措的落实。同时，这也能向全国臣民展示他废佛的决心，减少相关阻力，从而推动更大范围、更为彻底的废佛活动。

第三，经济性也是这种假设的一个支持点。在中查村出土的同批 31 件造像中，包括了 17 尊佛立像、1 尊佛坐像和 13 尊菩萨立像。其中，最大的佛像高度在 2 米左右，菩萨像中最高者也在 1 米左右。虽然从长安城内的其他地点将这些造像集中运输至此并无技术或成本上的障碍，但考虑到造像的体积与重量等因素，将已经失去价值的造像就近掩埋显然更为经济合理。另外，被毁后的造像仍可能被信徒私下修复并供奉，因此就近掩埋也更方便进行监控。

以上三点中，第二点更能凸显北周武帝废佛活动的特色。与之前的北魏太武帝不同，北周武帝的废佛活动具有反佛理论和排佛思想的准备过程，采取了先抑佛后禁佛的相对温和方式。废佛之前，曾于天和四年（569 年）二月"戊辰，帝御大德殿，集百僚、道士、沙门等讨论释老义"[2]，讨论释、道二教之先后。同年三月十五日"敕召有德众僧名儒道士文武百官二千余人，帝御正殿量述三教，以儒教为先，佛教为后，道教最上。……时议者纷纭情见乖咎，不定

---

〔1〕 中国社会科学院考古研究所：《古都遗珍——长安城出土的北周佛教造像》，北京：文物出版社，2010 年，第 2 页。

〔2〕〔唐〕令狐德棻主编：《周书·帝纪第五·武帝》，北京：中华书局，2013 年，第 76 页。

而散。"〔1〕。关于儒、释、道三教排名，佛教为后。其月二十日，"依前集，论是非。更广莫简帝心"〔2〕。文献记载表明，建德三年（574年）废佛之前，武帝曾多次动员讨论和争辩。因此，在废佛的过程中进行一次"经像悉毁"的示范活动的可能性很大。

中查村出土的北周菩萨立像在装束特征上代表了北周长安地区同类造像的基本特征。通过对相关装束样式的源流梳理，可以看出其延续了前代龙门A型的基础，同时遵循了一种繁杂化的发展趋势，最终呈现出结构复杂、纹样繁复、体量宏大的特点，具有极其奢华繁丽的视觉效果，应反映了其作为皇城地区造像的最高等级属性。其图像上的繁杂化演变，是北朝时期佛教信徒为建功德、求福田而努力立寺造像的一种缩影。这批造像的出土地点也蕴含着深刻的用意。通过将其出土地理位置以及组玉佩等元素作为线索，可以推测这批造像可能在建德三年（574年）五月后不久的某个时间，被从长安城内其他寺院集中运输到露寝正南2公里附近，并在那里被销毁并掩埋。其瘗藏意图可能是为了方便北周武帝亲自监督废佛举措的落实，以向全国臣民展示自己废佛的决心，引导社会舆论，减少阻力，从而推动更大范围、更为彻底的废佛活动。这次在都城长安内进行的一次示范性毁像活动，成为了北周废佛运动的一个有力的象征。

第五节　寺院菩萨造像空间秩序的合理想象——以河北曲阳修德寺遗址为例

南北朝时期的石窟空间内，菩萨造像呈现出清晰的等级秩序与

---

〔1〕〔南朝梁〕僧祐撰、〔唐〕道宣撰：《弘明集　广弘明集》，上海：上海古籍出版社，1991年，第142页。

〔2〕同上。

组织关系。然而，在寺院空间中，由于原始环境的破坏，其组织秩序显得混乱。本节将结合前文对菩萨造像组织秩序的讨论，尝试复原此类空间中的布局与秩序。

观察近年来四川成都万佛寺、山东青州龙兴寺、山东博兴华龙寺、河北曲阳修德寺、西安未央区中查村等地出土的大量造像，由于相互叠压窖藏的保存方式，导致许多题材造像之间的原始空间关系需要进一步梳理。通过分析以上寺院空间内菩萨造像的装束特征和造像身量之间的变化规律，或许可以掌握相关菩萨造像间的组织关系。

通过将菩萨造像的身量与装束类型相互联系，对比不同装束类型的菩萨造像的身量变化，可以推测造像空间位置或组合关系，其合理性主要表现在以下三个方面：

第一，关于空间中核心位置造像体量的一般定位。在某一特定的空间内，位于核心位置的佛或菩萨造像通常具有最大的身量尺寸。与其他造像相比形成的尺寸差异，能够反映体量与空间位置的正向关系，表明核心位置的造像更为重要。

第二，在石窟内不同类型菩萨造像之间的体量尺寸关系。在石窟内，不同装束类型的菩萨造像可能被赋予相似或不同的身量尺寸，象征着不同的角色、内涵或地位。但整体而言，在某一特定的空间内不同类型菩萨造像之间，遵循着装束繁简与体量尺寸、空间位置的正向关系，表明核心位置的菩萨造像更为特殊、重要。另外，化佛冠此类特定装束，一般用来标识核心位置菩萨造像的特殊性。

第三，如果要证明石窟以外的寺院空间中存在着类似的组织秩序，至少需要整理出在同一类别或相近装束的菩萨造像中，其身量尺寸相似，且装束的繁简与身量的尺寸之间存在着正向关系。

在 1953 年至 1954 年期间，位于河北省曲阳县城西南的修德寺塔基以及宋代寺址附近，出土了超过 2200 尊佛教造像。通过对比相关的造像可知，这批造像的营造大致在北魏神龟三年（520 年）至唐天宝九年（750 年）之间，其中以东魏、北齐和隋代的造像为主。

本书将基于《河北曲阳修德寺遗址出土佛教造像》所公布的相关信息，对比河北曲阳修德寺遗址中北朝时期菩萨立像的装束与尺寸之间的关系，初步探讨寺院空间内菩萨立像[1]的装束繁简、尺寸大小以及空间主次之间的关联（详见表5-4、5-5）。

观察表5-4和表5-5中的37尊单体菩萨立像以及7组双菩萨立像，其装束主要具有花蔓冠+"X"形帔帛+璎珞或花蔓冠/珠冠+"X"形帔帛的特征。两种主要类型之间的装束差异，集中在是否装饰璎珞方面。尽管头冠的样式较为丰富，但并不影响类型的区分。这种装束类型的配置情况，应与景明模式采用的龙门A型和B型组合特征相似。为了方便讨论，暂将那些具备"X"形帔帛+璎珞特征的归为曲阳A型，而那些身前仅装扮"X"形帔帛的则归为曲阳B型。需要注意的是，曲阳修德寺出土的北朝菩萨造像装束在从北魏到北齐时期经历了从褒衣博带向窄细贴身风格的转变，这一趋势与第三节中所描述的邺城北朝石窟的情况相一致。然而，这种变化并不会对本节的讨论产生影响，因此文中不再对相关造像进行分期划分。

为了更合理地讨论这44例造像的装束繁简、尺寸大小以及空间主次之间的关联，我们需要明确以下5点：

第一，不同时期的菩萨造像有可能被同时摆放在同一空间内，供信众供养和参拜。

第二，同一地点出土的菩萨造像可能来自不同的寺院空间。本书所统计的河北曲阳修德寺遗址出土的北朝造像不一定属于同一原始设计空间。

第三，由于笔者的资料有限，难以对某组菩萨造像的具体位置进行复原，且统计数据主要是造像的通高而非具体菩萨像的身高。

---

[1]　河北曲阳修德寺遗址出土菩萨造像尚有交脚弥勒菩萨、半跏思惟菩萨。但相关题材菩萨造像并不属于主流形式，并因相关资料公布信息尚显不足，本节暂不作讨论。

表5-4 河北曲阳修德寺遗址北朝单体菩萨立像[1]高度信息与装束特征统计表[2]

序号	名称	编号	年代	通高（厘米）	装束特征	备注
1	菩萨像	新42371	北魏（386—534年）	16.4	珠冠，袒上身，短缨珞	砂石质，腰以下残损，疑为交脚菩萨
2	观音菩萨像	新39849	北魏武（正）光五年（524年）	28.6		
3	观世音菩萨像	新42911	北魏真王五年（527年，实为孝昌三年）	29.5		
4	菩萨像	新165478	北魏（386—534年）	35.3		底座残
5	观音菩萨像	新39870	北魏永熙二年（533年）	34.7	花蔓冠，褒衣博带式"X"形缨珞	
6	观音菩萨像	新39848	东魏元象二年（539年）	28.5		
7	观音菩萨像	新39851	东魏兴和二年（540年）	31.8		
8	观世音菩萨像	新42930	东魏兴和三年（541年）	27.0		背屏顶部残
9	观世音菩萨像	新42897	东魏兴和四年（542年）	26.8		
10	菩萨像	新40525	东魏（534—550年）	26.0		底座残
11	菩萨像	新39875		36.5		

[1] 本表编号新40840、新40036、新42920、新40395为一菩萨二弟子背屏造像，主尊为菩萨立像。新42371疑为交脚弥勒菩萨造像，故新42371不作为下文的分析对象。

[2] 表5-4、表5-5内"名称""编号""年代""通高"等基础信息，均引自《故宫博物院藏品大系·雕塑编·河北曲阳修德寺遗址出土佛教造像》，北京：紫禁城出版社，2011年。

续表

序号	名称	编号	年代	通高（厘米）	装束特征	备注
12	观音菩萨像	新 42902	东魏武定元年（543 年）	47	花蔓冠，褒衣博带式"X"形帔帛，上覆同形璎珞	
13	菩萨像	新 39850	东魏武定二年（544 年）	35.7	花蔓冠，褒衣博带式"X"形帔帛	
14	菩萨像	新 42900	东魏武定三年（545 年）	47.5	花蔓冠，褒衣博带式"X"形帔帛，上覆同形璎珞	
15	菩萨像	新 39888	东魏武定五年（547 年）	38		
16	观世音菩萨像	新 39882	东魏武定七年（549 年）	36.8		
17	菩萨像	新 42949	东魏（534—550 年）	46.5	花蔓冠，褒衣博带式"X"形帔帛	背屏顶部残缺
18	菩萨像	新 39884		37.3		
19	菩萨像	新 39897		35.7		
20	菩萨像	新 42885		38		
21	菩萨像	新 40930	北齐天保一年（550 年）	31.0		头部、双脚均残
22	菩萨像	新 39844	北齐天保一年（550 年）	22.5		背屏顶部残缺
23	菩萨像	新 39869	同上	27.3		背屏顶部残缺
24	观音菩萨像	新 39989	北齐天保元年（550 年）	26.7		背屏顶部残缺

序号	名称	编号	年代	通高（厘米）	装束特征	备注
25	菩萨像	新42894	北齐天保二年（551年）	32.5	花蔓冠，褒衣博带式"X"形帔帛，上覆同形璎珞	
26	观世音菩萨像	新40840	北齐天保二年（551年）	55.5		
27	菩萨像	新40036	北齐天保十年（559年）	26.5	花蔓冠，褒衣博带式"X"形帔帛	
28	菩萨像	新42920	北齐河清三年（564年）	33.5	流苏冠，窄细"X"形帔帛+璎珞	背屏损环
29	一菩萨二弟子像	新40395	北齐（550—577年）	42.5	花蔓冠，窄细"X"形帔帛	造像底座损毁。左胁侍弟子腿部残缺，右胁侍弟子仅存头部
30	菩萨像	新40185	北齐天统三年（567年）	25.4		背屏大部残
31	观音菩萨像	新40334	同上	22.0		背屏大部残
32	观世音菩萨像	新39841	北齐天统四年（568年）	22.5		—
33	观音菩萨像	新39881	北齐武平五年（574年）	30.0		—
34	菩萨像	新40199	北齐武平六年（575年）	33.8	窄细"X"形帔帛+璎珞	背屏大部残

续表

序号	名称	编号	年代	通高（厘米）	装束特征	备注
35	菩萨像	新 39898	北齐 （550—577 年）	40.0	花蔓冠，窄细 "X" 形披帛	——
36	菩萨像	新 40975		47.0		——
37	菩萨像	新 39905		38.0		——
38	菩萨像	新 42875		87.0	流苏冠，窄细 "X" 形披帛+璎珞	——

表 5-5　河北曲阳修德寺遗址北朝双菩萨立像高度信息与装束特征统计表

序号	名称	编号	年代	通高（厘米）	装束特征	备注
1	双观音菩萨像	新 42909	北齐太宁二年（562 年）	54.5	花蔓冠/珠冠，窄细"X"形帔帛	
2	双菩萨像	新 39920		31.6		
3	双菩萨像	新 42922	北齐天统二年（566 年）	23.0		左侧菩萨头部残，背屏大部残
4	双菩萨像	新 42886	北齐天统四年（568 年）	36.5		
5	双菩萨像	新 42919	北齐武平五年（574 年）	24.7		
6	双观世音菩萨像	新 42891	北齐（550—577 年）	33.5		
7	透雕双菩萨像	新 40359		42.0	珠冠，窄细"X"形帔帛，斜挂长璎珞	双菩萨像胁侍二弟子，背屏大部残

通过对比这些造像的通高和装束特征，只能认识整体的流行趋势，即大致了解不同类型装束在空间中的可能摆放位置。

第四，河北曲阳修德寺遗址出土的菩萨造像，按装束特征主要分为曲阳 A 型和曲阳 B 型两种类型。根据之前的讨论，可以确定不同类型的菩萨造像可能同时存在于某一空间内。

第五，新 40840、新 40036、新 42920 和新 40395 的造像内容实际上是一菩萨二弟子，此类造像可以作为主尊佛像两侧的胁侍，与主尊佛构成一佛二菩萨四弟子的造像组合。同样，诸如新 42909、新 39920、新 42922 等双菩萨立像，也可以位于佛像两侧，形成一佛四菩萨的组合。因此，将这些包括一菩萨二弟子或两菩萨的组合造像与单体菩萨造像纳入统一的观察范围，研究造像的装束与尺寸之间的大致关系，应该相对合理。

表 5-6　河北曲阳修德寺遗址 A 型与 B 型对位体量比较表

体量	A 型（单位：例）	B 型（单位：例）
85.1—90.0 厘米	1（max：87.0 厘米）	——
……		
55.1—60.0 厘米	1	——
50.1—55.0 厘米	——	1（max：54.5 厘米）
45.1—50.0 厘米	2	2
40.1—45.0 厘米	1	1
35.1—40.0 厘米	——	12
30.1—35.0 厘米	3（min：25.4 厘米）	5
25.1—30.0 厘米	——	10
20.1—25.0 厘米	——	5（min：22.0 厘米）
……		
0.1—5.0 厘米	——	——
总数	8	36

　　综合以上五点内容，通过对曲阳 A 型、曲阳 B 型的造像体量进行比较（表 5-6），可以发现以下两点证据，表明这些单体造像与之前讨论的石窟造像在空间规制方面遵循着相似的组织秩序。

　　梳理两种类型造像并分析如下：

　　第一，曲阳 A 型造像中，通高的最大值为 87.0 厘米，对应的是编号新 42875 的菩萨造像；通高的最小值为 32.5 厘米，对应的是编号新 42894 菩萨造像；这两者均为北齐时期的作品。曲阳 B 型造像中，通高的最大值为 54.5 厘米，为编号新 42909 北齐太宁二年（562 年）的双观音菩萨像；通高的最小值为 22.0 厘米，即编号新 40334 观音菩萨像（背屏大部残）。曲阳 A 型的通高多集中于 30.1—60 厘米的区间内，而曲阳 B 型的通高多集中于 20.1—40 厘米的区间内。

　　从整体趋势来看，曲阳 A 型造像通高的最大值和最小值都大于曲阳 B 型。尽管在个别情况下曲阳 B 型的通高可能大于曲阳 A 型，但这种情况很可能是因为这两组菩萨本身并不属于同一空间，所以并不影响总体的观察结论。从两种类型通高的集中区间来看，曲阳A型的菩萨造像往往具备较大尺寸更为合理。进一步观察5尊东魏武定年间（543—550年）的菩萨立像（图5-28），可以进一步证明曲阳A型的菩萨造像通常具备更大的尺寸。

曲阳 A 型　　　　　　　　　　　　　　　曲阳 B 型

新 42902	新 42900	新 39850	新 39888	新 39882
东魏武定元年	东魏武定三年	东魏武定二年	东魏武定五年	东魏武定七年
（543 年）	（545 年）	（544 年）	（547 年）	（549 年）
通高：47.0 厘米	通高：47.5 厘米	通高：35.7 厘米	通高：38.0 厘米	通高：36.8 厘米

图 5-28　河北曲阳修德寺遗址东魏武定年间（543-550 年）菩萨立像对比图
采自《故宫博物院藏品大系·雕塑编 7·河北曲阳修德寺遗址出土佛教造像》，第 125、126 页；《世界佛教美术图说大辞典·雕塑》，第 1115、848、624 页

　　曲阳 A 型包括编号新 42902 和新 42900。其中，新 42902 的通高为 47.0 厘米，创建于东魏武定元年（543 年），而新 42900 的通高为 47.5 厘米，建于东魏武定三年（545 年）。曲阳 B 型包括编号新 39850、新 39888 以及新 39882 三例。其中，新 39850 的通高为 35.7 厘米，创建于东魏武定二年（544 年）；新 39888 的通高为 38.0 厘米，建于东魏武定五年（547 年）；新 39882 的通高为 36.8 厘米，建于东魏武定七年（549 年）。这五尊造像的制作时间相隔仅 6 年，石料和风格都较为相似。具体而言，曲阳 A 型中的新 42902 和新 42900，通高都在 47.0 厘米左右，而曲阳 B 型的通高则都在 36.0 厘米左右。

　　基于它们有规律的装束与尺寸对应关系，假设这五尊造像存在于同一空间，并合理想象在寺院空间内，曲阳 A 型与曲阳 B 型的配置情况。具体来说，曲阳 A 型可能位于空间的主要位置，而曲阳 B 型则配置在次要位置。通过观察这五尊造像的底座，可以发现相关曲阳 A 型的底座均为狮子座，而曲阳 B 型的底座均为方座，这进一步表明曲阳 A 型对应更高的菩萨身阶。

第二，在表 5-4 和表 5-5 中，曲阳 A 型出现了 8 例，而曲阳 B 型则有 36 例，两者的数量比例约为 1 比 4。

考虑到佛教艺术空间的实际格局，石窟内高等级装束者通常存在于重要洞窟与主壁上，因此在数量上应较低等级装束者更少。以宾阳中洞为例，云冈 A 型与云冈 B 型的比例通常为 1 比 2。而在邺城区域石窟内，如北响堂山石窟、南响堂山石窟、水浴寺石窟、小南海石窟和灵泉寺石窟等处，邺 A 型与其他类型之间的比例应在 1 比 3 左右。尽管由于作者资料的限制，以上的统计数字相对有限且模糊，但足以证明河北曲阳修德寺遗址中曲阳 B 型的菩萨造像在数量上占有绝对优势。这进一步表明，寺观空间与石窟空间中的菩萨造像，在以上方面都呈现相似的趋势，符合景明模式所代表秩序的基本限定。

明确了河北曲阳修德寺遗址出土菩萨造像的装束与体量之间的关系后，需要进一步借助同时期的石窟艺术来复原不同菩萨造像之间的具体布局关系。

寺院殿堂的结构应与殿堂窟基本相似。如果主要造像靠近壁面进行布置，核心部分是正壁中央的主尊佛像，而位于正壁两侧的胁侍菩萨可以视为第一层级的造像；而位于次壁的胁侍菩萨，则可视为第二层级。通过这两种层级空间的对位关系，可以相对容易地将曲阳 A 型与曲阳 B 型进行搭配布局，即第一层级的胁侍菩萨为曲阳 A 型，第二层级的胁侍菩萨为曲阳 B 型。

在这一基础的空间布局关系之外，还存在着在单一平面空间内的丰富与发展。观察北齐的新 42909、新 39920、新 42922、新 42886、新 42919、新 42891 与新 40359 这七组造像，多采用了双菩萨立像的形式进行组合。其中，新 40359 为曲阳 A 型，而其余六组均为曲阳 B 型。大量双菩萨立像的出现可能是因为单一平面空间内组合关系的进一步发展造成的，即由一佛二菩萨的形式向一佛四菩萨、一佛六菩萨或一佛众菩萨形式的发展。这种造像的组合形式，在南朝地区的梁普通四年（523 年）释迦立像龛、梁中大通五年（533年）释迦立像龛（图 5-29）、梁太清二年（548 年）观音立像龛等造像上早已出现。而对于这类单一平面空间的结构，河北曲阳修德寺相关北齐时期菩萨造像的组合关系可能存在着三种不同的形式：

图 5-29　南朝梁中大通五年（533 年）释迦立像龛
采自《中国美术全集·雕塑编·魏晋南北朝雕塑》

第一，4 身曲阳 B 型，对称主尊两侧胁侍。

第二，4 身曲阳 A 型，对称主尊两侧胁侍。

第三，2 身或 1 身曲阳 A 型的菩萨造像，位于主尊像两侧，为第一层级空间；外侧又有 2 身或 1 身曲阳 B 型的菩萨造像，位于第二层级空间。

只存在着三种组合方式的可能性主要是因为仅有曲阳 A 型与 B

型较为流行，类型关系相对简单。如果存在更多类型菩萨造像同时布置在单一的平面空间内，那么将会出现一佛四菩萨、一佛六菩萨、一佛十菩萨或更为丰富的一佛众菩萨等组合关系，以容纳、展示不同类型的菩萨造像。此外，单一平面空间内层级关系的丰富，也可以理解为三维立体空间向单一平面空间的压缩。通过对具体的佛教艺术表现形式的观察，这种压缩表现为立体造像形式与平面绘画语言形式的统一。在单个平面空间中出现一佛四菩萨、一佛六菩萨、一佛十菩萨或更为丰富的一佛众菩萨等组合关系，以容纳、展示不同类型的菩萨造像的现象，与隋唐时期广泛流行的净土壁画极为相似。当然，两者之间是否存在内在联系，还需要科学佐证和确认。

小　结

本章探讨了南北朝时期菩萨造像组织秩序的重大转变，特别聚焦于北魏龙门石窟中逐渐清晰的"景明模式"，并分析其意义与影响。

通过梳理龙门石窟古阳洞菩萨造像装束的发展脉络，以及对不同类型装束的比较分析，阐释了从凉州、平城样式向褒衣博带式的转变过程，并非艺术表现形式或风格上的线性递进，而是不同地域造像传统相互融合与影响的结果。以往凉州、平城地区菩萨造像的装束设计，尤以弥勒题材造像为核心，其繁简搭配主要是为了对应特定装饰题材和情节的需要。然而，在古阳洞中观察到的新趋势，是主壁胁侍菩萨立像成为了设计的焦点，相关造像采用了"璎珞与帔帛复合型"和"帔帛交叉型"等典型装束样式，其繁简搭配对应着像主的身份尊卑与石窟的空间主次。这一历程，实际上反映了相关石窟设计在逐渐弱化禅僧观像的功能，转为标榜像主（尤其是帝王）的功德，是北魏佛教美术本土化的重要体现。

这种新型的菩萨造像组织秩序应形成于北魏景明年间（500—504年）前后，在宾阳中洞中已经表现出清晰的特征，并在南北朝的广泛区域内，如洛阳、平城、长安、天水、青州、成都等地，展现出相对统一的发展样态与趋势。根据现有资料观察，龙门石窟展现出"景明模式"最为清晰和完整的形成脉络与标准样态。这一点表明，自北魏于494年迁都至洛阳之后，洛阳区域的造像样式具备了明显的典范性与引领作用，成为研究相关时段造像风格的关键区域。

"景明模式"在佛教造像艺术中并不是一个固化的组合形式，而是在遵循其组织原则和等级秩序的基础上，呈现着不同时段和地域的多元样态特征。值得注意的是，南朝的造像艺术在这一模式中同样显示出了系统性和完整性特征。例如，成都万佛寺遗址出土的梁太清二年（548年）观音立像龛，不仅在艺术形式上展现了高度的成熟和完整性，还在菩萨造像装束设计方面显示了南朝的先进性和影响力。类似案例对于理解南北朝佛教造像艺术的发展具有重要意义，提示我们在研究这一时期佛教造像艺术的变迁时，不应忽视南朝对整个时期艺术风格发展的贡献和影响。但是，限于南朝的佛教实物遗存较少，且缺乏比北魏景明年间（500—503年）更早的确凿案例，本书依然选择使用"景明"这一术语来标识这种新型的菩萨造像组织秩序。

在北魏于534年分裂之后，"景明模式"在佛教造像艺术中的相关内涵并未因北魏政权的瓦解而消失。这一模式相关的规范和影响力一直延续到北朝的末年，并在东魏—北齐和西魏—北周两个政权期间，展现了各自独特的发展面貌。

邺城区域北朝石窟中的菩萨造像，根据身前装束的特征及其繁简程度，可被划分为四种不同类型，每种类型都严格对应着不同的石窟等级空间。这种等级空间的表现形式主要分为四个层次：同一石窟内不同壁面之间的区别，同壁面或同龛内左、右位置之间的差异，同壁面或同龛内内、外侧之间的不同，以及皇家与其他群体营建背景之间的区分。这种菩萨造像的空间秩序关系，实际上是对

"景明模式"的继承与丰富，仅由于邺城造像受到南亚、东南亚地区佛教艺术的影响，在具体的艺术样式上存在一定的差异。

2004年西安中查村出土的菩萨立像，能够代表北周长安地区佛教造像的基本特征。探究其样式源流，不难发现其装束特征承北魏景明样式之基础，并遵循了一种繁杂化的发展取向，且巧妙融合了复古的组玉佩元素。相关图像的演变，显示了都城区域造像艺术对"景明模式"中高级装束的进一步演绎。此外，石窟艺术中的"景明模式"应能够为分析寺院空间菩萨造像的布局和空间秩序提供理论框架。以河北曲阳修德寺遗址为例，相关菩萨造像的装束繁简与造像尺寸之间存在着正相关属性，为合理想象和推断其在寺院空间中的位置关系提供了重要线索。

"景明模式"的确立，标志着南北朝佛教艺术从侧重宗教象征和禅观诉求，转向更强调视觉表现和等级秩序。这一模式不仅影响了佛教艺术本身，也反映了当时社会对佛教艺术的期待和需求，是对北魏社会政治环境变化的一种反应和适应。

第六章　南北朝菩萨造像典型装束的本土化

　　随着菩萨造像组织秩序的转变，众多菩萨装束的样式与内涵也产生了变化。菩萨造像的装束与世俗生活紧密相连，由于不同民族的世俗风尚和地域文化的差异，即使是同类或相似的装束，也常有不同的解读和理解方式。这种多样性正是推动菩萨造像装束样式发展的动力。

　　本章将以仰月冠饰、蛇形胸饰、兽面纹和璎珞等典型的菩萨装束元素为对象，从文化内涵、图像来源、样式类型、流行趋势以及发展历程等多个角度进行深入分析，目的是探索菩萨造像在时代传承和样式融合方面的规律。除此之外，本章还将讨论佩饰的装彩和贴金问题，以更全面地理解这些装束元素的文化内涵。

第一节　仰月、日月冠饰与蛇形胸饰的演变

一　仰月、日月冠饰

　　仰月、日月冠饰是一种出现在佛教造像中的装饰元素，通常用于点缀菩萨和诸天形象的头冠。根据《敦煌学大辞典》的"日月冠"条解释："菩萨冠之一种。敦煌早期壁画中之菩萨多戴此冠。菩萨顶束大髻，曲发披肩，戴三珠宝冠，在宝珠上饰新月，月中托日。这是波斯萨珊王朝的王冠装饰，乃从人间帝王冠饰蜕变而来。"[1]

　　在严格的定义中，仰月或日月冠饰只是宝冠的一个附加装饰，

---

〔1〕　季羡林主编：《敦煌学大辞典》，上海：上海辞书出版社，1998年，第217页。

而不是主要的冠饰形式。它的流行时间跨越了北朝至隋唐时期，并广泛出现在石窟造像和单体造像中。在北朝时期的石窟中，特别是在莫高窟、云冈和麦积山石窟的北魏早期案例中，这种冠饰尤为流行。

关于仰月、日月冠饰的学术研究已经取得了丰富的成果。国际上有日本学者石田干之助[1]、林良一[2]与桑山正进[3]等，国内学者有姜伯勤[4]、刘永增[5]、李敏[6]、赵声良、魏文斌[7]等，都积极参与了这一主题的讨论和研究。

结合前人的研究成果，下文将梳理北朝菩萨造像中仰月、日月冠饰的样式来源和内涵，传播途径和媒介。

1. 波斯萨珊王冠风格的流行与影响

流行于北朝石窟的仰月、日月冠饰，其样式明显地呈现出波斯萨珊王冠的风格特征。赵声良指出："日月装饰最早是流行于波斯萨珊王朝，现在主要通过萨珊时代的钱币上的王者形象来了解王冠上的日月装饰。"[8]中国境内出土萨珊银币总数超过 1900 枚[9]。自

---

〔1〕〔日〕石田幹之助：「我が上代の文化に於けるイラン要素の一例」，『国学院大学日本文化研究所紀要』第 1 辑，东京：國學院大學日本文化研究所，1957 年。

〔2〕〔日〕林良一：「サーサン朝王冠宝飾の意義と東伝」，『美術史』28 号，美術史学会，1958 年。

〔3〕〔日〕桑山正進：「サーサン冠飾の北魏流入」，『オリエント』第 20 卷第 1 号，1977 年，17-35 頁，263 頁。

〔4〕姜伯勤：《敦煌艺术宗教与礼乐文明》，北京：中国社会科学出版社，1999 年。

〔5〕刘永增：《莫高窟北朝期的石窟造像与外来影响（上）——以第 275 窟为中心》，《敦煌研究》2004 年第 3 期，第 84 页；《莫高窟北朝期的石窟造像与外来影响（下）——以第 275 窟为中心》，《敦煌研究》2004 年第 4 期，第 1 页。

〔6〕李敏：《莫高窟唐代前期艺术中的菩萨头冠》，《敦煌研究》2004 年第 6 期，第 42—50、111、112 页。

〔7〕魏文斌：《也谈仰月、日月菩萨冠饰——以麦积山石窟为例展开》，《敦煌学辑刊》2007 年第 4 期，第 230—250 页。

〔8〕赵声良：《敦煌石窟北朝菩萨的头冠》，《敦煌研究》2005 年第 3 期，第 14 页。

〔9〕孙莉：《萨珊银币在中国的分布及其功能》，《考古学报》2004 年第 1 期，第 35、36 页。

1915 年在吐鲁番阿斯塔那古墓出土三枚银币后，陆续在库车、洛阳、西安、太原、英德、定县（今定州市）、耀县（今铜川市耀州区）、曲江等地也发现了萨珊银币[1]。孙莉对萨珊银币在中国的分布情况进行了整理，指出："中国境内出土的萨珊银币共属于十二（三）位王，时代最早的为沙普尔二世（Shapur Ⅱ，309—379 年）银币，最晚的是萨珊末代王伊斯提泽德三世（Yazdeerd Ⅲ，632—661 年）银币……这些王的银币中数量最多的属库思老二世（Chosroes Ⅱ，590—628 年）和卑路斯王（Peroz，459—484 年）。"这些银币的分布，"主要是沿陆上丝绸之路一线，并密集分布于新疆和两京及其周缘这两个区域，但也有少量萨珊银币是通过海上丝绸之路到达的，分布于中国的沿海地区广东省"[2]。这些在中国境内出土的萨珊银币除了发挥通货功能外，还可能用作葬仪品、宝物和贡品等。

萨珊银币的制作采用模压打制工艺，其正面图案是面朝右的国王半身像，而背面装饰着琐罗亚斯德教的祭火坛图案。银币正面国王的王冠形制较为多样，但其总体结构特征基本一致，自上而下由顶部的冠球、主体的帽冠、冠后的飘带以及底部的帽箍四部分组成[3]。银币正反面的王冠与祭火坛图案，反映了琐罗亚斯德教对萨珊王朝的影响。随着琐罗亚斯德教被正式确立为国教，形成于波斯阿赫美尼德时代的君权神授观念在萨珊王朝得以进一步发展[4]。每位萨珊国王在即位或加冕礼时起都会点燃自己专属的火焰，且火焰将一直燃烧至其去世之日。因此，萨珊银币正反面的王冠与祭火坛，皆可视为国王的象征，并宣扬他们的统治权力来自

〔1〕 夏鼐：《综述中国出土的波斯萨珊朝银币》，《考古学报》1974 年第 1 期，第 49—60 页。

〔2〕 孙莉：《萨珊银币在中国的分布及其功能》，《考古学报》2004 年第 1 期，第 35、36 页。

〔3〕 王樾：《萨珊银币上的王冠》，收录于《上海博物馆集刊》第 9 期，上海：上海书画出版社，2002 年，第 146—156 页。

〔4〕 程彤：《简谈贯穿伊朗历史的两对关系》，见北京大学东方学研究院编：《东方研究》，北京：经济日报出版社，2001 年，第 318 页。

于琐罗亚斯德教的至高主神阿胡拉·马兹达（Ahura Mazda，意为"智慧之主"）。王冠上的装饰，则有着更为丰富的宗教内涵，暗示着不同国王宗教思想与追求的差别。常见的雉堞饰象征着阿胡拉·马兹达；鸷鹰饰或鸷翅状饰则象征战争和胜利之神韦勒斯拉纳（Varathraghna）；鸷嘴嘀珍珠代表 Xvarnah 之意，象征胜利的王权统治并强调继承王权的合法性[1]；棕榈叶或回廊形装饰则象征丰产和智慧女神阿那希塔（Anahita），等等。新月造型的冠饰流行于伊泽提格一世（Yazdegerd I，399—421 年）及其以后的多位国王的王冠上[2]。新月与冠球构成了日、月的图像组合意象。此外，库思老二世、斯提泽德三世等王冠的冠顶出现了六芒星代替冠球的现象，构成了六芒星和新月图案的组合。

关于日、月冠饰在萨珊王冠中流行的问题，由于缺乏确凿的文献证据来解释，我们仅能进行一些假设和推测。琐罗亚斯德教圣典《阿维斯塔》中表现出强烈的光明崇拜，包括对阿胡拉·马兹达、太阳、月亮的礼赞。一些研究者追溯琐罗亚斯德教的历史，指出史前曾存在一种以阿苏拉（Asura）为至高神的"印度—伊朗宗教"。阿苏拉能看穿一切，因为日、月、星都是他发光的眼睛[3]。阿苏拉在《阿维斯塔》中被改称为阿胡拉·马兹达。《亚斯纳》第九章："纯洁的、祛除死亡的胡姆（豪麻）答道：世上的维万格罕首次用我做成饮料（酒）。作为［对其行为的］酬报，我使他得福，生了个男孩，名叫贾姆希德——他拥有［成群的］良畜，成为世民百姓中最显赫的人物。他有太阳一般的明眸。当政时期，他使动物和人类长生不老，使江河奔流不息，草木永不枯槁，使食物丰盛，取之不

---

〔1〕［日］田边胜美：《丝绸之路钱币艺术及造型》，赵静译，《新疆钱币》1997年1期，第7页。

〔2〕 王樾：《萨珊银币上的王冠》，收录于《上海博物馆集刊》第9期，上海：上海书画出版社，2002年，第147页。

〔3〕 叶舒宪：《〈阿维斯塔〉中的光明崇拜意象群》，《东方丛刊》1992年第1辑，第46页。

尽，用之不竭。"[1]人们在礼赞胡姆圣酒的同时，用太阳形容贾姆希德的眼眸象征统治者为人民带来的富饶和繁荣。《胡尔达·阿维斯塔》大西鲁泽篇十二："我们赞美孕育着牛胎的月亮。我们赞美独一无二的牛精。我们赞美牲畜之首牛精的灵体。"[2]这段文字，强调月亮具备牲畜生育和繁衍兴旺的内涵。通过赞美孕育着牛（牲畜）的胚胎——月亮，反映了琐罗亚斯德教对生育和生命的崇拜。

综上所述，萨珊王冠上出现的日、月装饰象征国王的神圣统治为人民带来的富饶和繁荣，以及牲畜繁衍的兴旺。这些思想属于广义的光明崇拜范畴，反映了琐罗亚斯德教信仰影响下君权神授观念在萨珊王朝的发展。

2. 传播载体与路径

关于波斯萨珊的日月冠饰形象以及对波斯以东各地菩萨像头冠的影响问题，日本学者石田干之助、林良一、桑山正进曾作过深入讨论。赵声良在他们的研究基础上进一步比较了萨珊王冠与云冈石窟、敦煌莫高窟的具体案例。他指出云冈石窟中的菩萨头冠大量出现日月装饰，其中一部分简化成仅有仰月形的装饰，并且在敦煌石窟中也出现了仰月与山形组合的形式。通过研究萨珊时代的王冠和银币，他推断出萨珊王冠最早影响到北魏的时间应在420年至460年前后。观察现有资料，西秦建弘元年（420年）题记的炳灵寺石窟第169窟尚未出现仰月、日月冠饰；北魏和平初（460—465年）营建的昙曜五窟内，菩萨造像宝冠上已大量流行仰月、日月冠饰。赵声良的观点强调了仰月冠饰在云冈和敦煌石窟中的变化和流行，并揭示了萨珊王冠对中国菩萨冠饰的影响[3]。魏文斌在观察麦积山石窟的初期洞窟时也发现，部分菩萨的宝冠上有仰月装饰，同样认

---

〔1〕　［伊朗］贾利尔·杜斯特哈赫选编：《阿维斯塔》，元文琪译，北京：商务印书馆，2017年，第117页。

〔2〕　同上，第356页。

〔3〕　赵声良：《敦煌石窟北朝菩萨的头冠》，《敦煌研究》2005年第3期，第8—17页。

为这种装饰应来自波斯萨珊王朝的冠饰，并对中国的佛教造像产生了影响[1]。

然而，将仰月、日月冠饰传入汉地的主要群体可能并非波斯人。"波斯"之名始见于《魏书》。《魏书·高宗纪》记太安元年（455年）"冬十月，波斯、疏勒国并遣使朝贡"[2]，是现存波斯与中国遣使往来的最早记录，此时为萨珊王朝雅兹底格德二世统治期间。《魏书》记北魏时期波斯遣使10次，有北魏太安元年（455年）、和平二年（461年）、天安元年（466年）、皇兴二年（468年）、承明元年（476年）、正始四年（507年）、熙平二年（517年）、神龟元年（518年）、正光二年（521年）、正光三年（522年）[3]。以上10次遣使活动以455年最早，熙平二年（517年）后最为频繁。

517年后，波斯才频繁与北魏进行往来，与420—460年间北朝菩萨造像普遍流行仰月、日月冠饰的推测存在矛盾。此外，在10次遣使活动中，有一半目的地是洛阳。然而，考察北魏龙门石窟、巩义石窟寺等地区的菩萨造像时，可以发现已不再流行仰月、日月冠饰，这进一步说明北朝时期的仰月、日月冠饰并非由波斯人传入。孙莉通过整理发现"陆上丝绸之路出土的萨珊银币在数量和种类上要比海上丝绸之路出土的丰富得多，这种现象反映了萨珊银币由西向东传播的过程主要是通过陆上丝绸之路。这可能与萨珊银币的传播者主要是中亚粟特商人有关，他们的活动就集中在草原和沙漠之

---

〔1〕 魏文斌：《也谈仰月、日月菩萨冠饰——以麦积山石窟为例展开》，《敦煌学辑刊》2007年第4期，第230—250页。

〔2〕 〔北齐〕魏收：《魏书》，北京：中华书局，2017年，第114页。

〔3〕 转引自张星烺：《中西交通史料汇编》第3册，北京：中华书局，1978年，第94、95页。太安元年（455年）、和平二年（461年）见《魏书·高宗帝纪》，天安元年（466年）、皇兴二年（468年）见《魏书·显祖帝纪》，承明元年（476年）见《魏书·高祖帝纪》，正始四年（507年）见《魏书·世宗帝纪》，熙平二年（517年）、神龟元年（518年）、正光二年（521年）、正光三年（522年）见《魏书·肃宗本纪》。

路上"[1]。

梳理近年来我国出土大量粟特人墓葬，可以发现在其石椁、石榻或墓门等处多有日月、仰月图像出现，这表明仰月、日月冠饰与粟特人的活动存在密切联系。

2000 年，西安北郊龙首原发掘的北周安伽墓中，在其石榻右侧屏风之一的狩猎图中，有骑马者头戴仰月冠饰[2]，另外两处石榻画面的帐顶上也出现了日月图像。2003 年，西安发现的北周凉州萨保史君墓石椁南壁上，穆护头戴金质日月冠[3]。1999 年，山西省太原市的隋代虞弘夫妇合葬墓中[4]，石椁壁浮雕骑马者头戴日月冠饰，庄严头光，应是对某一袄教神祇的表现。2003—2004 年，宁夏固原九龙山的隋唐墓 2004YKJM33 内，出土了一套冠饰与领托[5]（图 6-1），冠饰上侧正中是仰月抱日形，两侧对称布置有一组飞鸟装饰，呈叶状，面积较大。此组飞鸟装饰外侧还有一组面积较小的仰月抱日形及鸟形装饰。

粟特人属于伊朗人种的中亚古民族。"粟特"一词在《后汉书·西域传》和《晋书·四夷传》中都被写作"粟弋"，而在前秦建元三年（367 年）的《邓太尉祠碑》中已经出现了"粟特"一词[6]。《魏书·西域传》记载："太延（435—440 年）中，魏德益以远闻，

---

〔1〕　孙莉：《萨珊银币在中国的分布及其功能》，《考古学报》2004 年第 1 期，第 42 页。

〔2〕　尹申平、邢福来、李明：《西安发现的北周安伽墓》，《文物》2001 年第 1 期，第 4—26 页。

〔3〕　西安市文物保护考古所：《西安北周凉州萨保史君墓发掘简报》，《文物》2005 年第 3 期，第 4—33 页。

〔4〕　张庆捷、畅红霞、张兴民、李爱国：《太原隋代虞弘墓清理简报》，《文物》2001 年第 1 期，第 41 页。

〔5〕　宁夏文物考古研究所编著：《固原九龙山汉唐墓葬》，北京：科学出版社，2012 年，第 129 页。

〔6〕　详见马长寿：《碑铭所见前秦至隋初的关中部族》，北京：中华书局，1985 年，第 12 页。

图 6-1　固原九龙山 2004YKJM33 墓葬出土金冠饰及颌托线描图
采自《固原九龙山汉唐墓葬》，第 128 页

西域龟兹、疏勒、乌孙、悦般、渴盘陁、鄯善、焉耆、车师、粟特
诸国王始遣使来献。"[1]"从敦煌发现的粟特文古信札得知，粟特
人从公元 4 世纪初叶开始，就在丝绸之路上形成了自己的贸易网
络"[2]，因其擅长贸易而被誉为"亚洲内陆的腓尼基人"[3]。

　　因此，粟特人通过商贸活动，比较早地与汉地建立了交流关系。
此外，北魏于 439 年平定凉州，与粟特的政权有了更为密切的往来。
《魏书》记："粟特国……其国商人先多诣凉土贩货，及克姑臧，悉
见虏。高宗初，粟特王遣使请赎之，诏听焉。自后无使朝献。"[4]
从类似文献以及考古实物资料来看，日月和仰月冠饰由粟特人传入
汉地的可能性较大。

　　无论是波斯人还是粟特人，他们所信仰的琐罗亚斯德教或袄教，
能够通过仰月、日月图像表达对火、太阳和光明的崇拜。因此，王
冠上的仰月、日月冠饰象征着光明的属性，以及可能带来的富饶、

〔1〕〔北齐〕魏收：《魏书》，北京：中华书局，2017 年，第 2259、2260 页。
〔2〕荣新江：《中古中国与粟特文明》，北京：生活·读书·新知三联书店，
2014 年，第 18 页。
〔3〕蔡鸿生：《中外交流史事考述》，郑州：大象出版社，2007 年，第 433 页。
〔4〕同〔1〕，第 2270 页。

繁荣和牲畜繁衍兴旺等内涵，符合佛教的基本教义与思想，这应该是其能够装饰菩萨宝冠的原因。

3. 仰月、日月冠饰与禅观

《佛说佛名经》[1]记载着"南无月出光佛""南无月光佛""南无月色旃檀佛""南无月幢佛""南无一切同名日月灯佛""南无清净月轮佛""南无月光菩萨"等与日、月相关的佛、菩萨名号。在《大宝积经》卷21中，有描述："此乘（大乘）如灯如日月轮，为诸众生作大光明。此之大乘亦复如是，光照三千大千世界，无能映蔽，无能障碍，能以无边大功德海，而发趣于阿耨多罗三藐三菩提。"[2]《金刚顶瑜伽中发阿耨多罗三藐三菩提心论》亦言："谓满月圆明体，则与菩提心相类。凡月轮有一十六分，喻瑜伽中金刚萨埵至金刚拳有十六大菩萨者。"[3]《大方广佛华严经》有论："云何如月？譬如月轮，从初一日至十五日，渐次增长，乃至圆满。菩萨摩诃萨亦复如是。从初发心一切净法渐渐增长，乃至成佛坐菩提场，一切功德具足圆满。云何如日？譬如日轮，出现之时，一切黑暗，悉皆除灭。菩萨智日亦复如是。显现之时，一切众生，无明黑暗，悉皆除灭。"[4]由此可见，佛教经典中将日、月视为智德圆满的象征，并将其视作代表佛心、菩提心的符号。因此，佛教艺术借用日月、仰月冠饰来庄严菩萨、天王等天众的宝冠是合理的。

菩萨造像中仰月、日月冠饰的流行应与禅观思想紧密相关。仰月、日月冠饰所象征的光明、智慧属性与禅观的目一脉相承。在禅观修行中，修行者借助观察外部事物，反思内心的思绪、感受和觉知，逐渐达到心灵的清净和智慧的觉醒。仰月、日月冠饰的流行反映了佛教教义对光明与智慧的强调和追求，代表了一种精神境界和

---

〔1〕〔北魏〕菩提流支译：《佛说佛名经》，《大正藏》第14册，第114页。

〔2〕〔唐〕菩提流志译：《大宝积经》，《大正藏》第11册，第118页。

〔3〕〔唐〕不空译：《金刚顶瑜伽中发阿耨多罗三藐三菩提心论》，《大正藏》第32册，第573页。

〔4〕〔唐〕般若译：《大方广佛华严经》，《大正藏》第10册，第785页。

修行目标。透过这些冠饰，禅修者能够感受到光明与智慧的力量，并在修行道路上得到启示和指引。

但是，中国传统图像体系中缺乏日月、仰月冠饰或相似冠形，因此南北朝菩萨造像仰月、日月冠饰的流行样态呈现出明显的时段和区域特征。这种冠饰在北朝石窟中主要出现在云冈石窟、敦煌莫高窟和麦积山石窟。其中，云冈石窟的流行时间为北魏太和年间（477—499 年）之前；麦积山石窟中数量较少，主要分布在早期洞窟；敦煌莫高窟虽在北魏至隋唐时期均有出现，但在北周时期曾短暂消失。这一流行趋势与禅观主导石窟装饰设计的区间大致相符。在石窟之外的其他空间，仰月、日月冠饰的菩萨造像主要流行于北魏至隋唐时期，五代、元代有少量出现，主要分布在河南、陕西、甘肃等中部和西北地区，四川地区的南朝造像也有一些案例。而在山东等东部地区，装饰仰月、日月冠饰的菩萨造像相对较为罕见。

通过这些现象可以看出，随着时间推移，汉地的菩萨造像逐渐淡化了仰月、日月冠饰的应用。在其最为流行的北魏至隋唐时期，这一特定装饰元素主要集中在西北、四川等丝绸之路邻近地区，而在汉民族传统影响较大的区域逐渐减弱。特别是北周时期敦煌莫高窟中的菩萨造像较少出现仰月、日月冠饰，可能受到了北周政权摹古之制的影响。

二　蛇形胸饰

蛇形胸饰是菩萨造像胸前的一种饰物，主要出现在北魏早期的云冈石窟、敦煌莫高窟等地的交脚菩萨造像上，并在流行一段时间后迅速消失。

观察云冈石窟第 7、8 窟的交脚菩萨造像，可以看到其颈部左右两侧各悬挂一股粗壮的链子，链子底部挂有鸟或兽头部，并在胸前中央形成昂起并拢的形状，鸟或兽口通常含有铃铛、花卉等装饰物。由于整体结构类似于双蛇抬头对视，而在敦煌莫高窟第 254 窟的交脚弥勒菩萨造像上更直接采用了双蛇的样式，因此被称为蛇形胸饰。也有学者根据其鸟兽并拢的图案特征将其命名为双兽胸饰[1]。

蛇形胸饰在犍陀罗风格的菩萨造像中大量应用。观察犍陀罗菩萨造像的胸前区域（图6-2），通常佩有四条项圈或项链。从内到外，第一条是盘状项圈，这在南北朝菩萨造像中同样流行；第二条项链呈绳状，由较为细小的丝线编制而成，通常串有4—5颗六角形的宝石；第三条与第二条相似，但在底部悬挂有三个六面形的小箱盒；第四股为蛇形胸饰，其结构粗壮，底部附有一对怪兽，兽口中含有一个中空的盒子。

图6-2　弥勒菩萨立像（局部），2世纪，沙弗利巴洛尔出土，帕夏瓦博物馆藏
采自《佛教美术全集·佛像大观》，第41页

关于蛇形胸饰的起源，前苏联科学院通过对比欧亚草原的许多考古资料得出结论，认为其属于希腊化的斯基泰（Skythia）文化。通过观察希腊斯基泰美术馆所藏的前4世纪斯基泰骑马人物饰项链（图6-3），可以看到金质项链呈圆形，底部开口，有一对骑马人物

〔1〕　[日] 村松哲文：《中国南北朝时期菩萨像胸饰之研究》，《敦煌学辑刊》2006年第4期，第132页。

相向对立，整体结构已经显现了蛇形胸饰的原始特征。而在犍陀罗菩萨立像中，蛇形胸饰的底部常常出现两个童子手持宝石饰的造型，说明了犍陀罗菩萨胸饰与斯基泰金质项圈之间的关联。

图 6-3　斯基泰骑马人物饰项链，前 4 世纪，希腊斯基泰美术馆藏
采自《历代佛雕艺术之美》，第 21 页

　　蛇形胸饰在犍陀罗菩萨造像中具有何种内涵？值得补充说明的是，在犍陀罗菩萨造像的胸前第三、第四条项圈上，悬挂的盒子实际上是"容器状的圣物，西方学者惯称为 cabochon"[1]。这种项链上挂着圣物的设计，其实是古印度婆罗门的标志，通常被称为"婆罗门饰线"。或许因弥勒是婆罗门出身，故这一元素能够被引入菩萨造像的装束体系中。

　　蛇形胸饰传入汉地后，其图样特征发生了微妙变化。通过对比云冈石窟和犍陀罗地区出现的蛇形胸饰，可以发现犍陀罗地区项圈底部的鸟或兽头多下垂，未出现衔物昂起的特征。而在北朝造像案例中，形成了鸟或兽口中衔物必昂头的程式，或许与汉地传统龙首

────────────

〔1〕　林保尧：《故宫博物院藏——犍陀罗弥勒菩萨立像》，《历代佛雕艺术之美》，台北：历史博物馆，2006 年，第 18 页。

图像有一定联系。然而，尽管图像特征发生了微妙的改变，蛇形胸饰并未能够长期流行。这可能是因为它主要象征弥勒菩萨的婆罗门身份，既没有中国传统佩饰图像的对应，其内涵也不被汉地信众所重视。随着云冈石窟太和年间（477—499年）造像风格的整体变化，特别是第5、6窟中菩萨装束风格整体特征向南朝化发展，蛇形胸饰基本趋于消失。

第二节　兽面冠饰与璎珞的传承

一　兽面冠饰

在南北朝时期，菩萨造像中的兽面冠饰案例相对较少，但图像的传承与发展展现了中、西不同文化的积极融合。

根据李妵恩的研究统计，北朝石窟至晚在云冈石窟第7、8窟的龛楣处已经出现了兽面纹[1]，同时在云冈第12窟前室西壁上层屋檐顶龛斗拱、第1窟中心塔柱东面上层屋檐顶龛斗拱、第13窟斗拱中也有相似的装饰。除了在龛楣上的应用，云冈石窟和麦积山石窟中还发现了兽面纹装饰菩萨冠饰的情况。在云冈石窟第8窟后室南壁的佛龛右侧，有胁侍菩萨立像的宽大扇形发髻上镶嵌了一只狰狞的兽面，两股发辫从兽口吐出。麦积山石窟北魏时期的第74窟、第76窟中，同样出现了兽面纹样。与云冈石窟第8窟中的兽面冠饰相比，麦积山石窟中的兽面冠饰以三珠冠为基础，在正面珠盘上装饰了狰狞的兽面，口中吐出发髻。

前文提到，关于北朝石窟龛楣和菩萨造像上出现的兽面纹或兽

---

〔1〕〔韩〕李妵恩：《北朝装饰纹样研究——5、6世纪中原北方地区石窟装饰纹样的考古学研究》，中国社会科学院研究生院博士学位论文，2013年，第72页。

面冠饰的图像内涵，国内外学者存在两种不同的观点：

第一种解释认为，北朝石窟内的兽面纹应被视为汉魏时期传统图案的延续，将兽面解读为饕餮的延续。例如，日本学者水野清一和长广敏雄通过对比汉代铜器纹样，认为兽面纹受到了汉魏传统图案的影响[1]。国内学者罗叔子则认为云冈石窟中的"垂帐之兽头，其根源是汉代之兽面与殷周之饕餮"[2]。李姃恩提出兽面纹是"佛教传入之后，古有兽面纹在佛教石窟中仍相继沿用"[3]的观点。这些学者的结论表明，他们倾向于将北朝石窟中的兽面纹视为中国汉魏兽面纹的延续，间接说明兽面冠饰在菩萨装束系统中体现了汉民族的文化特色。

然而，这种观点至少存在三个问题：

第一，在北朝石窟中，兽面冠饰或兽面纹样主要出现在外来元素充斥、带有明显外域特征的石窟中，如云冈第7、8窟，第12、13窟，第1窟等，都属于云冈第二期工程。相关的菩萨造像多戴三珠冠、袒上身，呈现外域面貌。如果将这些兽面冠饰或兽面纹理解为汉化符号，则与石窟整体风格相矛盾。同样，麦积山第74窟、第76窟同样为北魏早期营建，也带有明显的外域特征。

第二，在汉化风格明显的云冈第5、6窟中，兽面冠饰或兽面纹却不再流行。因此，一些学者提出云冈石窟中的兽面纹"可能与孝文帝汉化政策有密切关系"[4]的观点，值得进一步讨论。

第三，如果将北朝石窟中的兽面纹与饕餮联系起来，则其内涵与菩萨造像整体精神不符。

饕餮一词具有多重含义，可指人名、族名、国名或兽名。在

---

〔1〕 ［日］水野清一、［日］长广敏雄：《雲岡石窟装飾の意義》，《雲岡石窟》第4卷序，1953年。

〔2〕 罗叔子：《北朝石窟研究》，上海：上海出版公司，1955年，第75页。

〔3〕 ［韩］李姃恩：《北朝装饰纹样研究——5、6世纪中原北方地区石窟装饰纹样的考古学研究》，中国社会科学院研究生院博士学位论文，2013年，第72页。

〔4〕 同上。

《春秋左氏传》中有云，"缙云氏有不才子，贪于饮食，冒于货贿，天下之民谓之饕餮"[1]，将饕餮与贪婪之人名联系。此外，《左传·昭公九年》中的记载指出，"先儒皆以为……饕餮三苗也"[2]，以饕餮代指凶残、贪婪的族或国。

饕餮作为一种形象特殊的怪兽，"身如牛，人面，目在腋下，食人"[3]，并广泛出现在三代青铜器、瓦当等器物上。如《吕氏春秋·先识览》记："周鼎著饕餮，有首无身。食人未咽，害及其身。"[4]宋代吕大临《考古图》曾释："癸鼎，文作龙虎，中有兽面，盖饕餮之象。"[5]因此，世人普遍将青铜器上的兽面装饰纹样视作饕餮。饕餮在器物上的应用主要是以其贪吃凶残的形象为戒，警示那些贪贿之人。尽管饕餮的警示内涵与佛教"贪嗔痴"相吻合，但将其应用于菩萨头冠中，与菩萨象征光明、智慧的整体内涵似乎难以对应。

相比之下，王敏庆提出北朝石窟中的兽面纹应源自古印度、波斯地区，是名叫"Kirttimukha"的守护神，此种观点更为合理。

"Kirtti"在梵文中意为"陈述""记载""名声"或"名誉"，而"mukha"则意为"面""面目""面部"或"面具"。合称"Kirttimukha"，英文为"Glory face"或"face of glory"，汉语直译为"荣誉之面"[6]。

Kirttimukha的形象特征是狮子头部，随着时间推移逐步融入其他动物的特征，并在口中衔缠枝花、莲花、卷草纹、璎珞等物。早期主要用来庄严湿婆神庙的拱门、柱楣或檐口等位置，同时也出现

---

〔1〕〔西晋〕杜预注、〔唐〕孔颖达等正义：《春秋左传正义》，上海：上海古籍出版社，1990年，第356页。

〔2〕同上，第779页。

〔3〕同上，第355页。

〔4〕〔战国〕吕不韦：《吕氏春秋》，上海：上海古籍出版社，1989年，129页。

〔5〕〔北宋〕吕大临：《考古图》，北京：中华书局，1987年，第7页。

〔6〕王敏庆：《北周佛教美术研究——以长安造像为中心》，北京：社会科学文献出版社，2013年，第214页。

在湿婆、杜尔迦女神等具有毁灭能力或尚武属性的神灵头冠上。因此，"印度教徒看做是荣耀的神圣力量的象征……对于佛教而言，Kirttimukha 则是无常的象征及佛法的护持者"[1]。

Kirttimukha 与饕餮在形象上相似，但在具体观察两者口部时能发现，Kirttimukha 的口中衔缠枝花、莲花、卷草纹、璎珞等物，而饕餮则缺乏这一特征。这种特征也是北朝龛楣、菩萨造像头冠上兽面纹普遍具备的，因此，后者应该继承了外域 Kirttimukha 兽面纹的图像特征和内涵。

值得注意的是，虽然 Kirttimukha 与饕餮在图像特征上相似，但内涵不同，充满 Kirttimukha 特征的兽面纹在此后的石窟造像、造像碑以及粟特、北齐贵族墓葬等处大量出现。

除了云冈石窟第 8 窟、第 12 窟、第 13 窟与第 1 窟，还有敦煌莫高窟的 285 窟和 249 窟，龙门石窟的古阳洞，巩义石窟寺的第 1 窟和第 3 窟，以及偃师水泉石窟的 9 号、15 号、19 号龛，四川广元的皇泽寺 45 窟的龛楣和斗拱处等地都出现了 Kirttimukha 特征的兽面纹。西魏权氏造像碑以及北齐武平三年（572 年）的马士悦造像碑等造像碑的碑首和龛楣处也出现了这一图案。此外，北魏司马金龙墓的石棺床下部、河南郑州南朝画像砖墓的墓门、北齐娄睿墓的墓门、北周安伽墓的墓门等地也都有兽面纹的存在。这些发现证明在具备较为丰厚汉文化底蕴的区域，Kirttimukha 兽面纹也得到了较好的传承。

二　组玉佩与璎珞

组玉佩与璎珞，为中、印古代不同空间地域与文化背景下，相对独立发展、传承演化的两种佩饰。然而，这两种佩饰在佩戴群体、

---

[1]　王敏庆：《北周佛教美术研究——以长安造像为中心》，北京：社会科学文献出版社，2013 年，第 214 页。

材质、位置、赠与及发音等多方面均具备相似特征，有相互融合的可能。

观察南北朝时期的菩萨造像，虽并未直接显示璎珞与组玉佩的样式碰撞、复合或交融，但菩萨胸前璎珞样式的整体发展脉络与转变方式，多暗含西周时期组玉佩的身影。璎珞的结构、体量、悬挂特征的变化，均能够在组玉佩找寻相似图像依据。

1. 璎珞、组玉佩概念梳理与特征对比

璎珞，又称为"缨络"，是古代印度等地贵族常用的服饰，亦常被用来庄严佛、菩萨、天王等形象。梵文中有许多词汇与璎珞对应，如"hāra""muktā-hāra""keyūra""ardha-hāra""alaṃ-kāra""ābharaṇa""kaṇṭhī""dāman""niṣka""nīla-muktā-hāra""bhūṣaṇa""mālya""ratnâvalī""rucaka""hārā""hārârdha-hāra"〔1〕等。

白化文详细考证了梵文中的五个词汇："muktā-hāra""keyūra""ratnavali""rucaka""ardha-hāra"。其中，"muktā-hāra"指的是以珍珠等串接而成的饰物，其中 muktā 表示珍珠，而 hāra 表示成串；"keyūra"则侧重于手镯、臂钏一类的饰物；"ratnavali"大致表示成串的宝石；"rucaka"指的是花鬘状的饰物；而"ardha-hāra"具体应译为"斜挂"或"半璎珞"，在造像中多表现为一花环形，自左肩下垂绕过右腿〔2〕。

梳理以上词汇，可发现璎珞多以珍珠、宝石、花鬘和贵金属串接而成，可以佩戴于颈、臂和腿等部位。佛教经文对璎珞亦有类似的描述，《大方等大集经》说魔王波旬皈依时，"即持无价摩尼宝鬘，无价咽璎珞、臂璎珞、脚璎珞以及指印，奉献世尊合掌而礼……"〔3〕

汉代《说文解字》并未记载"璎"与"珞"二字，但可查"缨"

---

〔1〕 〔日〕平川彰：『佛教漢梵大辞典』，東京：靈友会，1997 年，828 頁。

〔2〕 白化文：《璎珞、华鬘与数珠》，《紫禁城》1992 年第 1 期，第 30、31 页。

〔3〕 〔北凉〕那连提耶舍译：《大方等大集经·月藏分》，《大正藏》第 13 册，第 320 页。

与"络"。"璎"释为"冠系也"〔1〕，"络"释为"絮也"〔2〕。"璎珞"这两个字可能直到魏晋时期才出现在汉译经典中。如《无量寿经》中提到"无量寿佛，其道场……周匝攸间，垂宝璎珞，百千万色种种异变"〔3〕；《中阿含经》卷 1《木积喻经》又言"沐浴香熏，著明净衣，华鬘璎珞，严饰其身"〔4〕。从这些经典的描述可以看出，璎珞不仅作为身饰，还有庄严道场等更广泛的用途。

组玉佩最早出现在新石器时代，随后在商、周、汉时期达到鼎盛，一直流行到唐宋时期，是贵族男女常备的饰品。它有多种称谓，如杂佩、玉全佩、玉杂佩、玉组佩、玉佩、佩玉等。在《诗经》中，常使用"佩玉"或"杂佩"来描述。例如，《诗经·卫风·竹竿》有"巧笑之瑳，佩玉之傩"〔5〕，而在《诗经·郑风·女曰鸡鸣》有"知子之来之，杂佩以赠之。知子之顺之，杂佩以问之。知子之好之，杂佩以报之"〔6〕。

"杂佩"一词生动地反映了其结构复杂、材质多样的特征。《毛传》说，"杂佩者，珩、璜、琚、瑀、冲牙之类"〔7〕；《大戴礼记·保傅第四十八》描述佩玉"上有双衡，下有双璜，冲牙、蠙珠以纳其间，琚瑀以杂之"〔8〕；《月令章句》亦载"佩上有双衡，下有双璜，琚瑀以杂之，冲牙、蠙珠以纳其间"〔9〕；《诗集传》有"杂佩者，左右佩玉也，上横曰珩，下系三组，贯以蠙珠。中组之半贯一

---

〔1〕〔汉〕许慎：《说文解字》，天津：天津古籍出版社，1991 年，第 274 页。

〔2〕同上，第 276 页。

〔3〕〔曹魏〕康僧铠译：《无量寿经》，《大正藏》第 12 册，第 271 页。

〔4〕〔东晋〕僧伽提婆、僧伽罗叉译：《中阿含经》，《大正藏》第 1 册，第 425 页。

〔5〕《诗经》，北京：北京出版社，2006 年，第 87 页。

〔6〕同上，第 113 页。

〔7〕中国文物学会专家委员会编：《中国文物大辞典》（上册），北京：中央编译出版社，2008 年，第 29 页。

〔8〕〔西汉〕戴德辑：《大戴礼记》，济南：山东友谊出版社，1991 年，第 398 页。

〔9〕〔南朝宋〕范晔撰、〔唐〕李贤等注：《后汉书》，北京：中华书局，2012 年，第 2972 页。

大珠,曰瑀。末悬一玉,两端皆锐,曰冲牙。两旁组半各悬一玉,长博而方曰琚。其末各悬一玉,如半璧而内向曰璜。又以两组贯珠,上系珩两端,下交贯于瑀,而下系于两璜,行则冲牙触璜有声也"〔1〕等详细描绘,都是对杂佩复杂组合的详细考究。

通过近年来考古出土资料,同样能够证实组玉佩通常由玉、石、珍珠、玛瑙等多种材质组合而成,呈现出复杂的结构。然而,"杂佩"一词并非表示其结构混乱无序,而是指"杂之为言集也,合也"〔2〕的意思,故有组玉佩之名。

对比璎珞与组玉佩这两种佩饰,在佩戴群体、材质、位置、赠与及发音等方面都具备相似的内涵。

第一,佩戴群体。璎珞为古代南亚次大陆贵族群体佩戴之物,组玉佩则主要是周代贵族男女佩戴之物。两种佩饰均来源于世俗生活,佩戴主体均为贵族,且男女皆能使用。

第二,材质。璎珞、组玉佩虽因地域差异而具体材料有别,但均为多种贵重金属、玉石材质的组合串接。璎珞以珠串结构为主,但有植物、骷髅质之例,佛教中则以七宝串接。组玉佩以玉璜、玉珩为主,玉、石、玛瑙、琉璃均有采用。

第三,佩戴位置。璎珞可以佩戴于颈、臂、手、脚等部位。《大方等大集月藏经卷·诸阿修罗诣佛所品》载"种种宝叶华果、金缕真珠、璎珞、天生宝鬘、天璎衣服、指印环珚、宝盖幢幡、手璎珞、脚璎珞、臂璎珞宝庄严具"〔3〕。组玉佩佩戴位置则相对单一,悬挂或系挂于颈、腰部位,且此两种佩挂方式不是同时流行,按组玉佩样式发展历史先后,有由颈部佩戴逐渐向腰部转移的过程。

第四,赠与功能。璎珞和组玉佩均具备赠与他人的功能。在佛教文化中,璎珞被视为一种供养和赠与的重要物品。《大方等大集

〔1〕〔北宋〕朱熹集注:《诗集传》,北京:中华书局,1958年,第51页。

〔2〕〔清〕陈奂:《诗毛氏传疏》第2册,北京:商务印书馆,1934年,第70页。

〔3〕〔北齐〕那连提耶舍译:《大方等大集经·月藏分》,《大正藏》第13册,第310页。

经》说:"持种种幢幡宝盖、金缕真珠、璎珞、衣服,以用奉佛而求请者。"[1]《大方广佛华严经》中释女瞿波又言:"解身璎珞庄严具,欢喜并珠施钵中。我时虽以染爱心,供养焰光真佛子。"[2]璎珞作为一种赠物可表达虔诚的修行意愿,供养给佛祖、菩萨或较高层次的修行者。组玉佩则能够作为相恋男女之间的定情信物,如《诗经·郑风·女曰鸡鸣》中所述:"知子之来之,杂佩以赠之;知子之顺之,杂佩以问之;知子之好之,杂佩以报之。"[3]亦可作为孝敬长辈的礼物,《诗经·秦风·渭阳》有记:"我送舅氏,悠悠我思。何以赠之?琼瑰玉佩。"[4]

第五,发音特性。作为由多种材质串接而成的结构复杂的饰物,佩戴璎珞或组玉佩行走时难免会产生特有的声响。《乐璎珞庄严方便品经》尝记大德须菩提前往王舍大城次第乞食时,遇一女子"以诸璎珞而自严饰,是诸珍宝互相振触有妙音声"[5]。有关组玉佩声响的描述在历代文献中更为常见。唐代孔颖达《礼记正义》中载:"凡佩玉必上系于冲(珩),下垂三道,穿以蠙珠,下端前后以县(悬)于璜,中央下端县(悬)以衡牙,动则冲(珩)牙前后触璜而为声。"[6]《诗经·郑风·有女同车》:"将翱将翔,佩玉琼琚……将翱将翔,佩玉将将。"[7]《诗经·卫风·竹竿》记:"巧笑之瑳,佩玉之傩。"[8]《诗经·秦风·终南》又载:"君子至止……佩玉将将,寿考不亡(忘)。"[9]唐代郑世翼《看新婚》有言:"杂佩含风响,

---

〔1〕〔北齐〕那连提耶舍译:《大方等大集经·月藏分》,《大正藏》第13册,第310页。

〔2〕〔唐〕殷若译:《大方广佛华严经》,《大正藏》第10册,第797页。

〔3〕《诗经》,北京:北京出版社,2006年,第113页。

〔4〕同上,第172页。

〔5〕〔后秦〕昙摩耶舍译:《乐璎珞庄严方便品经》,《大正藏》第14册,第931页。

〔6〕〔东汉〕郑玄注、〔唐〕孔颖达疏、龚抗云整理:《十三经注疏·礼记正义》,北京:北京大学出版社,1999年,第1068页。

〔7〕同〔3〕,第114页。

〔8〕同〔3〕,第87页。

〔9〕同〔3〕,第167页。

丛花隔扇开。"[1]"将将""风响"等词，生动地描写了组玉佩所发之音。"佩玉将将，寿考不亡（忘）"，赞美秦襄公的美德，"将翱将翔，佩玉将将"则是表达男子对美丽女子的赞美。

2. 璎珞与组玉佩样式的融合方式

尽管组玉佩和璎珞在佩戴群体、材质、位置、赠与、发声等方面存在细微差异，但它们整体上具有更多的共性特征，这成为组玉佩能够影响南北朝菩萨造像璎珞样式转变的基础。组玉佩的早期样式特征至少在体量长度、基本结构、材质组合等三个具体方面，在璎珞样式转变过程中展现相似之处。

在商周早期，组玉佩流行颈部佩戴方式，并覆盖装饰佩者的胸前至膝盖等身体部位。

在1992年至1993年山西天马—曲村遗址的发掘中，发现了多座西周晋侯及其夫人的墓葬，出土多套组玉佩。其中北赵晋侯墓地M91内出土了五璜联珠组玉佩，"位于墓主胸腹部，过颈佩戴"[2]。在M92墓内发现的四璜四珩联珠组玉佩（图6-4），由282件形制各异的玉、石器组合，结构复杂，"出土于墓主的胸腹部，过颈佩戴"[3]。M8为晋献侯墓，墓内出土的双环双玦三璜组玉佩，位于墓主"过颈"[4]处。与M8为平行并穴夫妻合葬墓关系的M31墓保存较好，墓主胸腹部出土了一组六璜联珠组玉佩，"由408件玉璜、料珠、玛瑙珠组成"，"上端置于墓主人项上，下端到腹部以下"[5]。

---

〔1〕 孙建军、陈彦田主编，于念等撰稿：《全唐诗选注》，北京：线装书局，2002年，第116页。

〔2〕 北京大学考古学系、山西省考古研究所：《天马—曲村遗址北赵晋侯墓地第五次发掘》，《文物》1995年第7期，第12页。

〔3〕 同上，第17页。

〔4〕 北京大学考古学系、山西省考古研究所：《天马—曲村遗址北赵晋侯墓地第二次发掘》，《文物》1994年第1期，第12页。

〔5〕 山西省考古研究所、北京大学考古学系：《天马—曲村遗址北赵晋侯墓地第三次发掘》，《文物》1994年第8期，第29页。

图6-4　山西曲沃晋侯 M92 出土
组玉佩，山西省考古研究所藏
采自《中国出土玉器全集·
山西》，第 86 页

而在 M63 中，出土玉璜"50 余件。其中 45 件系于一组佩饰之上"[1]，复原长度约为 158 厘米，除了玉璜之外，还有大量冲牙、玉管、绿松石珠、玛瑙管等串结在一起。

此外，在 1981 年发掘的陕西扶风强家一号西周墓中，陪葬的组玉佩由 396 件玉璜、玉佩、玉管及玛瑙珠管等组成，出土时"玉器全部放在棺内，主要在死者头部的周围和手中"[2]，整体复原长度约为 80 厘米。1990 年，河南三门峡上村岭虢国墓地 M2001 内，在墓主的颈部发现了一串项饰，"另有一套玉组佩饰挂于颈部而达于膝下"，"由 7 件由小到大依次递增的玉璜，间以左右对称的双排两行玛瑙与琉璃串珠连缀而成"[3]。"出土时用以串连的线绳尚清晰可见，但动之即碎"[4]。经复原后，其总长约为 126 厘米。

以上商周时期墓葬中出土的组玉佩，尽管组件繁多、样式各异，但共同之处在于佩戴位置均集中在颈部，且复原后的长度多在 80 厘

〔1〕　山西省考古研究所、北京大学考古学系：《天马—曲村遗址北赵晋侯墓地第四次发掘》，《文物》1994 年第 8 期，第 17 页。

〔2〕　周原扶风文管所：《陕西扶风强家一号西周墓》，《文博》1987 年第 4 期，第 19 页。

〔3〕　河南省文物研究所：《三门峡上村岭虢国墓地 M2001 发掘简报》，《华夏考古》1992 年第 3 期，第 106 页。

〔4〕　同上，第 112 页。

米以上。表明在这一时期，组玉佩流行颈部佩戴，且至少能够垂至腹部以下，其中一些长度约 150 厘米的组玉佩甚至能够垂至膝盖以下。观察南北朝菩萨造像的璎珞，可以发现体量长度的发展趋势，从落腹短璎珞逐渐演变为落膝长璎珞；基本结构也由"U"形逐渐转变为"X"形；后期大量使用玉璧等构件，与商周时期组玉佩的构成相似。

3. 组玉佩文化内涵的转移

南北朝菩萨造像璎珞的体量长度、基本结构和材质组合的变化，趋向商周组玉佩的相关特征，应是两者相互融合的显性特征。图像的融合实际上蕴藏着两者内涵的相互移植与丰富。璎珞的拉长会导致一系列物理属性的变化，如其发声属性得到增强，并能够彰显原属于组玉佩的驱除杂念和作为等级象征的内涵。

在佛教文化中，璎珞不仅是一种装饰物，更象征着生命的健康和活力。《中阿含经》卷 1 记："刹利女、梵志、居士、工师女，年在盛时，沐浴香薰，着明净衣，华鬘、璎珞严饰其身。"[1]将璎珞与"年在盛时"的气象相呼应。而早在西周时期，人们便将玉的质、色、纹理和声音等自然特性与社会道德规范相对应。《诗经·秦风·小戎》载"言念君子，温其如玉"[2]，将玉视为君子高尚品质的象征。组玉佩以玉为主要材质，其发出的声响被认为具有驱除杂念、净化心灵的作用，因此成为高尚、纯洁君子品德的象征与保障。《礼记·玉藻》有言："故君子在车则闻鸾、和之声，行则鸣佩玉，是以非辟之心无自入也。"[3]由组玉佩材质、长度等自然特性产生的声音，需要符合复杂的韵律，使其成为规范君子品德的礼节器物。《礼记·玉藻》曰："古之君子必佩玉，右徵角，左宫羽。趋以《采齐》，行以《肆夏》，周还中规，折还中矩，进则揖之，退则扬之，

---

〔1〕〔东晋〕瞿昙僧伽提婆译：《中阿含经》，《大正藏》第 1 册，第 425 页。

〔2〕《诗经》，北京：北京出版社，2006 年，第 164 页。

〔3〕〔东汉〕郑玄注、〔唐〕孔颖达疏、龚抗云整理：《十三经注疏·礼记正义》，北京：北京大学出版社，1999 年，第 1065 页。

然后玉锵鸣也。"〔1〕

　　组玉佩发出的铿锵声响不仅能够驱除杂念、净化心灵、规范君子，同时也象征着佩者的身份和地位。《礼记·经解》载："天子者，……行步则有环佩之声。"〔2〕《礼记·玉藻》："君与尸行接武，大夫继武，士中武。"〔3〕孔疏云："武，迹也。"〔4〕周代贵族佩玉以节步，"尊者舒迟，故君及尸并步迟狭"〔5〕，"听己佩鸣，使玉声与行步相中适"〔6〕，故有"改玉改行"的说法。《国语·周语中》："晋文公既定襄王于郏，王劳之以地，辞，请隧焉。王不许，曰：'……先民有言曰：改玉改行。'"韦昭注："玉，佩玉，所以节行步也。古时之人，身必佩玉，然君臣上下所佩之玉，其形、色皆不相同……改玉改行，谓君臣尊卑，迟速有节，服其服则行其礼。"〔7〕

　　上述组玉佩的文化内涵不仅可能影响了南北朝菩萨造像璎珞的体量长度、基本结构和材质组合，或许还是导致其悬挂铃形坠饰的原因之一。铃形纹样的设计一方面能够加强整套佩饰的发音功能，另一方面，由于铃铛的形状类似莲蕾，更能够反映出菩萨对佛道追求的宗教性格。不难发现，组玉佩和璎珞这两种来自中、印古代不同空间地域与文化背景的佩饰元素，尽管它们经历了独立的发展和传承演化过程，但在佩戴群体、材质、位置、赠与以及发音等多个方面有着相似特征。这些相似之处导致菩萨造像佩饰样式在转变的过程中，可能受到组玉佩的影响，进而赋予了新的等级象征内涵与功能。

---

〔1〕〔东汉〕郑玄注、〔唐〕孔颖达疏、龚抗云整理：《十三经注疏·礼记正义》，北京：北京大学出版社，1999年，第1064、1065页。

〔2〕同上，第1599页。

〔3〕同上，第1076页。

〔4〕同上，第1077页。

〔5〕同上。

〔6〕同上，第1032页。

〔7〕王云五、朱经晨主编：《国语》，北京：商务印书馆，1934年，第16—19页。

除了兽面冠饰和璎珞，南北朝菩萨造像还存在着鸟翼冠饰的发展与转变轨迹，能够展示出中、西不同文化内涵中相似的图像元素，最终呈现出融合并快速发展的规律。

第三节　佩饰装彩与贴金问题的讨论

现存南北朝菩萨造像中，特别是石质造像的佩饰表面，多较为光滑、无彩。这一现象主要归因于年代久远，导致了装彩和贴金的脱落，因此不能准确地展示其原始的外观。作为菩萨造像中重要的等级与身份象征，佩饰表面的装彩和贴金应该和其样式一样，具备深入研究的价值。通过对装彩和贴金发展的分析，我们可以发现在北魏景明年间（500—503年）之前，相关造像佩饰的装彩和贴金可能更倾向于模仿世俗佩饰；而在景明年间之后，可能更多地反映着神圣的属性与内涵。

观察莫高窟第275窟、259窟、257窟中的早期菩萨造像（图6-5），可以发现其佩饰上常见绿色、蓝色和深褐色的装彩，其中以绿色最为常见。云冈第11窟东壁交脚弥勒菩萨造像曾经后世补彩，但项圈上仍保留有原始的绿彩的痕迹。这些早期佩饰应受到了外来样式的影响，可能是对外域帝王、贵族日常佩饰的模仿与继承。那么，在这些珠状或管状的构件上，所装饰的绿、蓝、褐等颜色可能是在表现何

图6-5　莫高窟第259窟
西壁胁侍菩萨立像
采自《中国美术全集·雕塑
编·敦煌彩塑》，第10页

种材质呢?

这类珠状、管状装彩佩饰构件所描绘的对象,应在七宝之内。在佛教艺术传统中,强调以七宝庄严净土妙相。然而,由于佛经文本对七宝的含义有所区别,有七种珍宝和七种王者之宝。就七种珍宝而言,又有不同经典的描述差异。例如,《法华经》提到的是:"金、银、琉璃、砗磲、玛瑙、真珠、玫瑰";《无量寿经》则列举为:"金、银、琉璃、珊瑚、琥珀、砗磲、玛瑙";《大阿弥陀经》则是:"黄金、白银、水晶、琉璃、珊瑚、琥珀、砗磲"为七宝;《恒水经》则提及的是"白银、黄金、珊瑚、白珠、砗磲、明月珠、摩尼珠"为七宝。

梳理不同经文所载的七种珍宝,金、银、白珠、砗磲、珊瑚、玫瑰、水晶等众宝的颜色通常并非以绿、蓝、褐为常见。而明月珠、摩尼珠则更多是理想化的宝物。排除以上类型,绿、蓝、褐的装彩可能更倾向于表现玛瑙、琥珀或琉璃这三种珍宝。

梳理中国古代常见的玛瑙、琥珀、琉璃珠(管),并分析其主要呈色(表6-1),不难发现,玛瑙、琥珀或琉璃均能呈现深褐色或相近色相,与菩萨造像佩饰上的深褐色装彩相似。然而,绿色和蓝色的珠(管)可能主要是在表现琉璃彩珠。

结合陕西、新疆等地区出土的玻璃[1]实物,类似观点可以得到进一步的支持。在1986年,西安东郊发现的一座隋舍利墓中,清理出"玻璃彩珠10颗……五颗为绿色……五颗为黑色;玻璃棋子(?)13个……通体绿色"[2],但同墓中清理出的玛瑙类物品主要为褐色或白色。

---

〔1〕 琉璃,是以各类颜色制作的人造水晶为原料,在1000℃左右高温下烧制而成,属于广义上玻璃的一种。对位本书具体研究内容,尚不对琉璃与玻璃两者概念进行区分。

〔2〕 郑洪春:《西安东郊隋舍利墓清理简报》,《考古与文物》1988年第1期,第62页。

表 6-1　早期玛瑙、琥珀、水晶、琉璃珠（管）主要呈色统计图表

名称	呈色	图例	
玛瑙	红、白、橙黄色等，并以殷红色最为名贵	安阳殷墟妇好墓〔1〕出土玛瑙珠　商（前1600—前1046年）	法门寺地宫出土白玛瑙珠〔2〕唐（618—907年）
琥珀	橙黄色	法门寺地宫出土琥珀〔3〕　唐（618—907年）	
琉璃	白、黑、黄、青、绿、缥、绀、红、紫等众色	西安东郊隋舍利墓出土琉璃棋子　隋（581—618年） 陕西历史博物馆藏	

〔1〕　图片采自王苗编：《珠光翠影·中国首饰史话》，北京：金城出版社，2012年，第60页。

〔2〕　图片采自韩金科：《圣骨法门之谜》，杭州：浙江文艺出版社，2012年，第156页。

〔3〕　同上。

另据《唐长安城郊隋唐墓》报告，李静训墓出土的玻璃器"有瓶、杯、盒、蛋形器以及珠饰品等，共24件"[1]，其中一件玻璃管形器"已残。中穿通孔……为草绿色"[2]；小珠五颗"绿色，作宝珠形"[3]。

1995年在新疆民丰县尼雅遗址95MNI号墓地M8发现的一串项链（图6-6），由白、绿、蓝等色玻璃彩珠串接而成。

黄益飞在《新疆出土唐以前玻璃珠研究》中提供了对新疆地区唐前玻璃彩珠的全面统计。这些玻璃彩珠的颜色包括淡白色、粉红色、淡黄色、棕黄色、淡青色、灰黑色、无色、黄色、蓝绿色、赭黄色、黑色等。其中，褐紫色、白色、绿色、蓝色、橘红色、赭黑色的玻璃数量较为丰富。然而，值得注意的是，"橘红色、赭黑色、褐紫色的玻璃珠全部出土于洛浦县山普拉墓地"，而"白色出土于尼雅遗址和山普拉墓地"[4]，显示了一定的地域性特征。相反，浅蓝色、绿色的玻璃珠分布范围却相当广泛，应代表古代新疆地区玻璃彩珠中较为流行的颜色。

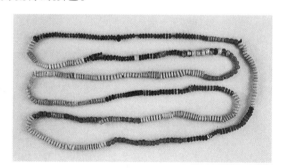

图6-6　新疆民丰县尼雅遗址95MNI号墓地M8出土项链
采自《新疆民丰县尼雅遗址95MNI号墓地M8发掘简报》，第20页

---

〔1〕　中国社会科学院考古研究所编著：《唐长安城郊隋唐墓》，北京：文物出版社，1980年，第23页。

〔2〕　同上，第24页。

〔3〕　同上。

〔4〕　黄益飞：《新疆出土唐以前玻璃珠研究》，《中央民族大学本科生优秀论文集》，北京：中央民族大学出版社，2008年，第13页。

相较于玛瑙或琥珀，玻璃彩珠以其丰富的颜色特性、广泛的分布范围和数量，能够与敦煌彩塑菩萨佩饰的装彩进行对比。在古代陕西、新疆等地区流行的浅蓝色、绿色玻璃彩珠串等至少表明，北朝早期菩萨造像的佩饰与相关地区的世俗佩饰之间存在着密切联系。据此推测，北朝早期菩萨造像佩饰的装彩特征可能是对世俗佩饰较为真实的模仿。

而随着菩萨造像整体风格的转变，其佩饰逐渐淡化了世俗特征，更多地受到中国传统文化观念和标准的影响，在重塑和改造中被赋予了新功能。观察北魏景明年间（500—503 年）之后菩萨造像佩饰的表面材质，可以发现大面积的贴金在替代装彩。例如，在敦煌壁画中的菩萨像，其佩饰主要以白色和金色为主体，再镶嵌各类宝石。而在山东青州龙兴寺遗址出土的大量北朝造像中，很多都保留了贴金和彩绘的痕迹。此类造像贴金的特征主要流行在北朝晚期。

通过对比佛、菩萨造像上的贴金情况，可以理解佩饰贴金的内涵和表现目的。在南北朝晚期的大量造像上，佛像的贴金主要集中在面部、颈部、手部、足部等裸露的表面，而其服饰可能涂朱或少量贴金；相比之下，菩萨造像的贴金主要集中在宝冠、项圈等佩饰的部位，只有少量贴金出现在头部、颈部、手臂和脚部等露出的表面。

佩饰上的贴金是否与佛像存在某些联系呢？佛像通过贴金，旨在表现佛的放光明与圆满相好。佩饰上的贴金同样是为了凸显放光明的意境，更好地传达菩萨与佛之间的联系。相应的黄金（贴金）不再仅仅代表世俗属性，如玛瑙、琥珀、琉璃、白珠、砗磲、珊瑚、玫瑰等其他种类的珍宝，而是用以表现诸珍宝所散发的光明。这通过贴金体现了黄金色光明，能够象征菩萨精神中"自觉复能觉他"的品质。

另外，南北朝菩萨佩饰的装彩、贴金方式的转变与内涵的生成，可能对世俗佩饰的设计产生影响。例如，观察隋代西安李静训墓出土的黄金镶宝石项链（图6-7），或许黄金镶宝石并非仅仅是展示隋代金工技艺的精湛，更可能带有浓厚的佛教文化内涵。在该项链上，黄金并非主体，而是用以表现众宝所放光明的意象。

图 6-7　西安隋代李静训墓出土黄金镶宝石项链
采自《中国古代珠子》（修订版），第 219 页

小　结

　　本章探讨了南北朝菩萨造像中典型装束样式的本土化趋势。这一趋势表现在装束元素的样式和内涵上，与菩萨造像组织秩序的变化相协调。菩萨造像的装束演变不局限于外来风格的传播和模仿，更是基于中国传统文化和时代审美，在吸收易于理解的文化元素时，积极与本土的图像传统相融合。

　　北朝石窟中流行的仰月、日月冠饰展现出显著的波斯萨珊王冠特征。萨珊王冠上的日、月装饰不仅象征着国王的神圣统治和带给人民的繁荣富饶，还反映了琐罗亚斯德教君权神授观念在萨珊王朝的影响。这种装饰通过粟特人的活动传入汉地，又体现了仰月、日月冠饰与粟特人的密切联系。佛教文献中将日、月视为智德圆满的象征，并将其视作代表佛心、菩提心的符号。因此，佛教艺术中采用这些元素来装饰菩萨和天王的宝冠是十分合理的。然而，在中国传统的图像体系中，日月、仰月冠饰或类似的冠形相对罕见，导致这种装饰在南北朝的流行显现出独特的时段和区域特点。

犍陀罗风格的菩萨造像通常配有四股项圈或项链，其中包括蛇形胸饰。这种独特的装饰可能与古印度婆罗门的象征有关，或因为弥勒被视为婆罗门出身而融入菩萨造像的装束体系。蛇形胸饰在北魏早期的云冈石窟、敦煌莫高窟等地交脚菩萨造像中较为常见，但由于在中国传统文化中缺乏与之相对应的图样和内涵，这种胸饰随后迅速消失。

南北朝菩萨造像中兽面冠饰的案例虽相对较少，但其传承与发展体现了中西文化的积极融合。关于这种冠饰的含义，存在两种不同观点：一种观点认为，兽面冠饰是汉魏时期传统图案的延续；另一种观点则认为，兽面冠饰源自古印度或波斯地区的守护神"Kirttimukha"。"Kirttimukha"的形象与中国传统的饕餮在外观上有相似之处，但其内涵有所不同。在北朝时期的造像中，这种特征的兽面纹样较为流行，反映了文化交流的活跃面貌。

组玉佩和璎珞，作为中印两个不同地域和文化背景下独立发展并传承演化的佩饰，呈现出许多相似的特征，并可能发生了一定程度的融合。组玉佩最早出现在中国新石器时代，经历了商、周、汉时期的发展，直至唐宋时期仍然盛行，成为当时贵族男女的常见饰品。而璎珞与组玉佩在佩戴群体、材质、位置、赠与以及发音等方面展现出了相似的内涵。这些共同点构成组玉佩对南北朝菩萨造像中璎珞样式变化的影响基础。

佩饰表面的装彩和贴金作为菩萨造像中的重要等级与身份象征，具有深入研究的价值。观察北魏景明年间（500—503 年）及其前后时期菩萨造像的装束变化，可以发现早期造像佩饰多用装彩，强调对世俗佩饰的模仿，而后期造像中流行贴金，则更多地反映了神圣的属性。菩萨造像中的贴金通常集中于佩饰部分，这种设计应体现了佛教教义中关于菩萨放光明和圆满相好的理念。

结　论

　　本书探析了南北朝菩萨造像艺术的演进历程，集中讨论了菩萨造像艺术在多元文化背景下的风格变化和内涵发展，并强调了其本土化的关键特点和深层意义。

　　研究首先关注于5—6世纪古印度、中亚和中国在菩萨造像领域的互动与交流。在这一时期，古印度的菩萨造像展现出了清晰的图像体系和风格特征，如悉达多王子菩萨、观音菩萨和弥勒菩萨等主题都具备独特的表现方式与形象特征。随着佛教信仰的东传，弥勒菩萨的形象在中亚地区发生了重要的演变，由求道者、行者的形象转变为未来佛、救世主的象征，其具体表现正是交脚弥勒菩萨造像的流行。这一形象传入中国，与传统文化中的礼仪、等级和皇权等元素相结合，成为统治者权威的象征。同一时期，中国南北各地造像艺术的区域特色逐渐形成。南朝地区表现为积极的汉化倾向，以书画家和工匠为主体重新设计像样，根据本土审美传统引入了"褒衣博带""秀骨清像"等汉风特征。其中，帔帛的广泛使用是菩萨造像本土化的显著标志。北方造像随着孝文帝一系列汉化政策的实施，逐渐融入了南朝的汉风气息，彰显了南北文化的交流。

　　在梳理了菩萨造像的基本演变轨迹与发展特征之后，本书转向探讨中国早期佛教石窟中菩萨造像的空间特征和内涵。研究揭示了这些造像在文化和信仰传递中的核心作用，强调它们不仅是宗教崇拜的对象，更是佛教教义与信徒精神世界互动的重要媒介。石窟中的菩萨造像通过独特的艺术表现和空间布局，巧妙地融合了佛教神性的庄严和人性的温馨，为信众提供了一种视觉和心灵上的平衡体验，有助于加深信众对佛教教义的理解和内心感悟。

　　紧接着，本书着重探讨了禅观思想如何深刻地影响了石窟空间的设计理念。特别是在北朝早期，禅观思想的发展使石窟不仅是供信徒礼拜偶像或展示佛教艺术的场所，还将其转化为冥想和修行的理想空间。观察克孜尔石窟、云冈石窟的早期案例，多能发现石窟壁面装饰的构成与组织是以禅观为中心建构叙事逻辑的。但是，相关石窟造像的表现形式和空间布局实际上深受禅观和皇权的双重影响，导致石窟造像的空间特性和组织结构呈现出复杂性。这种复杂性不仅在艺术层面上得以体现，还在信仰和政治层面上具有深远意义。

克孜尔第 38 窟中的半跏思惟菩萨造像是禅观思想与犍陀罗美术传统相结合的杰作。在这里，石窟的设计巧妙地融合了建筑结构的特点和佛教故事的内在逻辑，创造出一种以释迦树下观耕事迹为核心，引导禅修的空间叙事方式。半跏思惟菩萨造像的对称布局、孔雀衔蛇场景的描绘以及与交脚菩萨像的组合关系，能够象征脱离俗世到达圣境的转变。与之相比，敦煌莫高窟、麦积山石窟和云冈石窟等地的半跏思惟菩萨像，则反映了弥勒决疑思想的普及，象征着信徒通过修行得到弥勒的引导和拯救，并更加清晰地预示了信徒在死后将往生弥勒净土。以上案例的比较，展示了不同佛教教派对相同主题图像的多元诠释。

禅观诉求、法华思想与弥勒信仰的紧密结合，在云冈石窟造像设计中发挥了主导作用，影响了造像的内容构成、空间布局和组织秩序。以第 7、8 窟为例，在云冈第二期石窟的核心区域，如中轴线附近和主要壁面，出现了跏趺坐佛、二佛并坐、交脚菩萨、倚坐佛（或交脚佛）的固定组合。这一组合象征着信奉法华者将往生兜率天净土，未来随弥勒下生的功德允诺。特别是其中的"二佛并坐+交脚菩萨"组合与菩萨缯带的固定搭配，更反映了石窟营造者对法华经虚空会的细节把握。在第 9、10 窟中，交脚菩萨造像、半跏思惟菩萨、倚坐佛与交脚佛等弥勒题材造像被巧妙布置在壁面的特殊位置上，利用图像组织层次的立体性，表现了弥勒菩萨的决疑、授记、护持、净土等多重意义，清晰地展示弥勒累世修行、弘通法华的神圣事迹，为信徒提供了信持法华的楷模和僧人修禅的方便法门。

北魏龙门石窟中逐渐清晰的"景明模式"则标志着南北朝菩萨造像组织秩序的重大转变。通过对古阳洞菩萨造像的发展脉络和类型进行分析，揭示了其装束风格从凉州、平城样式向褒衣博带式的转变并非简单的递进过程，而是在不同地域传统相互影响与融合中构建新秩序的过程。"景明模式"的形成可以看作是北魏佛教美术本土化的标志之一，相关设计逐渐弱化了禅僧观像的功能以及交脚弥勒菩萨的核心地位，主壁胁侍菩萨立像成为新的设计焦点，并通过菩萨装束的繁简来对应空间主次和像主身份尊卑。这一模式在南北朝广泛地区内展现了一致的发展趋势和样态。值得注意的是，南朝的造像艺术同样在"景明模式"方面显示出系统性和完整性的特征，提示我们不应忽视南朝对整个时期艺术风格发展的贡献和影响。

北魏政权分裂后，"景明模式"的影响并未消失，而是在东魏—北齐和西魏—北周两个政权期间呈现出各自独特的发展趋势。在邺城地区的北朝石窟中，菩萨造像展示了四种不同类型，每一种类型的装束繁简都严格对应着石窟空间主次和像主身份的差异。而长安地区的北周单体造像，则反映了装束进一步繁杂化的发展趋势，并巧妙地融入了复古的组玉佩元素，可视为都城区域造像活动对"景明模式"中高级装束的发展。此外，借助石窟艺术归纳的"景明模式"，也可以用来分析寺院空间中菩萨造像的布局和空间秩序。

最后，本书还探讨了南北朝菩萨造像中典型装束的本土化问题。其本土化并不局限于外来风格的传播和模仿，更是基于中国传统文化和时代审美，在吸收易于理解的文化元素时积极与本土的图像传统相融合。菩萨造像装束的本土化，丰富了南北朝造像的艺术表达，使其更具中国文化特色和时代精神。

参考文献

一 佛经、古籍

1. ［日］大正一切经刊行会：《大正新修大藏经》，1934 年。

2. ［南朝宋］范晔：《后汉书》，北京：中华书局，1965 年。

3. ［南朝梁］萧子显：《南齐书》，北京：中华书局，1972 年。

4. ［唐］李百药：《北齐书》，北京：中华书局，1973 年。

5. ［唐］魏征主编：《隋书》，北京：中华书局，1973 年。

6. ［唐］姚思廉：《梁书》，北京：中华书局，1973 年。

7. ［唐］李延寿：《南史》，北京：中华书局，1975 年。

8. ［唐］李延寿：《北史》，北京：中华书局，1974 年。

9. ［唐］房玄龄等：《晋书》，北京：中华书局，1982 年。

10. ［南朝梁］沈约：《宋书》，北京：中华书局，1983 年。

11. ［唐］令狐德棻主编：《周书》，北京：中华书局，2013 年。

12. 《造像量度经》，收录于李鼎霞、白化文：《佛教造像手印》，北京：北京燕山出版社，2000 年。

13. ［北齐］魏收：《魏书》，北京：中华书局，2017 年。

二 专著

1. 文化部社会文化事业管理局：《麦积山石窟》，北京：文物出版社，1954 年。

2. 罗叔子：《北朝石窟艺术》，上海：上海出版公司，1955 年。

3. 张曼涛：《现代佛教学术丛刊·佛教艺术论集》，台北：大乘文化出版社，1973 年。

4. 沈从文：《中国古代服饰研究》，北京：商务印书馆，1981 年。

5. 任继愈：《中国佛教史》，北京：社会科学出版社，1982年。

6. 汤用彤：《汉魏两晋南北朝佛教史》，北京：中华书局，1983年。

7. 陈寅恪著、万绳楠整理：《陈寅恪魏晋南北朝史讲演录》，合肥：黄山书社，1987年。

8. 段文杰：《敦煌石窟艺术论集》，兰州：甘肃人民出版社，1988年。

9. 傅天仇：《敦煌彩塑与环境艺术》，《1987年敦煌石窟研究国际研讨会文集·石窟艺术编》，沈阳：辽宁美术出版社，1990年，第348页。

10. 吴悼：《佛教东传与中国佛教艺术》，杭州：浙江人民出版社，1991年。

11. 孙机：《中国古舆服论丛》，北京：文物出版社，1993年。

12. 宿白：《中国石窟寺研究》，北京：文物出版社，1996年。

13. 白化文：《汉化佛教法器服饰略说》，北京：商务印书馆，1998年。

14. 王子云：《中国雕塑艺术史》，北京：人民美术出版社，1998年。

15. 杨泓：《汉唐美术考古和佛教艺术》，北京：科学出版社，2000年。

16. 巫鸿：《汉唐之间的宗教艺术与考古》，北京：文物出版社，2000年。

17. 蔡日新：《汉魏六朝佛教概观》，北京：文津出版社，2001年。

18. 高春明：《中国服饰名物考》，上海：上海文化出版社，2001年。

19. 罗宗真：《魏晋南北朝考古》，北京：文物出版社，2001年。

20. 阎文儒：《中国石窟艺术总论》，桂林：广西师范大学出版社，2003年。

21. 白化文：《汉化佛教与佛寺》，北京：北京出版社，2003 年。

22. 张育英：《中西宗教与艺术》，南京：南京大学出版社，2003 年。

23. 李裕群：《北朝晚期石窟寺研究》，北京：文物出版社，2003 年。

24. 胡同庆、安忠义：《佛教艺术》，兰州：敦煌文艺出版社，2004 年。

25. 黄能馥、陈娟娟：《中国服饰史》，上海：上海人民出版社，2004 年。

26. ［韩］梁银景：《隋代佛教窟龛研究》，北京：文物出版社，2004 年。

27. 欧阳启名：《佛教造像》，北京：文化艺术出版社，2004 年。

28. 王恒：《云冈石窟佛教造像》，太原：书海出版社，2004 年。

29. 何志国：《中国南方早期佛教艺术初论》，北京：中国文联出版社，2004 年。

30. 黄河涛：《禅与中国艺术精神》，北京：中国言实出版社，2006 年。

31. 常任侠：《印度与东南亚美术发展史》，合肥：安徽教育出版社，2006 年。

32. 四川大学历史文化学院编：《魏晋南北朝史论文集》，成都：巴蜀书社，2006 年。

33. 湛如：《净法与佛塔：印度早期佛教史研究》，北京：中华书局，2006 年。

34. 段文杰：《敦煌石窟艺术研究》，兰州：甘肃人民出版社，2007 年。

35. 石云涛：《三至六世纪丝绸之路的变迁》，北京：文化艺术出版社，2007 年。

36. 刘淑芬：《中古的佛教与社会》，上海：上海古籍出版社，2008 年。

37. 竺小恩：《中国服饰变革史论》，北京：中国戏剧出版社，2008 年。

38. 郑炳林、魏文斌主编：《天水麦积山石窟研究论文集》（上），兰州：甘肃文化出版社，2008 年。

39. 罗宏才主编：《西部美术考古》，上海：上海大学出版社，2008 年。

40. 罗宏才：《中国佛道造像碑研究：以关中地区为考察中心》，上海：上海大学出版社，2008 年。

41. 徐政夫编著：《佛教美术全集·观想佛像》，北京：文物出版社，2008 年。

42. ［日］宫治昭：《涅槃和弥勒的图像学——从印度到中亚》，北京：文物出版社，2009 年。

43. 赖鹏举：《敦煌石窟造像思想研究》，北京：文物出版社，2009 年。

44. 马世长、丁明夷：《中国佛教石窟考古概要》，北京：文物出版社，2009 年。

45. 白化文：《汉化佛教三宝物》，北京：华龄出版社，2009 年。

46. 魏文斌、吴荭：《甘肃佛教石窟考古论集》，北京：民族出版社，2009 年。

47. 贺玉萍：《北魏洛阳石窟文化研究》，开封：河南大学出版社，2010 年。

48. 姚崇新：《巴蜀佛教石窟造像初步研究：以川北地区为中心》，北京：中华书局，2011 年。

49. 罗宏才：《中国时尚文化史·先秦至隋唐卷》，济南市：山东画报出版社，2011 年。

50. 李炜：《早期汉译佛经的来源与翻译方法初探》，北京：中华书局，2011 年。

51. 罗宏才：《从中亚到长安》，上海：上海大学出版社，2011 年。

52. 释印顺：《初期大乘佛教之起源与开展》（上），北京：中华书局，2011 年。

53. ［日］石松日奈子：《北魏佛教造像史研究》，筱原典生译，北京：文物出版社，2012 年。

54. 胡同庆：《魅力敦煌：从美学角度赏析敦煌佛教艺术》，兰州：甘肃人民美术出版社，2012 年。

55. 方立天：《魏晋南北朝佛教》，北京：中国人民大学出版社，2012 年。

56. 王敏庆：《北周佛教美术研究：以长安造像为中心》，北京：社会科学文献出版社，2013.07.

57. 赵萌：《中国雕塑艺术》，北京：人民美术出版社，2013 年。

58. 罗宏才：《十院校美术考古文集》，上海：上海大学出版社，2014 年。

59. 魏文斌：《麦积山石窟初期洞窟调查与研究》，兰州：甘肃教育出版社，2016 年。

60. ［美］巫鸿：《空间的敦煌——走近莫高窟》，北京：生活·读书·新知三联书店，2022 年。

三　硕士、博士学位论文

1. ［韩］李娫恩：《北朝装饰纹样研究——5、6 世纪中原北方地区石窟装饰纹样的考古学研究》，中国社会科学院研究生院博士学位论文，2003 年。

2. 介永强：《西北佛教历史文化地理研究》，陕西师范大学博士学位论文，2004 年。

3. 李森：《龙兴寺历史与窖藏佛教造像研究》，山东大学博士学位论文，2005 年。

4. 王丽洁：《〈妙法莲华经〉的一乘思想及其文学特征》，复旦大学博士学位论文，2005 年。

5. 徐振杰：《中国早期佛教造像民族化与世俗化研究》，山东大学博士学位论文，2006 年。

6. 任平山：《克孜尔中心柱窟的图像构成》，中央美术学院博士学位论文，2007 年。

7. 宋丙玲：《北朝世俗服饰研究》，山东大学博士学位论文，2008 年。

8. 马希哲：《中国中古时期帔帛的文化史考察》，北京大学硕士学位论文，2008 年。

9. 曹喆：《以敦煌壁画为主要材料的唐代服饰史研究》，东华大学博士学位论文，2008 年。

10. 张元林：《北朝—隋时期敦煌法华艺术研究》，兰州大学博士学位论文，2009 年。

11. 吴荭：《北周石窟造像研究》，兰州大学博士学位论文，2009 年。

12. 黄良莹：《北朝服饰研究》，苏州大学博士学位论文，2009 年。

13. 王雪梅：《古代印度弥勒信仰研究》，西北大学博士学位论文，2010 年。

14. 郑文宏：《安阳石窟艺术研究》，西安美术学院博士学位论文，2010 年。

15. 刘慧：《中原北方早期弥勒造像研究》，上海大学博士学位论文，2010 年。

16. 王忠林：《弥勒图像研究》，南京大学博士学位论文，2011 年。

17. 葛英颖：《汉地佛教服饰文化研究》，吉林大学博士学位论文，2011 年。

18. 宋莉：《北魏至隋代关中地区造像碑的样式与年代考证》，西安美术学院博士学位论文，2011 年。

19. 姚远：《东魏北齐定州白石造像研究》，中央美术学院博士学位论文，2011 年。

20. 高歌：《云冈中心柱窟研究》，西安美术学院硕士学位论文，

2012 年。

21. 肖丁：《西安地区北周佛教造像及其渊源研究》，南京艺术学院硕士学位论文，2012 年。

22. 徐朋朋：《璎珞——以北朝至唐前期莫高窟菩萨璎珞为中心》，北京服装学院硕士学位论文，2012 年。

23. 郭芳：《莫高窟艺术中菩萨宝冠的演变》，兰州大学硕士学位论文，2013 年。

24. 魏小杰：《晋南唐宋元寺观彩塑样式研究》，西安美术学院博士学位论文，2013 年。

25. 巫胜禹：《佛教思惟像研究》，上海师范大学博士学位论文，2014 年。

26. 杨荣春：《北凉五王探研》，陕西师范大学博士学位论文，2015 年。

27. 张保珍：《半跏思惟像研究》，南京艺术学院博士学位论文，2020 年。

28. 李晔：《中原地区 4—6 世纪菩萨造像研究》，南京艺术学院博士学位论文，2022 年。

四 期刊或论文集

1. 史岩：《麦积山石窟北朝雕塑的两大风格体系及其流布情况》，《美术研究》1957 年第 1 期，第 17—37、101、104、106 页。

2. 杨泓：《试论南北朝前期佛像服饰的主要变化》，《考古》1963 年第 6 期，第 330—337 页。

3. 陈清香：《观音菩萨的形象研究》，《华冈佛学学报》1973 年第 3 期，第 57—78 页。

4. 陈国宁：《论敦煌壁画之菩萨像》，《佛教文化学报》第 2 卷，1976 年 6 月，第 138—155 页。

5. 宿白：《云冈石窟分期试论》，《考古学报》1978 年第 1 期，第 25—38 页。

6. 刘慧达：《北魏石窟与禅》，《考古学报》1978 年第 3 期，第 337—352、406—411 页。

7. 董玉详：《麦积山石窟的分期》，《文物》1983 年第 6 期，第 18—30 页。

8. 温玉成：《龙门古阳洞研究》，《中原文物·魏晋南北朝佛教史及佛教艺术讨论会论文选集特刊》1985 年，第 114—144 页。

9. 丁明夷：《中国早期佛教造像的特点》，《中原文物·魏晋南北朝佛教史及佛教艺术讨论会论文选集特刊》1985 年，第 148—178 页。

10. ［日］田边胜见：《犍陀罗佛和菩萨像起源于伊朗》，台建群、刘珠还译，《敦煌研究》1989 年第 3 期，第 101—110 页。

11. 季羡林：《关于中国弥勒信仰的几点感想》，《群言》1989 年第 10 期，第 34 页。

12. ［日］山田明尔、［日］木田知生、［日］入泽崇：《"早期佛教造像南传系统"研究概况及展望》，冯慧芬、贾晓梅译，《东南文化》1991 年第 1 期，第 50—56 页。

13. 赵殿增、袁曙光：《四川忠县三国铜佛像及研究》，《东南文化》1991 年第 5 期，第 55—61 页。

14. 吴焯：《四川早期佛教遗物及其年代与传播途径的考察》，《文物》1992 年第 11 期，第 40—51 页。

15. ［日］宫治昭：《佛像的起源和秣菟罗佛像》，谢建明译，《东南文化》1992 年第 5 期，第 128—132 页。

16. 张宇：《东晋南朝士大夫与佛教的关系》，收录于武汉大学魏晋南北朝唐史研究室编：《魏晋南北朝隋唐史资料》第 15 期，武汉：武汉大学出版社，1997 年，第 58—71 页。

17. 邵殿文：《试论古阳洞初期造像的服饰变化》，《华夏考古》1998 年 1 期，第 6l—68 页。

18. 温玉成：《公元 1 到 3 世纪中国的仙佛模式》，《敦煌研究》1999 年第 1 期，第 l59—170 页。

19. 白化文：《璎珞、华鬘与数珠》，《紫禁城》1999 年第 1 期，第 30—34 页。

20. 潘欣信：《佛像"曹衣出水"艺术样式浅析》，《齐鲁艺苑》1999 年第 2 期，第 3l—33 页。

21. 潘亮文：《试论敦煌观音菩萨像之形成与发展》，《1994 年敦煌学国际研讨会文集——纪念敦煌研究院成立 50 周年·石窟艺术卷》，兰州：甘肃民族出版社，2000 年，第 112—154 页。

22. 李裕群：《试论成都地区出土的南朝佛教石造像》，《文物》2000 年第 2 期，第 64—76 页。

23. 温玉成：《中国早期石窟寺研究的几点思考》，《敦煌研究》2000 年第 2 期，第 52—58 页。

24. ［日］宫治昭、李静杰：《近年来关于佛像起源问题的研究状况》，《敦煌研究》2000 年第 2 期，第 74—83 页。

25. 费泳：《"青州模式"造像的源流》，《东南文化》2000 年第 3 期，第 97—102 页。

26. 金维诺：《南梁与北齐造像的成就与影响》，《美术研究》2000 年第 3 期，第 41—46 页。

27. 金维诺：《青州龙兴寺造像的艺术成就——兼论青州背屏式造像及北齐"曹家样"》，载于巫鸿主编：《汉唐之间的宗教艺术与考古》，北京：文物出版社，2000 年，第 377—396 页。

28. 王恒：《试论云冈石窟佛像服装特点》，《文物世界》2001 年第 2 期，第 24—27 页。

29. 项一峰：《中国早期弥勒信仰及其造像艺术》，《敦煌学辑刊》2002 年第 1 期，第 82—88 页。

30. 费泳：《论南北朝后期佛像服饰的演变》，《敦煌研究》2002 年第 2 期，第 77—81 页。

31. 黄春和：《青州佛像风格与印度笈多艺术》，《雕塑》2003 年第 1 期，第 39—43 页。

32. 赵昆雨：《云冈石窟造像服饰雕刻特征及其演变》，《文物世界》2003 年第 5 期，第 16—22 页。

33. 陈小鸣：《云冈第二十窟佛造像的浑和美——先秦美学在北魏的成熟》，《南京艺术学院学报》（美术与设计版）2004 年第 2 期，第 130—133 页。

34. 何志国：《论早期佛像在长江流域的传播——以汉晋考古材料为中心》，《东南文化》2003 年第 3 期，第 27—32 页。

35. 王恒：《云冈石窟菩萨像的宝冠和服饰佩饰》，《文物世界》2004 年第 4 期，第 13—16 页。

36. 李敏：《莫高窟唐代前期艺术中的菩萨头冠》，《敦煌研究》2004 年第 6 期，第 42—50 页。

37. 宿白：《四川钱树和长江中下游部分器物上的佛像——中国南方发现的早期佛像札记》，《文物》2004 年第 10 期，第 61—71、3 页。

38. 刘珂艳：《敦煌莫高窟装饰艺术中首饰纹样分析》，《装饰》2005 年第 2 期，第 82—83 页。

39. 赵声良：《敦煌石窟北朝菩萨的头冠》，《敦煌研究》2005 年第 3 期，第 8—17 页。

40. 赵声良、张艳梅：《敦煌石窟北朝菩萨裙饰》，《敦煌研究》（特刊），2005 年 8 月，第 64—76 页。

41. 张茵：《璎珞小考》，《装饰》2005 年第 8 期，第 38、39 页。

42. 李敏：《敦煌莫高窟唐代前期菩萨璎珞》，《敦煌研究》2006 年第 1 期，第 54—61 页。

43. 邱忠鸣：《北齐佛像"青州样式"新探》，《民族艺术》2006 年第 1 期，第 81—92 页。

44. 范英豪：《同源而异趣的南北朝"褒衣博带"》，《装饰》2006 年第 1 期，第 44—45 页。

45. 杨明芬：《莫高窟早期净土思想表现——以北凉三窟为中心》，《敦煌学辑刊》2006 年第 4 期，第 33—41 页。

46. 逄成华：《北朝"褒衣博带"装束渊源考辨》，《学术交流》

2006 年第 4 期，第 180—185 页。

47. ［日］村松哲文：《中国南北朝时期菩萨像胸饰之研究》，李茹译，《敦煌学辑刊》2006 年第 4 期，第 131—142 页。

48. ［日］吉村怜：《古代佛、菩萨像的衣服及其名称》，收录于云冈石窟文物研究所编：《云冈石窟国际学术研讨会论文集（1）》，北京：文物出版社，2006 年，第 157—172 页。

49. ［日］八木春生：《龙门石窟北魏后期洞窟小考——以520—530 年期间开凿的石窟为中心》，丁淑君译，《敦煌研究》2007 年第 2 期，第 14—26 页。

50. 杨泓：《云冈石窟造像艺术》，《中国文化遗产》2007 年第 5 期，第 50—63、5—6 页。

51. 魏文斌：《也谈仰月、日月菩萨冠饰——以麦积山石窟为例展开》，《敦煌学辑刊》2007 年第 4 期，第 230—250 页。

52. 卢秀文：《敦煌壁画中的妇女首饰簪花——妆饰文化研究之六》，《敦煌研究》2007 年第 6 期，第 48—58 页。

53. 金申：《古代佛教造像的石料产地问题》，《纪念西安碑林九百二十周年华诞国际学术研讨会论文集》，北京：文物出版社，2008 年，第 583—588 页。

54. 李静杰：《北朝隋代佛教图像反映的经典思想》，《民族艺术》2008 年第 2 期，第 97—108 页。

55. 李静杰：《关于云冈第九、第十窟的图像构成》，收录于中山大学艺术史研究中心编：《艺术史研究》第 10 辑，广州：中山大学出版社，2008 年，第 327—359 页。

56. 赖鹏举：《西北印弥勒菩萨在中亚石窟的大小乘异化及其对莫高窟的影响》，《敦煌研究》2008 年第 4 期，28—32 页。

57. 孙长龙：《魏晋南北朝时期的甘肃石窟寺》，收录于罗凯主编：《北地史地论衡》，2009 年，第 137—142 页。

58. 费泳：《佛衣样式中的"褒衣博带式"及其在南北方的演绎》，《故宫博物院院刊》2009 年第 2 期，第 73—88 页。

59. 刘慧：《弥勒信仰、造像经典传译之探源》，《美术大观》2009 年第 12 期，第 56—57 页。

60. 何志国：《论武汉莲溪寺吴永安五年墓出土的鎏金铜牌菩萨像》，《南京艺术学院学报》（美术与设计版）2010 年第 1 期，第 35—38、174 页。

61. 葛英颖、邱高兴：《汉地菩萨造像服饰的文化意蕴》，《飞天》2010 年第 6 期，第 93—97 页。

62. 刘芳、郭平建：《云冈石窟艺术中的服饰文化研究》，收录于北京服装学院主编：《传承文化创意未来 2010 年"中国概念 & 创意产业"国际服饰文化及教育研讨（ICCEC）论文集》，北京：中国纺织出版社，2010 年，第 150—155 页。

63. 吴亮：《从麦积山石窟北魏时期造像的服饰特点看其世俗化特征》，收录于北京服装学院主编：《传承文化创意未来 2010 年"中国概念 & 创意产业"国际服饰文化及教育研讨（ICCEC）论文集》，北京：中国纺织出版社，2010 年，第 156—159 页。

64. 王锋钧：《西安地区西魏石刻佛教造像的类型及特征》，《文博》，2011 年第 2 期，第 62—68 页。

65. 李晓宇、武建亭：《北朝服饰对现代服装设计的影响与启示》，《美术大观》2011 年第 2 期，第 132—133 页。

66. 祁志祥：《佛教美学观新探》，《学术月刊》2011 年第 4 期。

67. ［日］八木春生：《隋代菩萨立像衣着饰物》，李梅、赵声良译，《敦煌研究》2012 年第 1 期，第 1—10 页。

68. 王雪梅：《古代印度弥勒信仰历史渊源研究述论》，《世界宗教究》2012 年第 6 期，第 49—56 页。

69. 郭芳：《莫高窟艺术中的菩萨头冠研究：以隋代为例》，《中国美术研究》2013 年第 2 期，第 54—58 页。

70. 祁志祥：《佛教"光明为美"思想的独特建构》，《社会科学研究》2013 年第 9 期，第 129—134 页。

71. 张保珍：《二佛并坐像在中原地区的初流布》，《南京艺术学院学报》（美术与设计版）2014 年第 1 期，第 76—79 页。

72. 胡同庆：《从天上到人间：敦煌艺术中的弥勒信仰》，《法音》2014 年第 4 期，第 56—61、33—36 页。

73. 刘艳燕、吴军：《莫高窟礼佛仪式的左旋与右旋》，《敦煌研究》2015 年第 6 期，第 47—53 页。

74. 耿剑：《图像"树下观耕"思惟与禅定——犍陀罗与克孜尔相关图像比较》，《美术学研究》，南京：东南大学出版社，2015 年，第 205—220 页。

75. 杨波：《克孜尔石窟第 38、100 窟"誓愿""授记"题材探讨》，《敦煌学辑刊》2016 年第 3 期，第 153—167 页。

76. 苗利辉、谭林怀、肖芸、庞健：《新疆拜城县克孜尔石窟第 38 至 40 窟调查简报》，《中国国家博物馆馆刊》2018 年第 5 期，第 26—47 页。

77. 张元林：《从〈法华经〉的角度解读莫高窟第 285 窟》，《敦煌研究》2019 年第 2 期，第 9—15 页。

78. 王友奎：《大同云冈第 5、6 窟图像构成分析》，《敦煌研究》2019 年第 3 期，第 17—31 页。

79. 杨效俊：《试论克孜尔石窟第 38 窟的佛舍利崇拜主题》，《文博》2021 年，第 4 期，第 98—106 页。

80. 赵莉：《克孜尔石窟"弥勒菩萨"图像的重新认识》，《中原文物》2021 年第 5 期，127—136 页。

81. 黄盼：《中国中古时期佛像埋藏的考古学研究》，《华夏考古》2021 年第 5 期，第 74—84 页。

82. 庞跃雷：《古印度弥勒形象的演变——以七佛一弥勒造像为中心》，《艺术教育》2021 年第 10 期，第 183—186 页。

五　图录、图集

1. 刘志远、刘廷壁编：《成都万佛寺石刻艺术》，北京：中国古典艺术出版社，1958 年。

2. 中国美术全集编辑委员会编：《中国美术全集·雕塑编·敦煌彩塑》，上海：上海人民美术出版社，1987 年。

3. 中国美术全集编辑委员会编：《中国美术全集·雕塑编·魏晋南北朝雕塑》，北京：人民美术出版社，1988 年。

4. 中国美术全集编辑委员会编：《中国美术全集·雕塑编·麦积山石窟雕塑》，上海：上海人民美术出版社，1988 年。

5. 中国美术全集编辑委员会编：《中国美术全集·雕塑编·炳灵寺等石窟雕塑》，上海：上海人民美术出版社，1988 年。

6. 中国美术全集编辑委员会编：《中国美术全集·雕塑编·云冈石窟雕刻》，北京：文物出版社，1988 年。

7. 中国美术全集编辑委员会编：《中国美术全集·雕塑编·龙门石窟雕刻》，上海：上海人民美术出版社，1988 年。

8. 中国美术全集编辑委员会编：《中国美术全集·雕塑编·四川石窟雕塑》，北京：人民美术出版社，1988 年。

9. 中国美术全集编辑委员会编：《中国美术全集·雕塑编·巩县天龙山、响堂山安阳石窟雕刻》，北京：文物出版社，1989 年。

10. 贺云翱等编：《佛教初传南方之路文物图录》，北京：文物出版社，1993 年。

11. 王华庆主编、青州市博物馆编：《青州龙兴寺佛教造像艺术》，济南：山东美术出版社，1999 年。

12. MIHO MUSEUM：《中国·山东省の仏像》，MIHO MUSEUM 友の会，2007 年。

13. 宫万瑜：《中国四大石窟线描集》，天津：天津人民美术出版社，2008 年。

14. 罗世平、如常：《世界佛教美术图说大典·雕塑 1—4》，长沙：湖南美术出版社，2017 年。

15. 罗世平、如常：《世界佛教美术图说大典·石窟 1—5》，长沙：湖南美术出版社，2017 年。

六　工具书

1. 中国大百科全书总编辑委员会《考古学》编辑委员会、中国大百科全书出版社编辑部编：《中国大百科全书·考古学》，北京：中国大百科全书出版社，1986 年。

2. 季羡林主编：《敦煌学大辞典》，上海：上海辞书出版社，1998 年。

3. 陈冠华主编：《世界服饰词典》，上海：上海远东出版社，1996 年。

4. 周汛：《中国衣冠服饰大辞典》，上海：上海辞书出版社，1996 年。

5. 李之檀：《中国服饰文化参考文献目录》，北京：中国纺织出版社，2001 年。

七　外文文献

日文：

1. ［日］田中政江：「菩薩像のX字状天衣とその中心飾としての環について」，早稲田大学美術史学会編：『美術史研究』（7），東京：早稲田大学美術史学会，1969 年，27-44 頁。

2. ［日］松田誠一郎：「8 世紀の胸飾における伝統の形成と新様の受容について--彫塑附属の胸飾を中心として-上/下」，東京国立博物館編：『Museum』（422/423），東京：東京国立博物館，1986 年 5 月，4-19 頁／6 月，7-34 頁。

3. ［日］八木春生：「X字状天衣についての一考察」，『上原和博士古稀記念美術史論集』，東京：上原和博士古稀記念美術史論集刊行会，1995 年，323-347 頁。

4. ［日］八木春生：「隋時代菩薩立像の装飾について」，『中国考古学』（10），東京：日本中国考古学会，2010 年，57-81 頁。

5. ［日］八木春生：『中国仏教美術の変容—南北朝後期および

隋時代』，京都：法蔵館，2013 年。

英文：

1. Alexander C. Soper, *Northern Liang and Northern Wei in Kansu*, Artibus Asiae, 1958, 21 (2), pp. 131–164.

2. Alexander C. Soper, *South Chinese Influence on the Buddhist Art of the Six Dynasties Period*, The Bulletin of the Museum of Far Eastern Antiquities, 1960, 32, pp. 47–112.

3. Marilyn M. Rhie, *The Sculpture of T'ien Lung Shan: Reconstruction and Dating*, Artibus Asiae, 1965, 27 (3), pp. 189–237

4. Alexander C. Soper, *Imperial Cave-Chapels of the Northern Dynasties: Donors, Beneficiaries, Dates*, Artibus Asiae, 1966, 28 (4), pp. 241–270.

5. Marilyn M. Rhie, *Aspects of Sui K'ai-Huang and T'ang T'ien-Pao Buddhist Images*, East and West, 1967, 17 (1/2), pp. 96–114.

6. Marilyn M. Rhie, *A T'ang Period Stele Inscription and Cave XXI at T'ien-Lung Shan*, Archives of Asian Art, 1974, 28, pp. 6–33.

7. Marilyn M. Rhie, *Late Sui Buddhist Sculpture: A Chronology and Regional Analysis*, Archives of Asian Art, 1982, 35, pp. 27–54.

8. Angela F. Howard, *Royal patronage of Buddhist Art in Tenth Century Wu Yueh*, The Bulletin of the Museum of Far Eastern Antiquities, 1985, 57, pp. 1–60.

9. Angela F. Howard, *Tang Buddhist Sculpture of Sichuan: Unknown and Forgotten*, The Bulletin of the Museum of Far Eastern Antiquities, 1988, 60, pp. 1–164.

10. Angela F. Howard, *Buddhist Sculpture of Pujiang, Sichuan: A Mirror of the Direct Link Between Southwest China and India in High Tang*, Archives of Asian Art, 1989, 42, pp. 49–61.

11. Stanley K. Abe, *Art and Practice in a Fifth-Century Chinese Buddhist Cave Temple*, Ars Orientalis, 1990, 20, pp. 1–31.

12. Stanley K. Abe, *Ordinary Images*, Chicago: University of Chicago Press, 2002.

13. Eugene Y. Wang, *Shaping the Lotus Sutra: Buddhist Visual Culture in Medieval China*, Seattle and London: University of Washington Press, 2005.

14. Sarah Fraser. *Performing the Visual: The Practice of Buddhist Wall Painting in China and Central Asia*, 618 – 960, History of Religions, 2006, 46, pp. 175–178.

后　记

　　本书致力于探讨南北朝菩萨造像的创作动机与发展轨迹，旨在阐明图像演变背后的深刻文化内涵。基于前人研究成果，尤其是5—6世纪从古印度、中亚到中国的佛教艺术传播途径及其中国化的学术积淀，本书期待进一步探究菩萨图像在不同文化碰撞背景下的演变过程，并着重分析禅宗思想与皇权观念如何影响着造像的空间布局和组织秩序，希望能够为读者展现南北朝菩萨造像本土化的细节，并阐释艺术、宗教与政治三者相互作用构成的复杂文化图景。通过具体讨论，试图还原观众对菩萨造像的原始感受和认知过程，揭示这些造像作为宗教象征的深层意义及其在社会文化中引发的共鸣，阐释菩萨造像如何借助独特的装束、姿态和空间秩序，体现南北朝时期的社会文化认同与精神追求。

　　撰写本书的初衷，源于我的学术经历及对中国传统艺术的持续关注。在攻读博士学位期间，得益于导师罗宏才教授的悉心指导，我得以深入探索南北朝菩萨造像服饰领域的丰富内容。这段宝贵的经历不仅完善了我的学术思维和研究方法，对我的学术追求和职业发展也具有深远的影响，同时激发了我对该时期菩萨造像象征意义及其中国化问题的浓厚兴趣。我逐渐认识到，菩萨造像远远超过一种视觉影像或装饰艺术的集合，是连接古代文化与宗教的重要桥梁，反映了思想与智慧的汇聚。因此，我下定决心进一步扩展博士论文，专注探讨菩萨造像在中国文化的早期融合过程。

　　有幸的是，我的研究计划获得了教育部人文社科项目的支持与资助，不仅为我提供了宝贵的资源和平台，更是对我学术追求的肯定与鼓励。得益于项目的支持，我能够更深入地探索相关领域问题，涵盖了艺术风格的发展、文化意义的阐释以及在特定宗教、政治背景下艺术创作的动因等关键议题。

在写作的过程中，我深刻感受到了本研究主题的复杂与挑战。尝试去理解和解释菩萨造像的复杂象征意义，需要广泛的文献复核、实地考察，以及跨学科知识的运用。尽管这一过程充满困难，但每当我发现新的联系和见解时，那份喜悦同样无与伦比。此外，与领域内的同行进行的交流和讨论，为我提供了更加广阔的视角来审视这一主题，不断充实和深化我的思路。在实地考察的旅途中，我也深刻体会到了祖国的辽阔以及多样的地域风情。不论是在青州博物馆旁听一名母亲对孩子细致讲述传统文化的魅力，在龙门石窟偶遇儿时玩伴的惊喜，清晨在巩义宾馆外猛然发现的羊群，寻找棉衣以御初秋早寒的大同行程，还是在西安大雁塔下拥挤的人群中前行，以及在麦积山石窟第一次亲眼见到骆驼时的震撼，这些独特的经历与体验，都成为我研究旅程中宝贵的财富，促使我更加深入地思考人、艺术、宗教与文化之间的复杂联系。

研究所面临的最大挑战，是如何科学设定研究视角与路径，特别是在阐释空间与图像之间的相互关系方面。以往的研究，往往集中于图像本体的分析及其意义阐释，而相对忽视图像的空间属性。然而，空间维度不仅标示着佛教造像的物理所在，更是解读造像深层内涵的关键因素。诸如，菩萨造像在石窟中的布局、方向以及与其他图像的相互作用，均蕴藏着特定宗教思想和审美理念。为了应对此挑战，我尝试对丰富的文献资源进行分析，这包括相关古籍、发掘报告、学术专著和论文，目的是强调空间与图像之间的理论联系。此外，在实地考察过程中，我特别注重观察不同石窟中菩萨造像的空间布局，以及它们与其他造像和壁画之间的联系，旨在深化对空间与图像关系的理解。通过一系列的努力，本书旨在强调空间范式在南北朝菩萨造像研究中的重要性，并阐明相关空间与图像之间的复杂交互。我期望本书能为读者提供一种新的视角，以有效揭示佛教造像背后的丰富文化和宗教意义。

本书即将出版之际，我的心中充满了深深的感激之情。在此，向那些在写作旅程中给予巨大帮助和支持的人们表示诚挚感谢。首先要感谢我的家人，他们以无限的耐心支持我追逐学术梦想。对于我的妻子王建珍，更怀有特别的愧疚。她在我沉浸写作之时，独自承担了国外求学重担，还为我们带来了可爱的女儿妮妮。她对我的支持与理解，让我更加珍视这次研究机遇。我也必须对窦旭耀编审和文物出版社的相关同仁表达特别的谢意，他们的专业付出以及对品质的执着，使得本书能够以最佳的形态呈现给读者。同时，感谢那些在学术交流和实地考察中给予宝贵意见和帮助的专家学者，他们的见解是我进步的坚实基石。最后，我深深感谢我的导师罗宏才教授，以及我的同门陶元俊、黄剑波、龚晨、程大峰、李海磊、茹溪、郑辉、于蒙群、畅韵茹、彭泽云等人。与他们以求学为缘相聚，在知识探索中一同成长，是我人生最珍贵的财富。

刘明虎

2024 年 3 月 17 日